上市公司非银理财全览

The overview for listed companies invested in non-bank financial products

恒天财富研究院　恒天财富企业金融事业部　编著

经济日报出版社

图书在版编目（CIP）数据

上市公司非银理财全览／恒天财富研究院，恒天财富企业金融事业部编著．--北京：经济日报出版社，2017.12

ISBN 978-7-5196-0223-9

Ⅰ．①上… Ⅱ．①恒… ②恒… Ⅲ．①上市公司-金融投资-研究-中国 Ⅳ．①F279.246

中国版本图书馆 CIP 数据核字（2017）第 260917 号

上市公司非银理财全览

编　　著	恒天财富研究院　恒天财富企业金融事业部
责任编辑	陈　悦
出版发行	经济日报出版社
社　　址	北京市西城区白纸坊东街 2 号 A 座综合楼 710
邮政编码	100054
电　　话	010-63567684（总编室）　63588446（发行部）
网　　址	www.edpbook.com.cn
E-mail	edpbook@126.com
经　　销	全国新华书店
印　　刷	北京文昌阁彩色印刷有限责任公司
开　　本	710×1000 mm　1/16
印　　张	15
字　　数	285 千字
版　　次	2017 年 12 月第一版
印　　次	2017 年 12 月第二次印刷
书　　号	ISBN 978-7-5196-0223-9
定　　价	88.00 元

目录

CONTENTS

恒天财富
WWW.CHTWM.COM

摘要

ABSTRACT

2012年之前，上市公司的闲置资金使用效率较低，绝大部分用于补充流动资金、兼并收购、银行存款等非主营业务。近年来，上市公司认购理财产品的行为逐步扩张，但被认购理财产品以银行理财产品为主。根据Wind数据统计，2016年1月1日至2017年8月31日，共计1147家上市公司认购理财产品17802个，合计认购金额1.53万亿元，这其中银行理财产品的认购数量及认购金额均超过八成。当然，繁荣发展的银行理财市场背后，违规操作、信息不对称等消极因素也逐渐浮出水面。上市公司开始通过多元化的认购方式来维护其理财产品的获利能力，提升认购产品安全性，分散潜在投资风险。同时，上市公司也开始积极提升自身投资部门的资产配置意识和能力，通过合理定位、坚持合规认购以及引入第三方财富管理机构的积极配合，有效定位自身风险承受能力，深入学习被认购理财产品的具体产品结构、底层资产风险属性等，这为非银理财产品的增长和发展打下了良好的基础。

根据2016年1月1日至2017年8月31日公布的232家认购过非银理财产品的上市公司数据汇总来看，共计认购非银理财产品1351个，合计认购金额为935亿元，认购金额已约占同期被认购理财产品总金额的6.1%，这一比重在未来的很长一段时间内也将继续扩大。

从区域分布来看，认购非银理财产品上市公司数量最多的五个省市依次是江苏（45家）、浙江（38家）、广东（25家）、上海（13家）、北京（13家）；认购非银理财产品数量最多的五个省市依次是江苏（230个）、浙江（172个）、广东（156个）、四川（74个）、山西（68个）；认购理财产品金额最大的五个省市依次是江苏（134.2亿元）、浙江（104亿元）、天津（98.8亿元）、广东（86.4亿元）、湖南（45.1亿元）。

从行业分布来看，认购理财产品上市公司数量最多的五个行业是机械设备（32家）、计算机（21家）、化工（21家）、电子（15家）和汽车行业（14家）；认购理财产品数量最多的五个行业是机械设备（214个）、家用电器（134个）、计算机（130个）、化工（114个）和汽车行业（96个）；认购理财产品金额最大的五个行业是机械设备（102亿元）、交通运输（95.4亿元）、家用电器（89.5亿元）、食品饮料（67.2亿元）和化工（65.2亿元）。

在上市公司所认购的非银理财产品中，约66%为证券公司理财产品，平均收益率为4.17%；约15%为信托类理财产品，平均收益率为6.58%；约11%为基金专户理财产品，平均收益率为5.57%；约8%为投资公司理财产品，平均收益率为5.88%。根据已经公布的产品数据，从上市公司认购非银理财产品金额的区间来看，1000万-5000万元金额的理财产品数量最多，约占产品总数的53.2%。从收益率区间来看，68%的理财产品收益率落在3%-5%；从产品期限来看，31%的理财产品期限在90-180天。

自2012年以来共有24家上市公司在恒天财富认购各类理财产品90次，从机构大类来看，认购的实体企业占到92%；从企业类型来看，民企及中外合资企业分别占75%及13%；按照地区划分，浙江占比最高为25%；按申万一级行业来分，非银金融行业认购恒天产品次数最多，占比为25.6%；从认购产品类型来看，债券投资及现金管理类最受欢迎，分别占到总认购次数的56%及41%。从认购金额区间来看，1000万-3000万认购金额占比最高，占比达36.7%。

此报告基于上市公司理财大数据，旨在帮助企业更好地认知非银理财产品以及投资趋势，及时为企业提供理财动态和专业的金融理财服务。

一、上市公司认购理财产品综述

（一）综述

经济学家 MicahelC.Jensen（1986）在《自有现金流量的代理成本、公司财务与收购》文章中首次提及自由现金流概念，而闲置资金是上市公司极为重要的自由现金流。就上市公司的闲置资金而言，可大致分为闲置募集资金和自有资金两类。闲置募集资金一般由闲置的计划募集资金和超募资金组成。对于计划性募集资金，公司通常会开设一个独立的募集资金专项账户，这一账户将会用于公司日常生产经营项目的投资。而这部分资金之所以会闲置，是因为项目和项目之间的时间间隔或是项目分期等因素造成暂时性闲置。而对于超募资金，一般是指公司从资本市场上募集到的超过计划募集资金总额的部分，公司会将其和计划性募集的闲置资金放在同一账户内。

从长期来看，通过运用闲置资金认购理财产品可助力于提升上市公司业绩，激励其在二级市场的股价表现，提振投资者信心。另外，这类行为也帮助上市公司同许多金融机构建立良好的合作互信关系，帮助他们丰富日后的融资渠道，同时也推动了财富管理行业机构业务的爆发式增长。

2012 年之前，上市公司的闲置资金使用效率较低，绝大部分用于补充流动资金，兼并收购，银行存款等非主营业务。近年来，上市公司认购理财产品的行为逐步扩张，但被认购理财产品以银行理财产品为主。根据 Wind 数据统计，2016 年 1 月 1 日至 2017 年 8 月 31 日，共计 1147 家上市公司认购理财产品 17802 个，合计认购金额 1.53 万亿元，这其中银行理财产品的认购数量及认购金额均超过八成。先前，市场中银行理财产品颇受欢迎的原因可大致归纳为以下两点：首先，银行理财产品收益较为稳定，上市公司可利用闲置资金在银行理财产品投资收益上的持续回报，提振公司业绩指标，如利润总额和净利润等；其次，根据 2012 年底证监会所发布的关于《上市公司监管指引第 2 号——上市公司募集资金管理和使用的监管要求》的新的相关规定，上市公司认购理财产品需要兼顾安全性。而银行作为产品发行方，在具备较好信用背书的同时，可以提供较高的投资安全边际。

当然，繁荣发展的银行理财市场背后，违规操作、信息不对称等消极因素也逐渐浮出水面，银行理财产品的安全及收益的可靠性也面临着较大的考验。首先，一些中小商业银行，私自宣传未与银行签约的产品，以超银行同期利率数十倍的高额回报，向机构客户销售理财产品，再将吸纳到的资金通过“发放高利贷”的方式牟利，并由于资金链断裂而导致企业资金无法及时回归本业用途。另外，一些银行打着理财产品的幌子，声称将把筹集到的资金投向企业货款、汇票等领域，甚至保证该理财项目的安全性和高收益性。对于一些急于获取高收益的企业来说，较为容易踏入这类银行理财“可靠性陷阱之中”，最终为银行机构中所存在的严重管理漏洞买单。

其次，部分银行理财产品存在利用信息不对称来引诱企业认购。例如，某银行宣称一款银行理财产品预期年化收益率为5.7%–6.8%、可及时赎回，备受企业客户热捧。但实际上，该产品可能并非银行理财产品，而是某券商资格产品、保险理财产品。在销售过程中，某些银行可能未揭示底层资产信息。偷换概念后，该产品作为投资产品的风险性被有效掩盖，投资信息出现不对称。当资金募集完毕后，银行可能转而将刚刚募集到的资金投入至某些高风险、不合规的私募产品中。

在此背景下，众多上市公司也逐步开始丰富所购买理财产品的种类，通过多元化的认购渠道来维护其获利能力，提升认购产品安全性，分散潜在投资风险。在扩大认购品种的同时，上市公司也开始积极提升自身投资部门的资产配置意识和能力，通过合理定位、坚持合规认购以及引入第三方财富管理机构的积极配合，有效定位自身风险承受能力，深入学习被认购理财产品的具体产品结构、底层资产风险属性等，这为非银理财产品的增长和发展打下了良好的基础，也对服务于上市公司的各类理财产品发行与销售机构提出了更高的专业素质要求。

根据Wind数据统计，2016年1月1日至2017年8月31日，共有232家上市公司共计认购非银理财产品1351个，合计认购金额为935亿元，认购金额已约占同期被认购理财产品总金额的6.1%，这一比重在未来的很长一段时间内也将继续扩大。

在此背景下，这份报告将以上市公司认购非银理财产品这一热点趋势作为讨

论主题，综合汇总和分析已认购非银理财产品上市公司的区域分布、行业分布，并就被认购非银理财产品的产品属性进行具体汇总和归类。更具体的，将上述上市公司所在省份进行一级分类，并对各省已认购非银理财产品的上市公司进行行业归类，有针对性的，就所属不同省份的不同行业上市公司认购非银理财产品的产品属性、产品偏好及产品发行方背景进行解析。同时，本报告还将归纳出已在恒天财富认购过理财产品的 24 家上市公司的行业背景、产品属性、产品偏好等，为各类上市公司、企业未来在恒天财富进行资产配置的时，提供更好的横向参考和对比。根据所处地区和行业的规律，获得与自身企业特点更为匹配的配置选择。

（二）已认购非银理财产品上市公司区域分布概况

2016 年 1 月 1 日至 2017 年 8 月 31 日，232 家上市公司认购非银理财产品的上市公司共分布在 30 个省份和直辖市。拥有已购非银理财产品上市公司数量最多的五个省市依次是江苏、浙江、广东、上海、北京。其中，江苏省以 45 家的公司数量排名第一，占全部已认购非银理财产品上市公司总数的 19.3%。浙江省和广东省排名紧随其后，分别有 38 家和 25 家公司，上海市和北京市分别有 13 家上市公司认购了非银理财产品。

图表 1.1：各地区认购非银理财产品上市公司数量（单位：家）

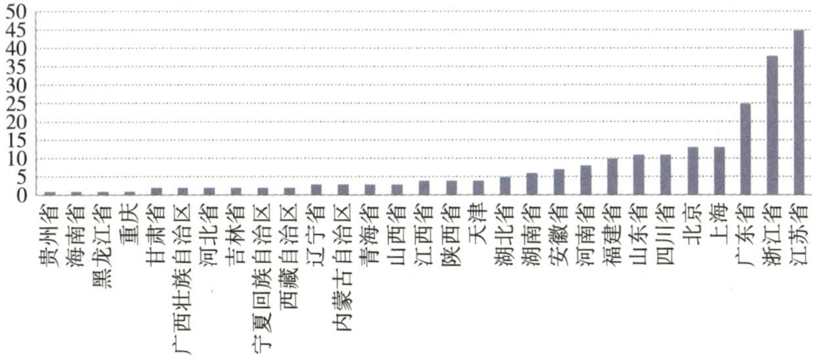

数据来源：Wind，恒天财富研究院

2016 年 1 月 1 日至 2017 年 8 月 31 日，上市公司已认购非银理财产品总数为

1351 个。在 30 个省份和直辖市中，购买非银理财产品数量最多的五个省市依次是江苏、浙江、广东、四川、山西。其中，江苏省以 230 个非银理财产品排名第一，占全部上市公司认购非银理财产品总数的 17%。浙江省和广东省排名紧随其后，分别认购 172 个和 156 个，四川省和山西省分别认购 74 个和 68 个。

图表 1.2：各地区认购非银理财产品数量（单位：个）

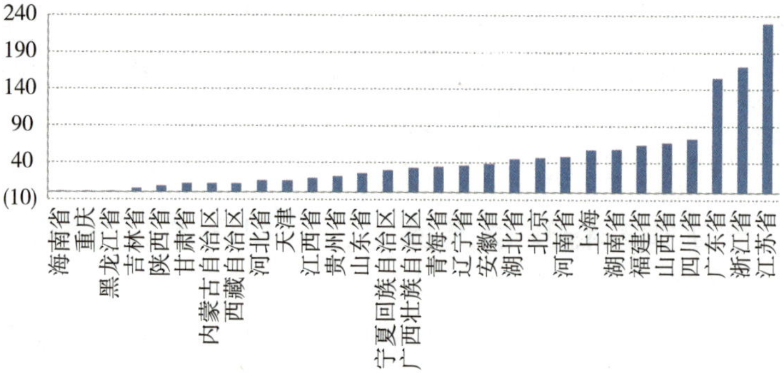

240
190
140
90
40
(10)
海南省
重庆
黑龙江省
吉林省
陕西省
甘肃省
内蒙古自治区
西藏自治区
河北省
天津
江西省
贵州省
山东省
宁夏回族自治区
广西壮族自治区
青海省
辽宁省
安徽省
湖北省
北京
河南省
上海
湖南省
福建省
山西省
四川省
广东省
浙江省
江苏省

数据来源：Wind，恒天财富研究院

2016 年 1 月 1 日至 2017 年 8 月 31 日，已认购非银理财产品金额最大的五个省市依次是江苏、浙江、天津、广东、湖南。其中，江苏省的认购金额最大，约为 134.2 亿元，占全部非银理财产品认购总金额的 14.4%。浙江省和天津市排名紧随其后，认购金额分别约为 104 亿元和 98.8 亿元，广东省和湖南省的认购金额分别约为 86.4 亿元和 45.1 亿元。

图表 1.3：各地区认购非银理财产品金额（单位：亿元）

1,600,000
1,400,000
1,200,000
1,000,000
800,000
600,000
400,000
200,000
0
重庆
海南省
吉林省
广西壮族自治区
贵州省
西藏自治区
河北省
江西省
黑龙江省
陕西省
宁夏回族自治区
辽宁省
北京
山东省
山西省
甘肃省
湖北省
安徽省
内蒙古自治区
青海省
福建省
四川省
河南省
上海
湖南省
广东省
天津
浙江省
江苏省

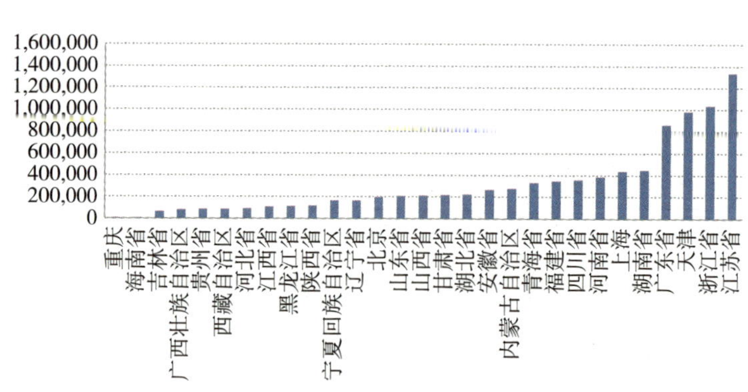

数据来源：Wind，恒天财富研究院

（三）已认购理财产品上市公司行业分布概况

从 2016 年 1 月 1 日至 2017 年 8 月 31 日，已认购非银理财产品 232 家上市公司所处行业分布来看（按照申万一级行业划分），进行非银理财产品认购的上市公司主要集中于机械设备、计算机、化工、电子和汽车，认购理财产品的上市公司家数分别为 32、21、21、15 和 14。

图表 1.4：各行业认购非银理财产品公司数量（单位：家）

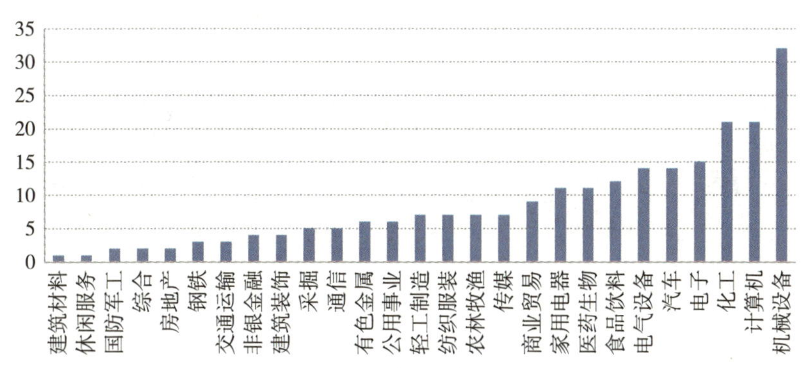

数据来源：Wind，恒天财富研究院

从 2016 年 1 月 1 日至 2017 年 8 月 31 日上市公司认购非银理财产品数量所处行业分布格局来看，认购非银理财产品数量最多的上市公司主要集中于机械设备、家用电器、计算机、化工和汽车行业，认购非银理财产品数量分别为 214、134、130、114 和 96。

图表 1.5：各行业认购非银理财产品数量（单位：个）

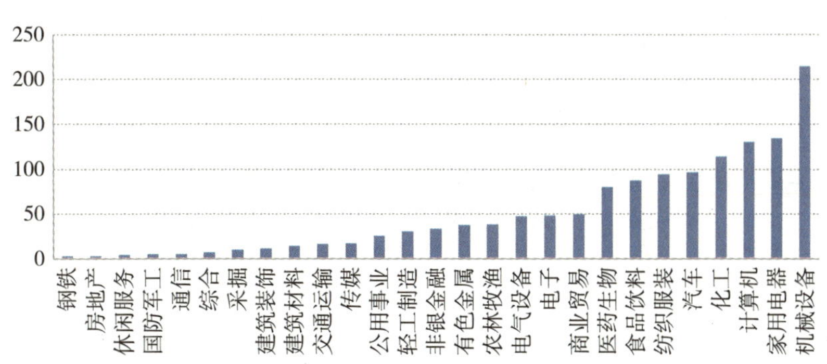

数据来源：Wind，恒天财富研究院

从 2016 年 1 月 1 日至 2017 年 8 月 31 日，上市公司认购非银理财产品金额所处行业分布来看，认购非银理财产品金额最多的上市公司主要集中于机械设备、交通运输、家用电器、食品饮料和化工行业，认购非银理财产品金额分别约为 102、95.4、89.5、67.2 和 65.2 亿元。

图表 1.6：各行业认购非银理财产品金额（单位：亿元）

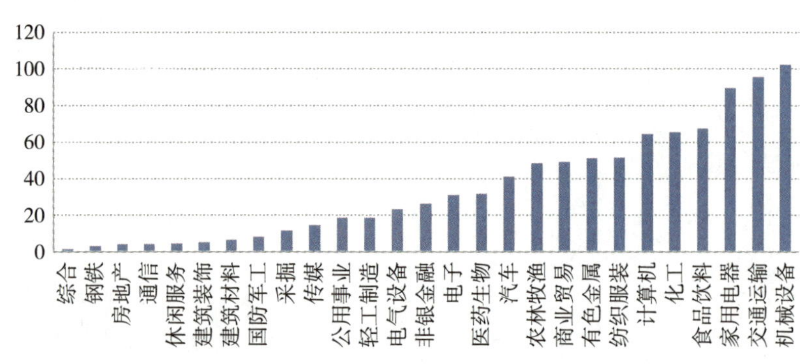

数据来源：Wind，恒天财富研究院

（四）已被认购理财产品属性

232 家上市公司认购的 1351 个非银理财产品中，证券公司理财产品为 66%，信托产品占比为 15%，11% 为基金专户，8% 为投资公司理财产品。

图表 1.7：上市公司已认购各类非银理财产品数量占比（单位：%）

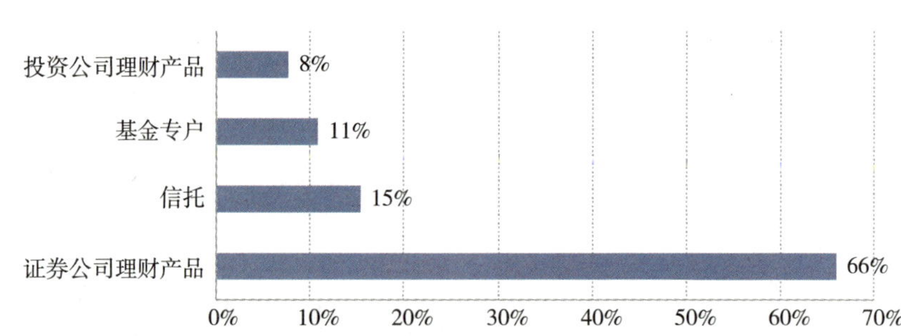

数据来源：Wind，恒天财富研究院

2016 年 1 月 1 日至 2017 年 8 月 31 日，在被上市公司认购的 1351 个非银理财产品中，信托产品的平均收益率相对最高，达到约 6.58%；证券公司理财产品

的收益率相对最低，约为 4.17%。

图表 1.8：已认购各类非银理财产品平均收益率，基金专户平均收益率最高（单位：%）

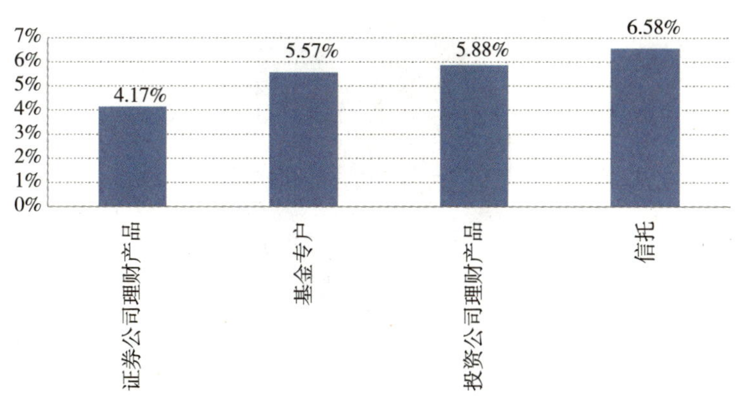

数据来源：Wind，恒天财富研究院

2016 年 1 月 1 日至 2017 年 8 月 31 日，从上市公司认购非银理财产品金额的区间来看，1000 万 –5000 万元金额的理财产品数量最多为 719 个，约占产品总数的 53.2%，而金额大于 2 亿元的产品数量仅占被上市公司认购非银理财产品总数的 3.7%。

图表 1.9：按认购金额区间分，上市公司认购非银理财产品数量（单位：个）

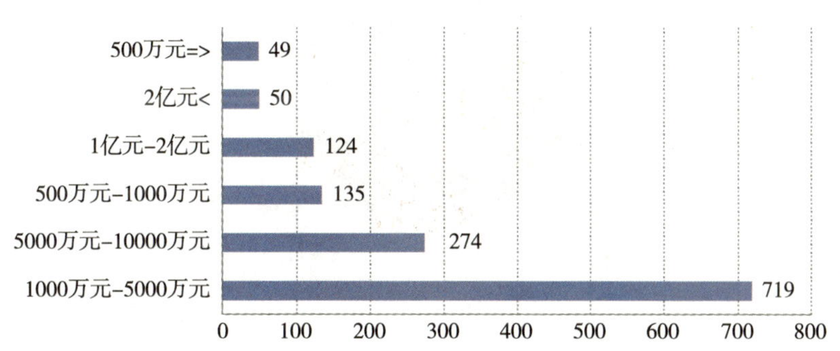

数据来源：Wind，恒天财富研究院

从收益率区间来看，2016 年 1 月 1 日至 2017 年 8 月 31 日之间，除去未公布的产品，约 68% 的非银理财产品收益率落在 3%–5%；其次是 5%–8%。大于 8% 或小于等于 1% 的收益率的非银产品仅分别占被认购总体的 2% 及 1%。

图表 1.10：被认购非银理财产品收益率区间分布，收益率在 3–5% 的产品占比最大（单位：%）

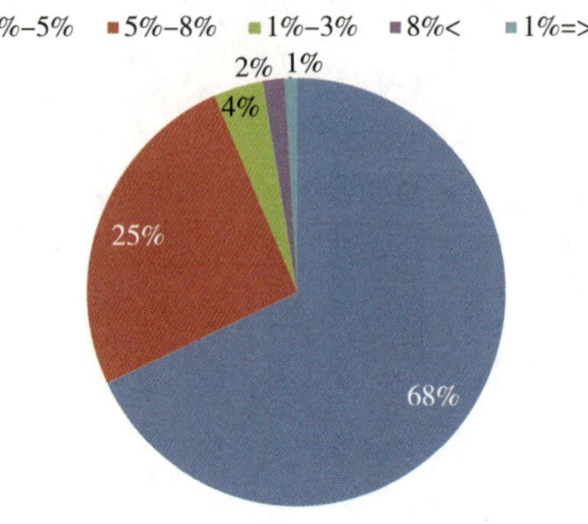

数据来源：Wind，恒天财富研究院

从产品期限来看，2016 年 1 月 1 日至 2017 年 8 月 31 日之间，除去未公布的产品，约 31% 的理财产品期限在 90–180 天；其次是 30–90 天，约占 27%；约 14% 的产品期限超过 360 天；约 6% 的产品期限小于 30 天。

图表 1.11：被认购非银理财产品期限区间分布，期限在 90–180 天的产品占比最大（单位：%）

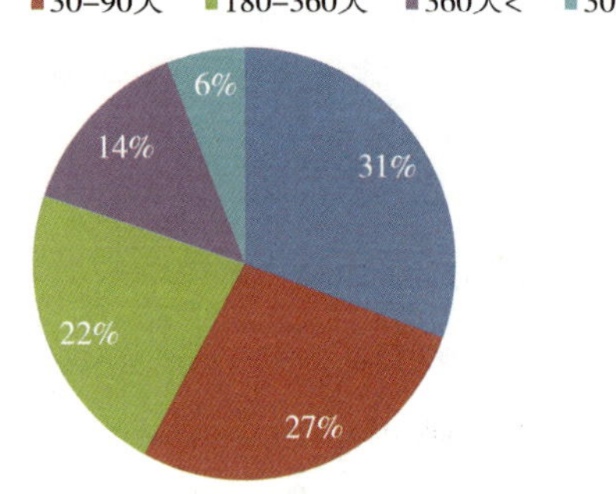

数据来源：Wind，恒天财富研究院

二、按区域划分上市公司认购理财产品概况

（一）江苏省（45 家）

江苏共有 360 家本地上市公司，其中 45 家在已经披露的公告中曾经或已经认购过非银理财产品，占比约为 12.5%。就 45 家认购过非银理财产品的江苏上市公司的行业分布来看，机械设备行业所拥有的认购非银理财产品的上市公司最多，共有 9 家认购过，约占江苏本地总上市公司数的 2.5%。

1. 机械设备行业（9 家）

认购情况分析

在 59 家江苏本地机械设备行业上市公司中，已有 9 家认购过非银理财产品，具体情况如下：

1）纽威股份

在 2016 年 1 月 1 日至 2017 年 8 月 31 日期间，公司总共认购了 11 个非银理财产品，累计投入 9.42 亿元，公司主要认购了证券公司理财产品。

在纽威股份认购的非银理财产品中，认购证券公司理财产品的金额最多，达到 9.42 亿元，这是基于保持资金良好流动性、容易变现的特点。

纽威股份主要认购了中信证券的证券公司理财产品，这家产品发行方无实际控制人，第一大股东为中信集团，由国企和外资背景股东控股，背后实际控制母公司为国资委。中信证券作为业内知名券商，具备较高的行业地位及较强的资本运作能力。

图表 2.1.1：2016 年 1 月 1 日至 2017 年 8 月 31 日，江苏，纽威股份认购非银理财产品情况

认购日期	理财产品名称	产品发行方名称	理财类型	认购金额（万元）	产品起息日	产品到息日	产品期限	预计最低收益率（%）	预计最高收益率（%）
2017-03-16	东吴证券固定收益凭证融通【201705】号	东吴证券投资有限公司	证券公司理财产品	14,500.00	2017-03-16	2017-09-13	181 天	4.50	
2016-11-23	2016 年度第 8 期收益凭证	中信证券投资有限公司	证券公司理财产品	5,000.00	2016-11-23	2017-06-23	212 天	3.50	
2016-09-13	2016 年度第 51 期收益凭证	中信证券投资有限公司	证券公司理财产品	14,000.00	2016-09-13	2016-12-13	91 天	3.15	
2016-09-09	2016 年度第 2 期收益凭证	中信证券投资有限公司	证券公司理财产品	12,000.00	2016-09-09	2017-03-09	181 天	3.50	
2016-09-07	2016 年度第 1 期收益凭证	中信证券投资有限公司	证券公司理财产品	19,000.00	2016-09-07	2017-03-09	183 天	3.50	

数据来源：Wind，恒天财富研究院

2）快克股份

在 2016 年 1 月 1 日至 2017 年 8 月 31 日期间，公司总共认购了 2 个非银理财产品，累计投入 5 亿元，公司主要认购了证券公司理财产品。

在快克股份认购的非银理财产品中，认购证券公司理财产品的金额最多，达到 5 亿元，这是基于保持资金良好流动性、容易变现的特点。

快克股份主要认购了中银国际证券公司的证券公司理财产品，这家产品发行方实际控制人为国资委，第一大股东为中银国际控股有限公司，由国企背景股东控股，背后实际控制母公司为国资委。中银国际证券作为业内知名券商，具备较高的行业地位及较强的资本运作能力。

图表 2.1.2：2016 年 1 月 1 日至 2017 年 8 月 31 日，江苏，快克股份认购非银理财产品情况

认购日期	理财产品名称	产品发行方名称	理财类型	认购金额（万元）	产品起息日	产品到息日	产品期限	预计最低收益率（%）	预计最高收益率（%）
2017-01-13	中银证券锦鲤—收益宝 8 号	中银国际证券有限责任公司	证券公司理财产品	20,000.00	2017-01-13	2017-05-12	120 天	4.27	

续表

认购日期	理财产品名称	产品发行方名称	理财类型	认购金额（万元）	产品起息日	产品到息日	产品期限	预计最低收益率（%）	预计最高收益率（%）
2017-05-15	中银证券锦鲤一收益宝 16 号	中银国际证券有限责任公司	证券公司理财产品	30,000.00	2017-05-17	2017-12-11	209 天	4.65	

数据来源：Wind，恒天财富研究院

3）宏盛股份

在 2016 年 1 月 1 日至 2017 年 8 月 31 日期间，公司总共认购了 8 个非银理财产品，累计投入 2.65 亿元，公司主要认购了证券公司理财产品。

在宏盛股份认购的非银理财产品中，认购证券公司理财产品的金额最多，达到 2.65 亿元，这是基于保持资金良好流动性、容易变现的特点。

宏盛股份主要认购了中信建投的证券公司理财产品，这家产品发行方无实际控制人，第一大股东为北京国有资本经营管理中心，由国企背景股东控股，背后实际控制母公司为国资委。中信建投证券作为业内知名券商，具备较高的行业地位及较强的资本运作能力。

图表 2.1.3：2016 年 1 月 1 日至 2017 年 8 月 31 日，江苏，宏盛股份认购非银理财产品情况

认购日期	理财产品名称	产品发行方名称	理财类型	认购金额（万元）	产品起息日	产品到息日	产品期限	预计最低收益率（%）	预计最高收益率（%）
2017-07-28	中信建投收益凭证“稳进宝”0	中信建投证券股份有限公司	证券公司理财产品	1,500.00	2017-07-28	2017-09-12	46 天	4.15	
2017-06-22	中信建投收益凭证“稳进宝”043 期	中信建投证券股份有限公司	证券公司理财产品	4,500.00	2017-06-22	2017-08-22	61 天	4.40	
2017-05-24	中信建投收益凭证“稳进宝”042 期	中信建投证券股份有限公司	证券公司理财产品	3,000.00	2017-05-24	2017-08-22	90 天	4.00	
2017-04-25	中信建投收益凭证“固收鑫·稳享”【101 号】-92 天期	中信建投证券股份有限公司	证券公司理财产品	1,500.00	2017-04-25	2017-07-26	92 天	3.80	

续表

认购日期	理财产品名称	产品发行方名称	理财类型	认购金额（万元）	产品起息日	产品到息日	产品期限	预计最低收益率（%）	预计最高收益率（%）
2017-03-20	中信建投收益凭证“稳进宝”039 期	中信建投证券股份有限公司	证券公司理财产品	3,000.00	2017-03-20	2017-06-20	92 天	3.60	

数据来源：Wind，恒天财富研究院

4）恒立液压

在 2016 年 1 月 1 日至 2017 年 8 月 31 日期间，公司总共认购了 3 个非银理财产品，累计投入 2.2 亿元，公司主要认购了信托类理财产品。

在恒立液压认购的非银理财产品中，认购信托理财产品的金额最多，达到 2.2 亿元，这是基于其短期收益率高、刚性兑付的特点。

恒立液压主要认购了安信信托的信托类理财产品，这家产品发行方实际控制人为高天国，第一大股东为上海国之杰投资发展有限公司，由民企背景股东控股，背后实际控制母公司为香港创安集团有限公司。安信信托作为业内知名信托公司，具备较高的行业地位及较强的资本运作能力。

图表 2.1.4：2016 年 1 月 1 日至 2017 年 8 月 31 日，江苏，恒立液压认购非银理财产品情况

认购日期	理财产品名称	产品发行方名称	理财类型	认购金额（万元）	产品起息日	产品到息日	产品期限	预计最低收益率（%）	预计最高收益率（%）
2017-04-28	安信·宝盈（六期）单一资金信托计划	安信信托股份有限公司	信托	20,000.00	2017-04-28	2018-04-10	347 天	8.00	
2016-03-31	安信·昆明宝云社区城中村改造项目股权投资集合资金信托计划之资金信托	安信信托股份有限公司	信托	1,000.00	2016-03-31			9.20	
2016-03-31	安信·创赢武汉金凰珠宝企业贷款集合资金信托计划之资金信托	安信信托股份有限公司	信托	1,000.00	2016-03-31			9.10	

数据来源：Wind，恒天财富研究院

5）南通锻压

在 2016 年 1 月 1 日至 2017 年 8 月 31 日期间，公司总共认购了 5 个非银理财产品，累计投入 2.08 亿元，公司主要认购了信托类理财产品。

在南通锻压认购的非银理财产品中，认购信托理财产品的金额最多，达到 9700 万元，这是基于其短期收益率高、刚性兑付的特点。

南通锻压主要认购了新纪元期货股份有限公司的信托类理财产品，这家产品发行方无实际控制人，第一大股东为沣沅弘（北京）控股集团有限公司，由民企背景股东控股，背后实际控制母公司为沣沅弘（北京）控股集团有限公司。新纪元期货作为业内知名期货公司，具备较高的行业地位及较强的资本运作能力。

图表 2.1.5：2016 年 1 月 1 日至 2017 年 8 月 31 日，江苏，南通锻压认购非银理财产品情况

认购日期	理财产品名称	产品发行方名称	理财类型	认购金额（万元）	产品起息日	产品到息日	产品期限	预计最低收益率（%）	预计最高收益率（%）
2016-11-16	新纪元开元 11 号资产管理计划	新纪元期货股份有限公司	信托	6,800.00			12 个月		
2016-11-16	成安基金特殊机会并购私募基金二期	江苏成安股权投资基金管理有限公司	基金专户	3,000.00			12 个月		
2016-03-04	新纪元稳健 4 号资产管理计划	新纪元期货股份有限公司	信托	2,900.00	2016-03-07	2018-03-07	24 个月		
2016-02-24	新华富时 - 东旭 2 号专项资产管理计划	深圳新华富时资产管理有限公司	投资公司理财产品	1,300.00					
2016-02-06	新纪元协转通 1 号资产管理计划	新纪元期货有限公司	证券公司理财产品	6,800.00					

数据来源：Wind，恒天财富研究院

6）通润装备

在 2016 年 1 月 1 日至 2017 年 8 月 31 日期间，公司总共认购了 3 个非银理财产品，累计投入 1.5 亿元，公司主要认购了证券公司理财产品。

在通润装备认购的非银理财产品中，认购证券公司理财产品的金额最多，达到 1.5 亿元，这是基于保持资金良好流动性、容易变现的特点。

通润装备主要认购了中信证券的证券公司理财产品，这家产品发行方无实际

控制人，第一大股东为中信集团，由国企和外资背景股东控股，背后实际控制母公司为国资委。中信证券作为业内知名券商，具备较高的行业地位及较强的资本运作能力。

图表 2.1.6：2016 年 1 月 1 日至 2017 年 8 月 31 日，江苏，通润装备认购非银理财产品情况

认购日期	理财产品名称	产品发行方名称	理财类型	认购金额（万元）	产品起息日	产品到息日	产品期限	预计最低收益率（%）	预计最高收益率（%）
2017-02-23	中信证券股份有限公司保本增益系列 4 期收益凭证产品	中信证券股份有限公司	证券公司理财产品	5,000.00	2017-02-23	2017-05-02	68 天	4.00	
2017-08-08	中信证券股份有限公司保本增益系列 142 期收益凭证产品（本金保障型固定收益凭证）	中信证券股份有限公司	证券公司理财产品	5,000.00	2017-08-10	2017-11-13	95 天	4.20	
2017-05-03	中信证券股份有限公司保本增益系列 56 期收益凭证产品	中信证券股份有限公司	证券公司理财产品	5,000.00	2017-05-04	2017-08-07	95 天	4.15	

数据来源：Wind，恒天财富研究院

7）海鸥股份

在 2016 年 1 月 1 日至 2017 年 8 月 31 日期间，公司总共认购了 4 个非银理财产品，累计投入 1 亿元，公司主要认购了证券公司理财产品。

在海鸥股份认购的非银理财产品中，认购证券公司理财产品的金额最多，达到 1 亿元，这是基于保持资金良好流动性、容易变现的特点。

海鸥股份主要认购了国泰君安证券公司的证券公司理财产品，这家产品发行方的实际控制人是上海国际集团有限公司，第一大股东为上海国有资产经营有限公司，由国企背景股东控股，背后实际控制母公司为国资委。国泰君安证券作为业内知名券商，具备较高的行业地位及较强的资本运作能力。

图表 2.1.7：2016 年 1 月 1 日至 2017 年 8 月 31 日，江苏，海鸥股份认购非银理财产品情况

认购日期	理财产品名称	产品发行方名称	理财类型	认购金额（万元）	产品起息日	产品到息日	产品期限	预计最低收益率（%）	预计最高收益率（%）
2017-08-16	国泰君安证券君柜宝一号 2017 年第 131 期收益凭证	国泰君安证券股份有限公司	证券公司理财产品	1,000.00	2017-08-17	2018-02-26	194 天	4.55	
2017-08-14	中信建投收益凭证"固收鑫·稳享"6 月期【314 号】-195 天	中信建投证券股份有限公司	证券公司理财产品	1,700.00	2017-08-15	2018-02-26	195 天	4.35	
2017-08-14	国泰君安证券君柜宝一号 2017 年第 125 期收益凭证	国泰君安证券股份有限公司	证券公司理财产品	5,000.00	2017-08-15	2018-05-14	273 天	4.65	
2017-08-14	国泰君安证券君柜宝一号 2017 年第 126 期收益凭证	国泰君安证券股份有限公司	证券公司理财产品	2,300.00	2017-08-15	2018-02-26	196 天	4.55	

数据来源：Wind，恒天财富研究院

8）新美星

在 2016 年 1 月 1 日至 2017 年 8 月 31 日期间，公司总共认购了 4 个非银理财产品，累计投入 8.6 亿元，公司主要认购了基金专户类理财产品。

在新美星认购的非银理财产品中，认购基金专户类理财产品的金额最多，达到 8.6 亿元，这是基于该类产品收益率较高，且可以提供定制化服务的特点。

新美星主要认购了上海华领资产管理有限公司的基金专户理财产品，这家产品发行方是华领（控股）集团有限公司控股的全资财富管理公司，由民企背景股东控股，实际控制母公司为华领（控股）集团有限公司。华领资产管理作为业内知名第三方财富管理公司，具备较高的行业地位及较强的资本运作能力。

图表 2.1.8：2016 年 1 月 1 日至 2017 年 8 月 31 日，江苏，新美星认购非银理财产品情况

认购日期	理财产品名称	产品发行方名称	理财类型	认购金额（万元）	产品起息日	产品到息日	产品期限	预计最低收益率（%）	预计最高收益率（%）
2016-09-05	华领定制 5 号银行承兑汇票分级私募基金	上海华领资产管理有限公司	基金专户	2,000.00	2016-09-05	2016-12-04	90 天	7.50	
2016-06-30	华领定制 1 号银行承兑汇票专项投资基金	上海华领资产管理有限公司	基金专户	2,000.00	2016-06-30	2016-09-29	91 天	8.00	
2016-06-29	凯拓稳健 7 号创新投资基金	凯拓天和（北京）投资基金管理有限公司	基金专户	1,600.00	2016-06-29	2016-09-28	91 天	8.00	
2016-06-29	良卓稳健 2 号银行承兑汇票专项投资基金	上海良卓资产管理有限公司	基金专户	3,000.00	2016-06-29	2016-09-28	91 天	7.50	

数据来源：Wind，恒天财富研究院

9）四方冷链

在 2016 年 1 月 1 日至 2017 年 8 月 31 日期间，公司总共认购了 1 个非银理财产品，累计投入 4000 万元，公司认购了证券公司理财产品，这是基于该类产品资金良好流动性、容易变现的特点。

四方冷链主要认购了广发证券公司的证券公司理财产品，这家产品发行方无实际控制人，第一大股东为吉林敖东药业，由民企背景股东控股，背后实际控制母公司为敦化市金诚实业有限责任公司。广发证券作为业内知名券商，具备较高的行业地位及较强的资本运作能力。

图表 2.1.9：2016 年 1 月 1 日至 2017 年 8 月 31 日，江苏，四方冷链认购非银理财产品情况

认购日期	理财产品名称	产品发行方名称	理财类型	认购金额（万元）	产品起息日	产品到息日	产品期限	预计最低收益率（%）	预计最高收益率（%）
2017-08-08	广发证券收益凭证“收益宝”1 号（简称“广发收益宝 1 号”）	广发证券股份有限公司	证券公司理财产品	4000.00	2017-08-08	2017-11-06	90 天	4.50	

数据来源：Wind，恒天财富研究院

2. 化工行业（8 家）

认购情况分析

在 54 家江苏本地化工行业上市公司中，已有 8 家认购过非银理财产品，具体情况如下：

1）扬农化工

在 2016 年 1 月 1 日至 2017 年 8 月 31 日期间，公司总共认购了 13 个非银理财产品，累计投入 9.48 亿元，公司主要认购了信托类理财产品。

在扬农化工认购的非银理财产品中，认购信托类理财产品的金额最多，达到 9.48 亿元，这是基于其短期收益率高、刚性兑付的特点。

扬农化工主要认购了中国对外经济贸易信托有限公司的信托理财产品，这家产品发行方是中化集团旗下从事信托业务的子公司，第一大股东为中化集团，由国企背景股东控股，背后实际控制母公司为国资委。中国对外经济贸易信托有限公司作为业内知名的信托公司，具备较高的行业地位及较强的资本运作能力。

图表 2.1.10：2016 年 1 月 1 日至 2017 年 8 月 31 日，江苏，扬农化工认购非银理财产品情况

认购日期	理财产品名称	产品发行方名称	理财类型	认购金额（万元）	产品起息日	产品到息日	产品期限	预计最低收益率（%）	预计最高收益率（%）
2017-03-30	外贸信托·富荣 99 号恒大哈尔滨项目集合资金信托计划	中国对外经济贸易信托有限公司	信托	4,000.00			1 年	6.50	
2017-03-30	外贸信托·富荣 99 号恒大哈尔滨项目集合资金信托计划	中国对外经济贸易信托有限公司	信托	20,000.00			1 年	6.50	
2017-03-15	外贸信托·鹏程城市更新投资基金一号深圳艺术大厦项目	中国对外经济贸易信托有限公司	信托	2,260.00			1 年	6.50	
2017-03-14	外贸信托·五行汇诚资产配置集合资金信托计划 17 期 -2	中国对外经济贸易信托有限公司	信托	1,200.00			1.5 年	6.30	

续表

认购日期	理财产品名称	产品发行方名称	理财类型	认购金额（万元）	产品起息日	产品到息日	产品期限	预计最低收益率（%）	预计最高收益率（%）
2017-01-24	外贸信托·汇金2号消费信贷集合资金信托计划68期-22	中国对外经济贸易信托有限公司	信托	5,000.00			1年	6.30	

数据来源：Wind，恒天财富研究院

2）龙蟠科技

在2016年1月1日至2017年8月31日期间，公司总共认购了3个非银理财产品，累计投入2.3亿元，公司主要认购了证券公司理财产品。

在龙蟠科技认购的非银理财产品中，认购证券公司理财产品的金额最多，达到2.3亿元，这是基于保持资金良好流动性、容易变现的特点。

龙蟠科技主要认购了国泰君安证券公司的证券公司理财产品，这家产品发行方的实际控制人是上海国际集团有限公司，第一大股东为上海国有资产经营有限公司，由国企背景股东控股，背后实际控制母公司为国资委。国泰君安证券作为业内知名券商，具备较高的行业地位及较强的资本运作能力。

图表2.1.11：2016年1月1日至2017年8月31日，江苏，龙蟠科技认购非银理财产品情况

认购日期	理财产品名称	产品发行方名称	理财类型	认购金额（万元）	产品起息日	产品到息日	产品期限	预计最低收益率（%）	预计最高收益率（%）
2017-06-06	方正证券收益凭证“金添利”C54号	方正证券股份有限公司	证券公司理财产品	7,000.00	2017-06-07	2017-10-10	125天	4.90	
2017-05-23	国泰君安证券睿博系列尧睿一百一十八号收益凭证	国泰君安证券股份有限公司	证券公司理财产品	6,000.00	2017-05-23	2017-11-22	183天	4.45	
2017-05-03	国泰君安证券睿博系列尧睿九十五号收益凭证	国泰君安证券股份有限公司	证券公司理财产品	10,000.00	2017-05-04	2017-11-02	182天	4.30	

数据来源：Wind，恒天财富研究院

3）兴业股份

在 2016 年 1 月 1 日至 2017 年 8 月 31 日期间，公司总共认购了 2 个非银理财产品，累计投入 1.05 亿元，公司主要认购了基金专户类理财产品。

在兴业股份认购的非银理财产品中，认购基金专户理财产品的金额最多，达到 1.05 亿元，这是基于该类产品收益率较高，且可以提供定制化服务的特点。

兴业股份主要认购了上海歌斐资产管理有限公司的基金专户理财产品，这家产品发行方是诺亚集团旗下全资子公司，背后实际控制母公司为诺亚财富。诺亚财富作为业内知名的第三方理财平台，具备较高的行业地位及较强的资本运作能力。

图表 2.1.12：2016 年 1 月 1 日至 2017 年 8 月 31 日，江苏，兴业股份认购非银理财产品情况

认购日期	理财产品名称	产品发行方名称	理财类型	认购金额（万元）	产品起息日	产品到息日	产品期限	预计最低收益率（%）	预计最高收益率（%）
2017-07-19	创世金融同创私募基金（SW3487）	上海歌斐资产管理有限公司	基金专户	6,000.00	2017-07-19			6.20	
2017-07-07	首创证券创盈 10 号收益凭证	首创证券有限责任公司	证券公司理财产品	4,500.00	2017-07-07	2017-11-20	136 天	5.00	

数据来源：Wind，恒天财富研究院

4）正丹股份

在 2016 年 1 月 1 日至 2017 年 8 月 31 日期间，公司总共认购了 2 个非银理财产品，累计投入 1 亿元，公司主要认购了证券公司理财产品。

在正丹股份认购的非银理财产品中，认购证券公司理财产品的金额最多，达到 1 亿元，这是基于保持资金良好流动性、容易变现的特点。

正丹股份主要认购了中信证券公司的证券公司理财产品，这家产品发行方无实际控制人，第一大股东为中信集团，由国企和外资背景股东控股，背后实际控制母公司为国资委。中信证券作为业内知名券商，具备较高的行业地位及较强的资本运作能力。

图表 2.1.13：2016 年 1 月 1 日至 2017 年 8 月 31 日，江苏，正丹股份认购非银理财产品情况

认购日期	理财产品名称	产品发行方名称	理财类型	认购金额（万元）	产品起息日	产品到息日	产品期限	预计最低收益率（%）	预计最高收益率（%）
2017-08-07	中信证券股份有限公司 2017 年度第 237 期收益凭证	中信证券股份有限公司	证券公司理财产品	5,000.00	2017-08-07	2017-10-09	63 天	4.41	
2017-06-23	中信证券股份有限公司 2017 年度第 206 期收益凭证	中信证券股份有限公司	证券公司理财产品	5,000.00	2017-06-23	2017-07-28	35 天	4.55	

数据来源：Wind，恒天财富研究院

5）碳元科技

在 2016 年 1 月 1 日至 2017 年 8 月 31 日期间，公司总共认购了 2 个非银理财产品，累计投入 1 亿元，公司主要认购了证券公司理财产品。

在碳元科技认购的非银理财产品中，认购证券公司理财产品的金额最多，达到 1 亿元，这是基于资金良好流动性、容易变现的特点。

碳元科技主要认购了长江证券公司的证券公司理财产品，这家产品发行方无实际控制人，第一大股东为新理益集团有限公司，由自然人背景股东控股，背后实际控制母公司为新理益集团有限公司。长江证券作为业内知名证券公司，具备较高的行业地位及较强的资本运作能力。

图表 2.1.14：2016 年 1 月 1 日至 2017 年 8 月 31 日，江苏，碳元科技认购非银理财产品情况

认购日期	理财产品名称	产品发行方名称	理财类型	认购金额（万元）	产品起息日	产品到息日	产品期限	预计最低收益率（%）	预计最高收益率（%）
2017-05-25	长江证券收益凭证长江宝 425 号	长江证券股份有限公司	证券公司理财产品	7000.00	2017-05-25	2018-02-26	277 天	5.00	
2017-05-25	中信证券保本增益系列 76 期收益凭证	中信证券股份有限公司	证券公司理财产品	3000.00	2017-05-25	2017-11-20	179 天	4.45	

数据来源：Wind，恒天财富研究院

6）宏达新材

在 2016 年 1 月 1 日至 2017 年 8 月 31 日期间，公司总共认购了 5 个非银理财产品，累计投入 4000 万元，公司主要认购了证券公司理财产品。

在宏达新材认购的非银理财产品中，认购证券公司理财产品的金额最多，达到 4000 万元，这是基于保持资金良好流动性、容易变现的特点。

宏达新材主要认购了华泰证券公司的证券公司理财产品，这家产品发行方的实际控制人为江苏省人民政府国有资产监督委员会，第一大股东是江苏省国信资产管理集团有限公司控股，由国企背景股东控股，背后实际控制母公司为国资委。华泰证券作为业内知名证券公司，具备较高的行业地位及较强的资本运作能力。

图表 2.1.15：2016 年 1 月 1 日至 2017 年 8 月 31 日，江苏，宏达新材认购非银理财产品情况

认购日期	理财产品名称	产品发行方名称	理财类型	认购金额（万元）	产品起息日	产品到息日	产品期限	预计最低收益率（%）	预计最高收益率（%）
2016-05-12	节假日－金理财 x23	华泰证券（上海）资产管理有限公司	证券公司理财产品	500.00	2016-05-12	2016-08-08	88 天	4.10	
2016-03-25	节假日－金理财 X16	华泰证券（上海）资产管理有限公司	证券公司理财产品	500.00	2016-03-25	2016-06-20	88 天	4.10	
2016-03-16	月月发优先级	华泰证券股份有限公司	证券公司理财产品	500.00	2016-03-16	2016-04-12	28 天	4.20	
2016-03-11	节假日－金理财 X14	华泰证券（上海）资产管理有限公司	证券公司理财产品	500.00	2016-03-11	2016-06-06	88 天	4.20	
2016-03-10	华泰紫金财富 2 号	华泰证券股份有限公司	证券公司理财产品	2000.00	2016-03-10	2016-06-12	95 天	4.70	

数据来源：Wind，恒天财富研究院

7）江化微

在 2016 年 1 月 1 日至 2017 年 8 月 31 日期间，公司总共认购了 1 个非银理财产品，累计投入 3000 万元，公司认购了证券公司理财产品，这是基于该类产品资金良好流动性、容易变现的特点。

江化微主要认购了中信证券公司的证券公司理财产品，这家产品发行方无实际控制人，第一大股东为中信集团，由国企和外资背景股东控股，背后实际控制

母公司为国资委。中信证券作为业内知名券商，具备较高的行业地位及较强的资本运作能力。

图表 2.1.16：2016 年 1 月 1 日至 2017 年 8 月 31 日，江苏，江化微认购非银理财产品情况

认购日期	理财产品名称	产品发行方名称	理财类型	认购金额（万元）	产品起息日	产品到息日	产品期限	预计最低收益率（%）	预计最高收益率（%）
2017-06-09	中信证券股份有限公司 2017 年度第 190 期收益凭证	中信证券股份有限公司	证券公司理财产品	3,000.00			200 天	4.45	

数据来源：Wind，恒天财富研究院

8）苏利股份

在 2016 年 1 月 1 日至 2017 年 8 月 31 日期间，公司总共认购了 1 个非银理财产品，累计投入 5000 万元，公司认购了证券公司理财产品，这是基于该类产品资金良好流动性、容易变现的特点。

苏利股份主要认购了海通证券公司的证券公司理财产品，这家产品发行方无实际控制人，第一大股东为中国证券金融股份有限公司，由国企背景股东控股，背后实际控制母公司为国资委。海通证券作为业内知名券商，具备较高的行业地位及较强的资本运作能力。

图表 2.1.17：2016 年 1 月 1 日至 2017 年 8 月 31 日，江苏，苏利股份认购非银理财产品情况

认购日期	理财产品名称	产品发行方名称	理财类型	认购金额（万元）	产品起息日	产品到息日	产品期限	预计最低收益率（%）	预计最高收益率（%）
2017-07-17	海通证券“一海通财．理财宝”系列收益凭证尊享版 91 天期第 89 号	海通证券股份有限公司	证券公司理财产品	5,000.00	2017-07-17	2017-10-15	90 天	4.10	

数据来源：Wind，恒天财富研究院

3. 电气设备行业（6 家）

认购情况分析

在 36 家江苏本地电气设备行业上市公司中，已有 6 家认购过非银理财产品，

具体情况如下：

1）江苏雷利

在2016年1月1日至2017年8月31日期间，公司总共认购了2个非银理财产品，累计投入3.41亿元，公司主要认购了证券公司理财产品。

在江苏雷利认购的非银理财产品中，认购证券公司理财产品的金额最多，达到3.41亿元，这是基于保持资金良好流动性、容易变现的特点。

江苏雷利主要认购了国泰君安证券公司的证券公司理财产品，这家产品发行方的实际控制人是上海国际集团有限公司，第一大股东为上海国有资产经营有限公司，由国企背景股东控股，背后实际控制母公司为国资委。国泰君安证券作为业内知名券商，具备较高的行业地位及较强的资本运作能力。

图表2.1.18：2016年1月1日至2017年8月31日，江苏，江苏雷利认购非银理财产品情况

认购日期	理财产品名称	产品发行方名称	理财类型	认购金额（万元）	产品起息日	产品到息日	产品期限	预计最低收益率（%）	预计最高收益率（%）
2017-07-21	君柜宝一号17107	国泰君安证券股份有限公司	证券公司理财产品	24,120.00	2017-07-21	2018-04-23	276天	4.75	
2017-07-21	华泰恒益17010号	华泰证券股份有限公司	证券公司理财产品	10,000.00	2017-07-21	2018-01-22	185天	4.70	

数据来源：Wind，恒天财富研究院

2）安靠智电

在2016年1月1日至2017年8月31日期间，公司总共认购了3个非银理财产品，累计投入2亿元，公司主要认购了证券公司理财产品。

在安靠智电认购的非银理财产品中，认购证券公司理财产品的金额最多，达到2亿元，这是基于保持资金良好流动性、容易变现的特点。

安靠智电主要认购了中银国际证券公司的证券公司理财产品，这家产品发行方实际控制人为国资委，第一大股东为中银国际控股有限公司，由国企背景股东控股，背后实际控制母公司为国资委。中银国际证券作为业内知名券商，具备较高的行业地位及较强的资本运作能力。

图表 2.1.19：2016 年 1 月 1 日至 2017 年 8 月 31 日，江苏，安靠智电认购非银理财产品情况

认购日期	理财产品名称	产品发行方名称	理财类型	认购金额（万元）	产品起息日	产品到息日	产品期限	预计最低收益率（%）	预计最高收益率（%）
2017-04-24	中银证券锦鲤—收益宝 13 号产品	中银国际证券有限责任公司	证券公司理财产品	5,000.00	2017-04-26	2017-08-28	124 天	4.30	
2017-04-24	中银证券锦鲤—收益宝 14 号产品	中银国际证券有限责任公司	证券公司理财产品	10,000.00	2017-04-26	2017-10-24	181 天	4.30	
2017-08-30	中银证券锦鲤—收益宝 28 号	中银国际证券有限责任公司	证券公司理财产品	5,000.00	2017-09-01	2018-04-03	214 天	4.50	

数据来源：Wind，恒天财富研究院

3）神力股份

在 2016 年 1 月 1 日至 2017 年 8 月 31 日期间，公司总共认购了 3 个非银理财产品，累计投入 1.1 亿元，公司主要认购了证券公司理财产品。

在神力股份认购的非银理财产品中，认购证券公司理财产品的金额最多，达到 8000 万元，这是基于保持资金良好流动性、容易变现的特点。

神力股份主要认购了中银国际证券公司的证券公司理财产品，这家产品发行方实际控制人为国资委，第一大股东为中银国际控股有限公司，由国企背景股东控股，背后实际控制母公司为国资委。中银国际证券作为业内知名券商，具备较高的行业地位及较强的资本运作能力。

图表 2.1.20：2016 年 1 月 1 日至 2017 年 8 月 31 日，江苏，神力股份认购非银理财产品情况

认购日期	理财产品名称	产品发行方名称	理财类型	认购金额（万元）	产品起息日	产品到息日	产品期限	预计最低收益率（%）	预计最高收益率（%）
2017-04-24	中银证券锦鲤—收益宝 13 号产品	中银国际证券有限责任公司	证券公司理财产品	5,000.00	2017-04-26	2017-08-28	124 天	4.30	
2017-04-24	中银证券锦鲤—收益宝 14 号产品	中银国际证券有限责任公司	证券公司理财产品	10,000.00	2017-04-26	2017-10-24	181 天	4.30	

续表

认购日期	理财产品名称	产品发行方名称	理财类型	认购金额（万元）	产品起息日	产品到息日	产品期限	预计最低收益率（%）	预计最高收益率（%）
2017-08-30	中银证券锦鲤—收益宝 28 号	中银国际证券有限责任公司	证券公司理财产品	5,000.00	2017-09-01	2018-04-03	214 天	4.50	

数据来源：Wind，恒天财富研究院

4）中电电机

在 2016 年 1 月 1 日至 2017 年 8 月 31 日期间，公司总共认购了 3 个非银理财产品，累计投入 1.16 亿元，公司主要认购了证券公司理财产品。

在中电电机认购的非银理财产品中，认购证券公司理财产品的金额最多，达到 1.16 亿元，这是基于保持资金良好流动性、容易变现的特点。

中电电机主要认购了中泰证券公司的证券公司理财产品，这家产品发行方实际控制人为山东省人民政府国有资产监督管理委员会，第一大股东为莱芜钢铁集团有限公司，由国企背景股东控股，背后实际控制母公司为国资委。中泰国际证券作为业内知名券商，具备较高的行业地位及较强的资本运作能力。

图表 2.1.21：2016 年 1 月 1 日至 2017 年 8 月 31 日，江苏，中电电机认购非银理财产品情况

认购日期	理财产品名称	产品发行方名称	理财类型	认购金额（万元）	产品起息日	产品到息日	产品期限	预计最低收益率（%）	预计最高收益率（%）
2017-03-21	收益凭证“易盈宝”1 月期 14 号产品	中泰证券股份有限公司	证券公司理财产品	5,000.00	2017-03-22	2017-04-18	27 天		4.30
2016-12-14	中泰证券收益凭证“易盈宝”1 月期 6 号	中泰证券股份有限公司	证券公司理财产品	4,300.00	2016-12-15	2017-01-12	28 天	4.30	
2016-02-29	“多空宝”挂钩沪深 300 指数 7 天期 2 号（代码：SF5326）	中泰证券股份有限公司	证券公司理财产品	2,260.00	2016-03-01	2016-03-07	7 天	3.75	

数据来源：Wind，恒天财富研究院

5）信捷电

在2016年1月1日至2017年8月31日期间，公司总共认购了7个非银理财产品，累计投入7000万元，公司主要认购了证券公司理财产品。

在信捷电气认购的非银理财产品中，认购信托公司的信托产品金额最多，达到7000万元，这是基于其短期收益率高、刚性兑付的特点。

信捷电气主要认购了华宝信托的信托理财产品，这家产品发行方实际控制人为宝钢集团有限公司，第一大股东为中国宝武钢铁集团有限公司，由国企背景股东控股，背后实际控制母公司为国资委。华宝信托作为业内知名信托公司，具备较高的行业地位及较强的资本运作能力。

图表2.1.22：2016年1月1日至2017年8月31日，江苏，信捷电气认购非银理财产品情况

认购日期	理财产品名称	产品发行方名称	理财类型	认购金额（万元）	产品起息日	产品到息日	产品期限	预计最低收益率（%）	预计最高收益率（%）
2017-07-26	华宝宝智慧通集合资金信托计划信托	华宝信托有限责任公司	信托	1000.00			24个月	7.00	
2017-06-08	华泰证券恒益17122号收益凭证	华泰证券股份有限公司	证券公司理财产品	1000.00			182天	4.60	
2017-04-19	国联信托承信2号集合资金信托计划	国联信托股份有限公司	信托	500.00			3个月	4.60	
2017-03-08	创富159号集合资金信托	国联信托股份有限公司	信托	1500.00			12个月	5.50	
2017-01-24	华宝宝升宏达集合资金信托计划	华宝信托有限责任公司	信托	1000.00			18个月	5.40	

数据来源：Wind，恒天财富研究院

6）海陆重工

在2016年1月1日至2017年8月31日期间，公司总共认购了2个非银理财产品，累计投入2000万元，公司主要认购了证券公司理财产品。

在海陆重工认购的非银理财产品中，认购证券公司理财产品的金额最多，达到2000万元，这是基于保持资金良好流动性、容易变现的特点。

海陆重工主要认购了中信证券公司的证券公司理财产品，这家产品发行方无实际控制人，第一大股东为中信集团，由国企和外资背景股东控股，背后实际控制母公司为国资委。中信证券作为业内知名券商，具备较高的行业地位及较强的资本运作能力。

图表 2.1.23：2016 年 1 月 1 日至 2017 年 8 月 31 日，江苏，海陆重工认购非银理财产品情况

认购日期	理财产品名称	产品发行方名称	理财类型	认购金额（万元）	产品起息日	产品到息日	产品期限	预计最低收益率（%）	预计最高收益率（%）
2017-07-27	保本增益系列131期收益凭证	中信证券股份有限公司	证券公司理财产品	1,000.00	2017-07-27	2018-01-29	186天	4.25	
2017-06-08	保本增益系列87期收益凭证	中信证券股份有限公司	证券公司理财产品	1,000.00	2017-06-08	2017-09-12	96天	4.40	

数据来源：Wind，恒天财富研究院

4. 电子行业（3 家）

认购情况分析

在 22 家江苏本地电子行业上市公司中，已有 3 家认购过非银理财产品，具体情况如下：

1）扬杰科技

在 2016 年 1 月 1 日至 2017 年 8 月 31 日期间，公司总共认购了 13 个非银理财产品，累计投入了 9.35 万元，公司主要认购了证券公司理财产品。

在扬杰科技认购的非银理财产品中，认购基金公司的基金专户理财产品的金额最多，达到 6.4 亿元，这是基于该类产品收益率较高，且可以提供定制化服务的特点。

扬杰科技主要认购了上海歌斐资产公司的基金专户理财产品，这家产品发行方是诺亚财富旗下的全资子公司，背后实际控制母公司为诺亚财富。诺亚财富作为业内知名第三方理财公司，具备较高的行业地位及较强的资本运作能力。

图表 2.1.24：2016 年 1 月 1 日至 2017 年 8 月 31 日，江苏，扬杰科技认购非银理财产品情况

认购日期	理财产品名称	产品发行方名称	理财类型	认购金额（万元）	产品起息日	产品到息日	产品期限	预计最低收益率（%）	预计最高收益率（%）
2017-01-09	创世消费金融优选 7 号私募基金	上海歌斐资产管理有限公司	基金专户	3,000.00	2017-01-09	2018-01-09	365 天	7.20	
2017-01-03	广发期盈 2 期专户资产管理计划	广发期货有限公司	投资公司理财产品	2,000.00	2017-01-03	2017-10-28	298 天	8.50	

数据来源：Wind，恒天财富研究院

2）捷捷微电

在 2016 年 1 月 1 日至 2017 年 8 月 31 日期间，公司总共认购了 1 个非银理财产品，累计投入 3500 万元，这是基于该类产品收益率较高、且可以提供定制化服务的特点。

捷捷微电主要认购了上海易德臻投资管理中心的基金专户理财产品，这家产品发行方是由自然人控股，背后实际控制母公司无。易德臻投资作为业内知名投资公司，具备较高的行业地位及较强的资本运作能力。

图表 2.1.25：2016 年 1 月 1 日至 2017 年 8 月 31 日，江苏，捷捷微电认购非银理财产品情况

认购日期	理财产品名称	产品发行方名称	理财类型	认购金额（万元）	产品起息日	产品到息日	产品期限	预计最低收益率（%）	预计最高收益率（%）
2017-07-03	钜安恒大地产集团成都二期专项私募基金	上海易德臻投资管理中心（有限合伙）	基金专户	3,500.00			6 个月	7.30	

数据来源：Wind，恒天财富研究院

3）苏州恒久

在 2016 年 1 月 1 日至 2017 年 8 月 31 日期间，公司总共认购了 1 个非银理财产品，累计投入 1000 万元，公司认购了证券公司理财产品，这是基于该类产品资金良好流动性、容易变现的特点。

苏州恒久主要认购了中国银河证券公司的证券公司理财产品，这家产品发行方的实际控制人是国务院国有资产监督管理委员会，第一大股东为中国银河金融

控股有限责任公司，由国企背景股东控股，背后实际控制母公司为国资委。中国银河证券作为业内知名券商，具备较高的行业地位及较强的资本运作能力。

图表 2.1.26：2016 年 1 月 1 日至 2017 年 8 月 31 日，江苏，苏州恒久认购非银理财产品情况

认购日期	理财产品名称	产品发行方名称	理财类型	认购金额（万元）	产品起息日	产品到息日	产品期限	预计最低收益率（%）	预计最高收益率（%）
2016-12-08	分级基金 A 质押式报价回购交易银河证券“金自来”91 天 011 期	中国银河证券股份有限公司	证券公司理财产品	1,000.00	2016-12-08	2017-01-17	40 天	3.13	

数据来源：Wind，恒天财富研究院

5. 家用电器行业（3 家）

认购情况分析

在 10 家江苏本地家用电器行业上市公司中，已有 3 家认购过非银理财产品，具体情况如下：

1）日出东方

在 2016 年 1 月 1 日至 2017 年 8 月 31 日期间，公司总共认购了 32 个非银理财产品，累计投入 20.05 亿元，公司主要认购了证券公司理财产品。

在日出东方认购的非银理财产品中，认购证券公司理财产品的金额最多，达到 20.05 亿元，这是基于保持资金良好流动性、容易变现的特点。

日出东方主要认购了国泰君安证券公司的证券公司理财产品，这家产品发行方的实际控制人是上海国际集团有限公司，第一大股东为上海国有资产经营有限公司，由国企背景股东控股，背后实际控制母公司为国资委。国泰君安证券作为业内知名券商，具备较高的行业地位及较强的资本运作能力。

图表 2.1.27：2016 年 1 月 1 日至 2017 年 8 月 31 日，江苏，日出东方认购非银理财产品情况

认购日期	理财产品名称	产品发行方名称	理财类型	认购金额（万元）	产品起息日	产品到息日	产品期限	预计最低收益率（%）	预计最高收益率（%）
2017-03-29	收益凭证 - 安益乐享 67 号	安信证券股份有限公司	证券公司理财产品	5,000.00	2017-03-29	2017-07-28	120 天	4.50	

续表

认购日期	理财产品名称	产品发行方名称	理财类型	认购金额（万元）	产品起息日	产品到息日	产品期限	预计最低收益率（%）	预计最高收益率（%）
2017-03-29	收益凭证－安益乐享 66 号	安信证券股份有限公司	证券公司理财产品	10,000.00	2017-03-29	2017-05-29	61 天	4.40	
2016-12-22	广发证券收益凭证"收益宝"1 号	广发证券股份有限公司	证券公司理财产品	10,000.00	2016-12-22	2017-03-22	90 天	4.20	
2016-12-15	国泰君安睿博系列尧睿五十号收益凭证（产品代码：SQ0621）	国泰君安证券股份有限公司	证券公司理财产品	4,500.00	2016-12-15	2017-03-13	88 天	3.30	3.40
2016-12-06	国泰君安睿博系列尧睿四十八号收益凭证（产品代码：SP9369）	国泰君安证券股份有限公司	证券公司理财产品	24,000.00	2016-12-06	2017-03-06	90 天	3.30	3.40

数据来源：Wind，恒天财富研究院

2）东方电

在 2016 年 1 月 1 日至 2017 年 8 月 31 日期间，公司总共认购了 7 个非银理财产品，累计投入 1.95 亿元，公司主要认购了证券公司理财产品。

在东方电认购的非银理财产品中，认购证券公司理财产品的金额最多，达到 1.95 亿元，这是基于保持资金良好流动性、容易变现的特点。

东方电主要认购了华泰证券公司的证券公司理财产品，这家产品发行方的实际控制人为江苏省人民政府国有资产监督委员会，第一大股东是江苏省国信资产管理集团有限公司控股，由国企背景股东控股，背后实际控制母公司为国资委。华泰证券作为业内知名证券公司，具备较高的行业地位及较强的资本运作能力。

图表 2.1.28：2016 年 1 月 1 日至 2017 年 8 月 31 日，江苏，东方电认购非银理财产品情况

认购日期	理财产品名称	产品发行方名称	理财类型	认购金额（万元）	产品起息日	产品到息日	产品期限	预计最低收益率（%）	预计最高收益率（%）
2017-04-28	华泰证券聚益 17224 号收益凭证	华泰证券股份有限公司	证券公司理财产品	2,500.00	2017-04-28	2017-06-01	34 天	3.80	
2017-02-24	华泰证券聚益 17211 号收益凭证	华泰证券股份有限公司	证券公司理财产品	4,000.00	2017-02-24	2017-05-24	89 天	3.85	

续表

认购日期	理财产品名称	产品发行方名称	理财类型	认购金额（万元）	产品起息日	产品到息日	产品期限	预计最低收益率（%）	预计最高收益率（%）
2017-02-23	中信证券股份有限公司保本增益系列 3 期收益凭证	中信证券股份有限公司	证券公司理财产品	2,000.00	2017-02-23	2017-03-28	33 天	3.90	
2017-07-13	中信证券股份有限公司保本增益系列 115 期收益凭证	中信证券股份有限公司	证券公司理财产品	1,500.00	2017-07-13	2017-08-14	32 天	3.85	
2017-06-07	华泰证券股份有限公司恒益 17122 号收益凭证	华泰证券股份有限公司	证券公司理财产品	2,500.00	2017-06-08	2017-07-10	32 天	4.30	

数据来源：Wind，恒天财富研究院

3）莱克电气

在 2016 年 1 月 1 日至 2017 年 8 月 31 日期间，公司总共认购了 2 个非银理财产品，累计投入 1.3 亿元，公司主要认购了证券公司理财产品。

在莱克电气认购的非银理财产品中，认购证券公司理财产品的金额最多，达到 1.3 亿元，这是基于保持资金良好流动性、容易变现的特点。

莱克电气主要认购了财富证券公司的证券公司理财产品，这家产品发行方无实际控制人，第一大股东是湖南财信投资控股有限责任公司，由国企背景股东控股，背后实际控制母公司为国资委。财富证券作为业内知名证券公司，具备较高的行业地位及较强的资本运作能力。

图表 2.1.29：2016 年 1 月 1 日至 2017 年 8 月 31 日，江苏，莱克电气认购非银理财产品情况

认购日期	理财产品名称	产品发行方名称	理财类型	认购金额（万元）	产品起息日	产品到息日	产品期限	预计最低收益率（%）	预计最高收益率（%）
2017-02-27	财富证券运通 51 号定向资产管理计划	财富证券有限责任公司	证券公司理财产品	10,000.00	2017-02-27	2017-08-25	180 天	6.57	
2016-07-06	磐石众赢私募债权投资基金	上海世旗股权投资基金管理有限公司	基金专户	3,000.00	2016-07-06	2017-01-02	6 月	8.00	

数据来源：Wind，恒天财富研究院

6. 纺织服装行业（2 家）

认购情况分析

在11家江苏本地纺织服装行业上市公司中，已有2家认购过非银理财产品，具体情况如下：

1）罗莱生活

在2016年1月1日至2017年8月31日期间，公司总共认购了26个非银理财产品，累计投入15.5亿元，公司主要认购了信托类理财产品。

在罗莱生活认购的非银理财产品中，认购信托类理财产品的金额最多，达到6.5亿元，这是基于其短期收益率高、刚性兑付的特点。

罗莱生活主要认购了中融国际信托公司的信托产品，这家产品发行方的实际控制人是中植集团，第一大股东是经纬纺机，由国企背景股东控股，背后实际控制母公司为国资委。中融信托作为业内知名信托公司，具备较高的行业地位及较强的资本运作能力。

图表 2.1.30：2016 年 1 月 1 日至 2017 年 8 月 31 日，江苏，罗莱生活认购非银理财产品情况

认购日期	理财产品名称	产品发行方名称	理财类型	认购金额（万元）	产品起息日	产品到息日	产品期限	预计最低收益率（%）	预计最高收益率（%）
2017-04-18	陆家嘴财富－静湖基金 2-2 号	陆家嘴财富管理（上海）有限公司	基金专户	150.00	2017-04-20	2017-10-20	183 天	5.20	
2017-04-11	陆家嘴财富－静湖基金 2-2 号	陆家嘴财富管理（上海）有限公司	基金专户	1,400.00	2017-04-13	2018-03-13	334 天	5.50	
2017-04-06	中融－融雅 49 号集合资金信托计划	中融国际信托有限公司	信托	10,000.00	2017-04-06	2018-04-06	365 天	6.80	
2017-04-06	陆家嘴财富－静湖基金 2-2 号	陆家嘴财富管理（上海）有限公司	基金专户	2,000.00	2017-04-07	2017-06-07	61 天	4.80	

数据来源：Wind，恒天财富研究院

2）黑牡丹

在2016年1月1日至2017年8月31日期间，公司总共认购了1个非银理财产品，累计投入8000万元，公司认购了证券公司理财产品，这是基于该类产品资金良好流动性、容易变现的特点。

黑牡丹主要认购了华泰证券公司的证券公司理财产品，这家产品发行方的实际控制人为江苏省人民政府国有资产监督委员会，第一大股东是江苏省国信资产管理集团有限公司控股，由国企背景股东控股，背后实际控制母公司为国资委。华泰证券作为业内知名证券公司，具备较高的行业地位及较强的资本运作能力。

图表2.1.31：2016年1月1日至2017年8月31日，江苏，黑牡丹认购非银理财产品情况

认购日期	理财产品名称	产品发行方名称	理财类型	认购金额（万元）	产品起息日	产品到息日	产品期限	预计最低收益率（%）	预计最高收益率（%）
2017-05-09	紫金货币增强A	华泰证券股份有限公司	证券公司理财产品	8,000.00	2017-05-09				

数据来源：Wind，恒天财富研究院

7. 钢铁行业（2家）

认购情况分析

在4家江苏本地钢铁行业上市公司中，已有2家认购过非银理财产品，具体情况如下：

1）沙钢股份

在2016年1月1日至2017年8月31日期间，公司总共认购了1个非银理财产品，累计投入1亿元，公司认购了投资公司的理财产品，这是基于该类产品收益率较高且流动性好的特点。

沙钢股份主要认购了民生财富投资管理有限公司的投资公司理财产品，这家产品发行方的实际控制人为中国泛海控股集团，第一大股东为泛海控股，由民企背景股东控股，背后实际控制母公司为中国泛海集团。民生财富作为业内知名的投资管理公司，具备较高的行业地位及较强的资本运作能力。

图表 2.1.32：2016 年 1 月 1 日至 2017 年 8 月 31 日，江苏，沙钢股份认购非银理财产品情况

认购日期	理财产品名称	产品发行方名称	理财类型	认购金额（万元）	产品起息日	产品到息日	产品期限	预计最低收益率（%）	预计最高收益率（%）
2017-03-27	民生财富尊享 6 号投资私募基金	民生财富投资管理有限公司	投资公司理财产品	10,000.00	2017-03-28	2018-03-28	365 天	6.50	

数据来源：Wind，恒天财富研究院

2）武进不锈

在 2016 年 1 月 1 日至 2017 年 8 月 31 日期间，公司总共认购了 1 个非银理财产品，累计投入 1 亿元，公司认购了证券公司理财产品，这是基于该类产品资金良好流动性、容易变现的特点。

武进不锈主要认购了中信证券公司的证券理财产品，这家产品发行方无实际控制人，第一大股东为中信集团，由国企和外资背景股东控股，背后实际控制母公司为国资委。中信证券作为业内知名券商，具备较高的行业地位及较强的资本运作能力。

图表 2.1.33：2016 年 1 月 1 日至 2017 年 8 月 31 日，江苏，武进不锈认购非银理财产品情况

认购日期	理财产品名称	产品发行方名称	理财类型	认购金额（万元）	产品起息日	产品到息日	产品期限	预计最低收益率（%）	预计最高收益率（%）
2017-05-11	中信证券股份有限公司保本增益系列 65 期收益凭证（本金保障型固定收益凭证）	中信证券股份有限公司	证券公司理财产品	10,000.00	2017-05-11	2018-02-05	270 天	4.35	

数据来源：Wind，恒天财富研究院

8. 计算机行业（2 家）

认购情况分析

在 7 家江苏本地计算机行业上市公司中，已有 2 家认购过非银理财产品，具体情况如下：

1）科远股份

在2016年1月1日至2017年8月31日期间，公司总共认购了2个非银理财产品，累计投入4.2亿元，公司主要认购了证券公司理财产品。

在科远股份认购的非银理财产品中，认购证券公司理财产品的金额最多，达到4.2亿元，这是基于保持资金良好流动性、容易变现的特点。

科远股份主要认购了中国银河证券公司的证券公司理财产品，这家产品发行方的实际控制人是国务院国有资产监督管理委员会，第一大股东为中国银河金融控股有限责任公司，由国企背景股东控股，背后实际控制母公司为国资委。中国银河证券作为业内知名券商，具备较高的行业地位及较强的资本运作能力。

图表2.1.34：2016年1月1日至2017年8月31日，江苏，科远股份认购非银理财产品情况

认购日期	理财产品名称	产品发行方名称	理财类型	认购金额（万元）	产品起息日	产品到息日	产品期限	预计最低收益率（%）	预计最高收益率（%）
2016-12-13	“银河金山”收益凭证738期	中国银河证券股份有限公司	证券公司理财产品	21,000.00	2016-12-13	2017-03-13	91天	4.30	
2017-06-08	“银河金山”收益凭证1205期	中国银河证券股份有限公司	证券公司理财产品	21,000.00	2017-06-08	2017-09-06	91天	4.65	

数据来源：Wind，恒天财富研究院

2）天泽信息

在2016年1月1日至2017年8月31日期间，公司总共认购了4个非银理财产品，累计投入3500万元，公司主要认购了证券公司理财产品。

在天泽信息认购的非银理财产品中，认购证券公司理财产品的金额最多，达到3500万元，这是基于保持资金良好流动性、容易变现的特点。

天泽信息主要认购了中信证券公司的证券公司理财产品，这家产品发行方是由香港中央结算（代理人）有限公司和中信集团控股，背后实际控制母公司为中信集团。中信证券作为业内知名证券公司，具备较高的行业地位及较强的资本运作能力。

图表 2.1.35：2016 年 1 月 1 日至 2017 年 8 月 31 日，江苏，天泽信息认购非银理财产品情况

认购日期	理财产品名称	产品发行方名称	理财类型	认购金额（万元）	产品起息日	产品到息日	产品期限	预计最低收益率（%）	预计最高收益率（%）
2017-05-25	国泰君安证券睿博系统尧睿一百二十一号收益凭证	国泰君安南京太平南路营业部	证券公司理财产品	1,000.00	2017-05-25	2017-08-23	90 天		
2017-05-25	中信证券股份有限公司保本增益系列 75 期收益凭证	中信证券南京高楼门营业部	证券公司理财产品	900.00	2017-05-25	2017-08-01	68 天		
2017-05-25	中信证券股份有限公司保本增益系列 74 期收益凭证	中信证券南京高楼门营业部	证券公司理财产品	800.00	2017-05-25	2017-08-29	96 天		
2017-05-25	中信证券保本增值系列 3 期收益凭证理财计划	中信证券南京高楼门营业部	证券公司理财产品	800.00	2017-05-25	2017-11-20	179 天		

数据来源：Wind，恒天财富研究院

9. 汽车行业（2 家）

认购情况分析

在 23 家江苏本地汽车行业上市公司中，已有 2 家认购过非银理财产品，具体情况如下：

1）云意电气

在 2016 年 1 月 1 日至 2017 年 8 月 31 日期间，公司总共认购了 4 个非银理财产品，累计投入 2.7 亿元，公司主要认购了投资公司理财产品。

在云意电气认购的非银理财产品中，认购投资公司理财产品的金额最多，达到 1.2 亿元，这是基于该类产品收益率较高且流动性好的特点。

云意电气主要认购了新纪元期货公司的投资理财产品，这家产品发行方无实际控制人，第一大股东为沣沅弘（北京）控股集团有限公司，由民企背景股东控股，背后实际控制母公司为沣沅弘（北京）控股集团有限公司。新纪元期货作为业内知名期货公司，具备较高的行业地位及较强的资本运作能力。

图表 2.1.36：2016 年 1 月 1 日至 2017 年 8 月 31 日，江苏，云意电气认购非银理财产品情况

认购日期	理财产品名称	产品发行方名称	理财类型	认购金额（万元）	产品起息日	产品到息日	产品期限	预计最低收益率（%）	预计最高收益率（%）
2017-04-27	弘人 5 号私募投资基金	上海鼎锋弘人资产管理有限公司	基金专户	10,000.00	2017-04-27	2018-04-27	365 天	6.60	
2017-03-23	新纪元季诺 2 号单一资产管理计划	新纪元期货股份有限公司	投资公司理财产品	6,000.00	2017-03-23	2017-06-22	91 天		
2017-07-03	广发多添富 3 号集合资产管理计划	广发证券资产管理（广东）有限公司	证券公司理财产品	5,000.00	2017-07-03	2017-12-27	177 天	5.65	
2017-06-23	新纪元春华秋实 1 号单一资产管理计划	新纪元期货股份有限公司	投资公司理财产品	6,000.00	2017-06-23	2017-12-22	182 天		

数据来源：Wind，恒天财富研究院

2）苏奥传感

在 2016 年 1 月 1 日至 2017 年 8 月 31 日期间，公司总共认购了 3 个非银理财产品，累计投入 6900 万元，公司主要认购了信托类理财产品。

在苏奥传感认购的非银理财产品中，认购信托类理财产品的金额最多，达到 6900 万元，这是基于其短期收益率高、刚性兑付的特点。

苏奥传感主要认购了中国对外经济贸易信托有限公司的信托类理财产品，这家产品发行方是中化集团旗下从事信托业务的子公司，第一大股东为中化集团，由国企背景股东控股，背后实际控制母公司为国资委。中国对外经济贸易信托有限公司作为业内知名的信托公司，具备较高的行业地位及较强的资本运作能力。

图表 2.1.37：2016 年 1 月 1 日至 2017 年 8 月 31 日，江苏，苏奥传感认购非银理财产品情况

认购日期	理财产品名称	产品发行方名称	理财类型	认购金额（万元）	产品起息日	产品到息日	产品期限	预计最低收益率（%）	预计最高收益率（%）
2017-04-13	外贸信托·五行汇诚资产配置集合资金信托计划 23 期	中国对外经济贸易信托有限公司	信托	2,400.00	2017-04-13	2017-07-27	105 天	7.50	

续表

认购日期	理财产品名称	产品发行方名称	理财类型	认购金额（万元）	产品起息日	产品到息日	产品期限	预计最低收益率（%）	预计最高收益率（%）
2017-04-13	外贸信托·五行汇诚资产配置集合资金信托计划24期	中国对外经济贸易信托有限公司	信托	1,500.00	2017-04-13	2017-08-31	140天	7.50	
2017-08-30	五行荟智集合资金信托计划	中国对外经济贸易信托有限公司	信托	3,000.00	2017-08-30	2017-11-18	80天	5.50	

数据来源：Wind，恒天财富研究院

10. 商业贸易行业（2家）

认购情况分析

在12家江苏本地商业贸易行业上市公司中，已有2家认购过非银理财产品，具体情况如下：

1）汇鸿集团

在2016年1月1日至2017年8月31日期间，公司总共认购了5个非银理财产品，累计投入2.3亿元，公司主要认购了证券公司理财产品。

在汇鸿集团认购的非银理财产品中，认购证券公司理财产品的金额最多，达到2.2亿元，这是基于保持资金良好流动性、容易变现的特点。

汇鸿集团主要认购了中信证券公司的证券公司理财产品，这家产品发行方无实际控制人，第一大股东为中信集团，由国企和外资背景股东控股，背后实际控制母公司为国资委。中信证券作为业内知名券商，具备较高的行业地位及较强的资本运作能力。

图表2.1.38：2016年1月1日至2017年8月31日，江苏，汇鸿集团认购非银理财产品情况

认购日期	理财产品名称	产品发行方名称	理财类型	认购金额（万元）	产品起息日	产品到息日	产品期限	预计最低收益率（%）	预计最高收益率（%）
2017-01-23	中信证券质押式报价回购交易－天天利财	中信证券股份有限公司	证券公司理财产品	5,000.00	2017-01-23	2017-02-27	35天	4.30	

续表

认购日期	理财产品名称	产品发行方名称	理财类型	认购金额（万元）	产品起息日	产品到息日	产品期限	预计最低收益率（%）	预计最高收益率（%）
2016-12-21	兴业证券兴融2016-56号固定收益凭证	兴业证券股份有限公司	证券公司理财产品	10,000.00	2016-12-21	2017-03-22	91天	4.60	
2017-06-29	长盛货币市场基金080011	长盛基金管理有限公司	基金专户	1,000.00	2017-06-29	2017-07-07	8天	3.12	
2017-05-26	兴业证券兴融2017-9号固定收益凭证	兴业证券股份有限公司	证券公司理财产品	4,000.00	2017-05-26	2017-11-27	185天	5.10	
2017-05-25	兴业证券兴融2017-10号固定收益凭证	兴业证券股份有限公司	证券公司理财产品	3,000.00	2017-05-25	2017-08-28	95天	5.00	

数据来源：Wind，恒天财富研究院

2）通灵珠宝

在2016年1月1日至2017年8月31日期间，公司总共认购了1个非银理财产品，累计投入1亿元，公司认购了证券公司理财产品，这是基于该类产品资金良好流动性、容易变现的特点。

通灵珠宝主要认购了华泰证券公司的证券公司理财产品，这家产品发行方的实际控制人为江苏省人民政府国有资产监督委员会，第一大股东是江苏省国信资产管理集团有限公司控股，由国企背景股东控股，背后实际控制母公司为国资委。华泰证券作为业内知名证券公司，具备较高的行业地位及较强的资本运作能力。

图表2.1.39：2016年1月1日至2017年8月31日，江苏，通灵珠宝认购非银理财产品情况

认购日期	理财产品名称	产品发行方名称	理财类型	认购金额（万元）	产品起息日	产品到息日	产品期限	预计最低收益率（%）	预计最高收益率（%）
2017-01-25	华泰证券聚益17203号收益凭证	华泰证券股份有限公司	证券公司理财产品	10,000.00	2017-01-25	2017-03-28	62天	3.70	

数据来源：Wind，恒天财富研究院

11. 食品饮料行业（2家）

认购情况分析

在4家江苏本地食品饮料行业上市公司中，已有2家认购过非银理财产品，具体情况如下：

1）恒顺醋业

在2016年1月1日至2017年8月31日期间，公司总共认购了9个非银理财产品，累计投入3.6亿元，公司主要认购了证券公司理财产品。

在恒顺醋业认购的非银理财产品中，认购证券公司理财产品的金额最多，达到1亿元，这是基于保持资金良好流动性、容易变现的特点。

恒顺醋业主要认购了申万宏源证券公司的证券公司理财产品，这家产品发行方的实际控制人为中央汇金投资有限责任公司，第一大股东为中国建银投资有限责任公司，由国企背景股东控股，背后实际控制母公司为国资委。申万宏源证券作为业内知名证券公司，具备较高的行业地位及较强的资本运作能力。

图表 2.1.40：2016年1月1日至2017年8月31日，江苏，恒顺醋业认购非银理财产品情况

认购日期	理财产品名称	产品发行方名称	理财类型	认购金额（万元）	产品起息日	产品到息日	产品期限	预计最低收益率（%）	预计最高收益率（%）
2017-04-27	申万宏源证券金樽191期（180天）收益凭证产品	申万宏源证券股份有限公司	证券公司理财产品	2,000.00	2017-04-28	2017-10-24	180天	4.50	
2017-03-28	中信证券股份有限公司保本增益系列29期收益凭证（本金保障型固定收益凭证）	中信证券股份有限公司	证券公司理财产品	5,000.00	2017-03-28	2017-05-08	41天	4.50	
2017-08-29	申万宏源证券金樽264期（28天）收益凭证产品	申万宏源证券股份有限公司	证券公司理财产品	2,000.00	2017-08-30	2017-09-26	28天	4.25	
2017-08-29	中信建投收益凭证"稳进宝"106期	中信建投证券股份有限公司	证券公司理财产品	5,000.00	2017-08-31	2018-04-25	237天	4.80	
2017-08-11	申万宏源证券金樽255期（180天）收益凭证产品	申万宏源证券股份有限公司	证券公司理财产品	5,000.00	2017-08-11	2018-02-06	180天	4.55	

数据来源：Wind，恒天财富研究院

2）今世缘

在 2016 年 1 月 1 日至 2017 年 8 月 31 日期间，公司总共认购了 1 个非银理财产品，累计投入 2 亿元，公司认购了信托类理财产品，这是基于其短期收益率高、刚性兑付的特点。

今世缘主要认购了中航信托公司的信托类理财产品，这家产品发行方无实际控制人，第一大股东为中航投资控股有限公司，由国企背景股东控股，背后实际控制母公司为国资委，中航信托作为业内知名信托公司，具备较高的行业地位及较强的资本运作能力。

图表 2.1.41：2016 年 1 月 1 日至 2017 年 8 月 31 日，江苏，今世缘认购非银理财产品情况

认购日期	理财产品名称	产品发行方名称	理财类型	认购金额（万元）	产品起息日	产品到息日	产品期限	预计最低收益率（%）	预计最高收益率（%）
2017-06-18	中航信托·天启 150 号京安集合信托计划	中航信托股份有限公司	信托	20,000.00			12 个月	7.00	

数据来源：Wind，恒天财富研究院

12. 公用事业（1 家）

认购情况分析

在 8 家江苏本地食品饮料行业上市公司中，已有 1 家认购过非银理财产品，具体情况如下：

1）江南水务

在 2016 年 1 月 1 日至 2017 年 8 月 31 日期间，公司总共认购了 10 个非银理财产品，累计投入 8 亿元，公司主要认购了基金专户类理财产品。

在江南水务认购的非银理财产品中，认购基金专户类理财产品的金额最多，达到 3 亿元，这是基于该类产品收益率较高，且可以提供定制化服务的特点。

江南水务主要认购了汇添富基金公司的基金专户理财产品，这家产品发行方无实际控制人，第一大股东为东方证券股份有限公司，由国企背景股东控股，背后实际控制母公司为申能（集团）有限公司。汇添富基金公司作为业内知名基金公司，具备较高的行业地位及较强的资本运作能力。

图表 2.1.42：2016 年 1 月 1 日至 2017 年 8 月 31 日，江苏，江南水务认购非银理财产品情况

认购日期	理财产品名称	产品发行方名称	理财类型	认购金额（万元）	产品起息日	产品到息日	产品期限	预计最低收益率（%）	预计最高收益率（%）
2017-01-19	汇添富添富通货币 B	汇添富基金管理股份有限公司	基金专户	5,000.00	2017-01-19			2.70	
2016-10-26	汇添富年年利 A	汇添富基金管理股份有限公司	基金专户	10,000.00	2016-10-26	2017-04-30	186 天	5.70	
2016-09-01	添富通货币 B	汇添富基金管理股份有限公司	投资公司理财产品	10,000.00	2016-09-01	2016-10-21	50 天	2.60	
2016-03-29	江南水务－铭扬 20 号定向资产管理计划	光证资管	证券公司理财产品	10,000.00	2016-03-29	2017-03-28	364 天	5.00	
2016-03-11	汇添富货币 B	汇添富基金管理股份有限公司	投资公司理财产品	5,000.00	2016-03-11			3.00	

数据来源：Wind，恒天财富研究院

13. 建筑装饰行业（1 家）

认购情况分析

在 4 家江苏本地建筑装饰行业上市公司中，已有 1 家认购过非银理财产品，具体情况如下：

1）启迪设计

在 2016 年 1 月 1 日至 2017 年 8 月 31 日期间，公司总共认购了 3 个非银理财产品，累计投入 5000 多万元，公司主要认购了基金专户类和证券公司理财产品。

在启迪设计认购的非银理财产品中，认购证券公司理财产品的金额最多，达到 2500 万元，这是基于保持资金良好流动性、容易变现的特点。

启迪设计主要认购了广发证券公司的证券公司理财产品，这家产品发行方无

实际控制人，第一大股东为吉林敖东药业，由民企背景股东控股，背后实际控制母公司为敦化市金诚实业有限责任公司。广发证券作为业内知名券商，具备较高的行业地位及较强的资本运作能力。

图表 2.1.43：2016 年 1 月 1 日至 2017 年 8 月 31 日，江苏，启迪设计认购非银理财产品情况

认购日期	理财产品名称	产品发行方名称	理财类型	认购金额（万元）	产品起息日	产品到息日	产品期限	预计最低收益率（%）	预计最高收益率（%）
2017-01-13	广发纳斯特普薪10号私募投资基金	广发证券股份有限公司	基金专户	2,522.50	2017-01-13	2017-04-23	100 天	4.50	
2017-05-18	广发证券收益凭证“收益宝”1号	广发证券股份有限公司	证券公司理财产品	560.00	2017-05-18	2017-11-15	181 天	4.60	
2017-05-03	广发多添富1号集合资产管理计划	广发证券资产管理（广东）有限公司	证券公司理财产品	2,000.00	2017-05-03	2017-08-07	96 天	5.20	

数据来源：Wind，恒天财富研究院

14. 交通运输行业（1 家）

认购情况分析

在 9 家江苏本地交通运输行业上市公司中，已有 1 家认购过非银理财产品，具体情况如下：

1）音飞储存

在 2016 年 1 月 1 日至 2017 年 8 月 31 日期间，公司总共认购了 8 个非银理财产品，累计投入 1.6 亿元，公司主要认购了证券公司理财产品。

在音飞储存认购的非银理财产品中，认购证券公司理财产品的金额最多，达到 1.6 亿元，这是基于保持资金良好流动性、容易变现的特点。

音飞储存主要认购了广发证券公司的证券公司理财产品，这家产品发行方无实际控制人，第一大股东为吉林敖东药业，由民企背景股东控股，背后实际控制母公司为敦化市金诚实业有限责任公司。广发证券作为业内知名券商，具备较高的行业地位及较强的资本运作能力。

图表 2.1.44：2016 年 1 月 1 日至 2017 年 8 月 31 日，江苏，音飞储存认购非银理财产品情况

认购日期	理财产品名称	产品发行方名称	理财类型	认购金额（万元）	产品起息日	产品到息日	产品期限	预计最低收益率（%）	预计最高收益率（%）
2017-04-20	广发证券收益凭证“收益宝”1 号	广发证券股份有限公司	证券公司理财产品	1,338.00	2017-04-20	2017-07-17	88 天	4.10	
2017-01-11	广发证券收益凭证“收益宝”1 号	广发证券股份有限公司	证券公司理财产品	2,400.00	2017-01-11	2017-07-11	181 天	3.80	
2017-01-11	广发证券收益凭证“收益宝”1 号	广发证券股份有限公司	证券公司理财产品	1,445.00	2017-01-11	2017-04-11	90 天	3.78	
2017-08-24	广发证券收益凭证“收益宝”1 号	广发证券股份有限公司	证券公司理财产品	2,000.00	2017-08-24	2017-12-25	123 天	4.40	
2017-07-19	广发证券收益凭证“收益宝”1 号	广发证券股份有限公司	证券公司理财产品	1,400.00	2017-07-19	2017-10-18	91 天	4.40	

数据来源：Wind，恒天财富研究院

15. 有色金属行业（1 家）

认购情况分析

在 7 家江苏本地有色金属行业上市公司中，已有 1 家认购过非银理财产品，具体情况如下：

1）*石英股份*

在 2016 年 1 月 1 日至 2017 年 8 月 31 日期间，公司总共认购了 5 个非银理财产品，累计投入 1.1 亿元，公司主要认购了证券公司理财产品。

在音飞储存认购的非银理财产品中，认购证券公司理财产品的金额最多，达到 1.1 亿元，这是基于保持资金良好流动性、容易变现的特点。

石英股份主要认购了华泰证券公司的证券公司理财产品，这家产品发行方的实际控制人为江苏省人民政府国有资产监督委员会，第一大股东是江苏省国信资产管理集团有限公司控股，由国企背景股东控股，背后实际控制母公司为国资委。华泰证券作为业内知名证券公司，具备较高的行业地位及较强的资本运作能力。

图表 2.1.45：2016 年 1 月 1 日至 2017 年 8 月 31 日，江苏，音飞储存认购非银理财产品情况

认购日期	理财产品名称	产品发行方名称	理财类型	认购金额（万元）	产品起息日	产品到息日	产品期限	预计最低收益率（%）	预计最高收益率（%）
2017-02-10	华泰紫金节假日理财集合资产管理计划	华泰证券（上海）资产管理有限公司	证券公司理财产品	1,000.00	2017-02-10	2017-05-08	87 天	4.20	
2016-12-30	华泰证券股份有限公司聚益 16247 号收益凭证	华泰证券股份有限公司	证券公司理财产品	3,000.00	2016-12-30	2017-02-07	39 天	4.20	
2016-12-26	中投财富 1 号－集合资产管理计划	中国中投证券有限责任公司	证券公司理财产品	2,000.00	2016-12-26	2017-03-28	92 天	4.10	
2016-12-09	中金公司财富资金系列 24 期收益凭证	中国国际金融股份有限公司	证券公司理财产品	3,000.00	2016-12-09	2017-03-09	90 天	3.40	
2016-11-09	中国中投证券收益凭证“新户宝”20 号	中国中投证券有限责任公司	证券公司理财产品	2,000.00	2016-11-09	2016-12-06	27 天	4.60	

数据来源：Wind，恒天财富研究院

（二）浙江省（38 家）

浙江共有 388 家本地上市公司，其中 38 家在已经披露的公告中曾经或已经认购过非银理财产品，占比约为 9.79%。就 38 家认购过非银理财产品的浙江上市公司的行业分布来看，机械设备行业所拥有的认购非银理财产品的上市公司最多，约占浙江本地总上市公司数的 1.29%。

1. 机械设备行业（5 家）

认购情况分析

在 51 家浙江本地机械设备行业上市公司中，已有 5 家认购过非银理财产品，具体情况如下：

1）中亚股份

在2016年1月1日至2017年8月31日期间，公司总共认购了11个非银理财产品，累计投入6.6亿元，公司主要认购了证券公司理财产品。

在中亚股份公司认购的非银理财产品中，认购证券类型的非银理财产品金额最多，达到6.6亿元，这是基于资金良好流动性、容易变现的特点。

中亚股份主要认购了中信证券股份有限公司的证券公司理财产品，产品发行方第一大股东为香港中央结算（代理人）有限公司，背后实际控制母公司为香港交易及结算所有限公司。中信证券股份有限公司是国内规模最大的证券公司，公司紧紧围绕服务实体经济这一个中心，进一步完善融资安排者、财富管理者、交易服务与流动性提供者、市场重要投资者和风险管理者五大角色，不断重塑并巩固核心竞争力，公司各项传统业务均保持市场前列。

图表2.2.1：2016年1月1日至2017年8月31日，浙江，中亚股份认购非银理财产品情况

认购日期	理财产品名称	产品发行方名称	理财类型	认购金额（万元）	产品起息日	产品到息日	产品期限	预计最低收益率（%）	预计最高收益率（%）
2017-04-10	2017年度第132期收益凭证	中信证券股份有限公司	证券公司理财产品	3,800.00	2017-04-10	2017-10-13	186天	4.20	4.25
2017-03-16	2017年度第87期收益凭证	中信证券股份有限公司	证券公司理财产品	10,000.00	2017-03-16	2017-09-18	186天	4.30	4.35
2017-03-10	2017年度第72期收益凭证	中信证券股份有限公司	证券公司理财产品	2,000.00	2017-03-10	2017-09-11	185天	4.10	4.15
2017-03-02	2017年度第59期收益凭证	中信证券股份有限公司	证券公司理财产品	8,000.00	2017-03-02	2017-06-02	92天	4.00	4.05
2016-12-23	2016年度第155期收益凭证	中信证券股份有限公司	证券公司理财产品	600.00	2016-12-23	2017-03-23	90天	4.00	4.05
2016-12-23	2016年度第154期收益凭证	中信证券股份有限公司	证券公司理财产品	3,400.00	2016-12-23	2017-03-23	90天	4.00	4.05
2016-12-16	定向收益凭证	中信证券股份有限公司	证券公司理财产品	10,000.00	2016-12-16	2017-03-16	90天	3.70	
2016-11-30	2016年度第90期收益凭证	中信证券股份有限公司	证券公司理财产品	8,000.00	2016-11-30	2017-03-02	92天	3.20	
2016-09-01	质押式报价回购交易	中信证券股份有限公司	证券公司理财产品	8,000.00	2016-09-01			2.70	

续表

认购日期	理财产品名称	产品发行方名称	理财类型	认购金额（万元）	产品起息日	产品到息日	产品期限	预计最低收益率（%）	预计最高收益率（%）
2017-08-04	2017 年度第 235 期收益凭证	中信证券股份有限公司	证券公司理财产品	10,000.00	2017-08-04	2017-11-06	94 天	4.25	
2017-06-08	质押式报价回购交易	中信证券股份有限公司	证券公司理财产品	2,200.00	2017-06-08			3.70	

数据来源：Wind，恒天财富研究院

2）杭叉集团

在 2016 年 1 月 1 日至 2017 年 8 月 31 日期间，公司总共认购了 6 个非银理财产品，累计投入 2.5 亿元，公司主要认购了信托理财产品。

在杭叉集团公司认购的非银理财产品中，认购信托类型的非银理财产品金额最多，达到 2.2 亿元，这是基于其短期收益率高、刚性兑付的特点。

杭叉集团主要认购了中融国际信托有限公司的信托产品，产品发行方的第一大股东为经纬纺织机械股份有限公司，由国企背景股东控股，背后实际控制母公司为中国纺织机械（集团）有限公司。中融国际信托有限公司为业内知名信托，具备较高的行业地位及较强的资本运作能力。

图表 2.2.2：2016 年 1 月 1 日至 2017 年 8 月 31 日，浙江，杭叉集团认购非银理财产品情况

认购日期	理财产品名称	产品发行方名称	理财类型	认购金额（万元）	产品起息日	产品到息日	产品期限	预计最低收益率（%）	预计最高收益率（%）
2017-02-16	中融－融雅 43 号	中融国际信托有限公司	信托	2,000.00	2017-02-16	2018-02-16	1 年	6.80	
2017-08-12	中融—融享聚增集合资金信托计划	中融国际信托有限公司	信托	5,000.00	2017-08-12	2018-08-06	359 天	7.20	
2017-06-30	中融—圆融 1 号集合资金信托计划	中融国际信托有限公司	信托	5,000.00	2017-06-30	2018-01-30	214 天	6.60	
2017-05-27	北京黄金定向融资计划一期	北京黄金交易中心有限公司	信托	3,000.00		2017-10-08		6.40	
2017-05-11	助金 163 号集合资金计划	中融国际信托有限公司	信托	5,000.00	2017-05-11	2018-05-11	365 天	7.00	

续表

认购日期	理财产品名称	产品发行方名称	理财类型	认购金额（万元）	产品起息日	产品到息日	产品期限	预计最低收益率（%）	预计最高收益率（%）
2017-05-11	圆融 1 号集合资金计划	中融国际信托有限公司	信托	5,000.00	2017-05-11	2017-10-31	173 天	6.20	

数据来源：Wind，恒天财富研究院

3）威星智能

在 2016 年 1 月 1 日至 2017 年 8 月 31 日期间，公司总共认购了 1 个非银理财产品，累计投入 0.8 亿元，该产品类型为证券理财产品，这是基于资金良好流动性、容易变现的原因。

威星智能主要认购了华泰证券股份有限公司的证券公司理财产品，产品发行方第一大股东为香港中央结算（代理人）有限公司，背后实际控制母公司为香港交易及结算所有限公司。华泰证券股份有限公司是中国领先的综合性证券集团，具有庞大的客户基础、领先的互联网平台和敏捷协同的全业务链体系，是中国证监会首批批准的综合类券商，全国最早获得创新试点资格券商。

图表 2.2.3：2016 年 1 月 1 日至 2017 年 8 月 31 日，浙江，威星智能认购非银理财产品情况

认购日期	理财产品名称	产品发行方名称	理财类型	认购金额（万元）	产品起息日	产品到息日	产品期限	预计最低收益率（%）	预计最高收益率（%）
2017-07-21	华泰证券恒益 17009 号收益凭证	华泰证券股份有限公司	证券公司理财产品	8,000.00	2017-07-21	2017-12-25	157 天	4.60	

数据来源：Wind，恒天财富研究院

4）杰克股份

在 2016 年 1 月 1 日至 2017 年 8 月 31 日期间，公司总共认购了 1 个非银理财产品，累计投入 0.29 亿元，该产品类型为基金专户理财产品，这是基于该类产品收益率较高，且可以提供定制化服务的特点。

杰克股份主要认购了上海歌斐资产管理有限公司的基金专户产品，产品发行方的实际控制人为诺亚财富投资管理有限公司，由民企背景股东控股。上海歌斐资产管理有限公司以私募股权投资母基金、房地产私募基金、家族财富管理以及

创新业务为核心业务，为高净值人群、富有家族、以及机构投资人，进行组合投资、资产配置，并提供全能型资产管理服务。

图表 2.2.4：2016 年 1 月 1 日至 2017 年 8 月 31 日，浙江，杰克股份认购非银理财产品情况

认购日期	理财产品名称	产品发行方名称	理财类型	认购金额（万元）	产品起息日	产品到息日	产品期限	预计最低收益率（%）	预计最高收益率（%）
2017-04-23	创世汇通租赁六号一期私募基金	上海歌斐资产管理有限公司	基金专户	2,900.00			3 个月	5.60	

数据来源：Wind，恒天财富研究院

5）五洲新春

在 2016 年 1 月 1 日至 2017 年 8 月 31 日期间，公司总共认购了 2 个非银理财产品，累计投入 0.2 亿元，公司主要认购了证券公司理财产品。

在五洲新春公司认购的非银理财产品中，认购证券类型的非银理财产品金额最多，达到 0.2 亿元，这是基于资金良好流动性、容易变现的特点。

五洲新春主要认购了财通证券股份有限公司的证券类型产品，产品发行方的实际控制人为浙江省金融控股有限公司，国企背景股东控股。财通证券股份有限公司作为业内知名券商，具备较高的行业地位及较强的资本运作能力。

图表 2.2.5：2016 年 1 月 1 日至 2017 年 8 月 31 日，浙江，五洲新春认购非银理财产品情况

认购日期	理财产品名称	产品发行方名称	理财类型	认购金额（万元）	产品起息日	产品到息日	产品期限	预计最低收益率（%）	预计最高收益率（%）
2017-03-02	财通证券福利宝 78 号收益凭证	财通证券股份有限公司	证券公司理财产品	1,000.00	2017-03-02	2017-07-26	146 天	4.10	
2017-08-03	财通证券财运通 44 号收益凭证	财通证券股份有限公司	证券公司理财产品	1,000.00	2017-08-03	2017-10-16	74 天	4.50	

数据来源：Wind，恒天财富研究院

2. 电子行业（4 家）

认购情况分析

在 21 家浙江本地电子行业上市公司中，已有 4 家认购过非银理财产品，具

体情况如下：

1）水晶光电

在2016年1月1日至2017年8月31日期间，公司总共认购了4个非银理财产品，累计投入3.7亿元，公司主要认购了信托理财产品。

在水晶光电公司认购的非银理财产品中，认购信托类型的非银理财产品金额最多，达到3.7亿元，这是基于其短期收益率高、刚性兑付的特点。

水晶光电主要认购了中国民生银行股份有限公司的信托产品，产品发行方第一大股东为香港中央结算（代理人）有限公司，背后实际控制母公司为香港交易及结算所有限公司。中国民生银行股份有限公司是中国第一家主要由民营企业发起设立的全国性股份制商业银行，逐步发展成为核心资本超过3200亿元、资产总额超过5.2万亿元、分支机构近3000家、员工近6万人的大型商业银行。

图表2.2.6：2016年1月1日至2017年8月31日，浙江，水晶光电认购非银理财产品情况

认购日期	理财产品名称	产品发行方名称	理财类型	认购金额（万元）	产品起息日	产品到息日	产品期限	预计最低收益率（%）	预计最高收益率（%）
2016-09-12	五矿信托—民生保腾投资集合资金信托计划	中国民生银行股份有限公司台州分行	信托	10,000.00	2016-09-12	2017-09-12	365天	4.15	
2016-09-05	华润信托·润泽155号集合资金信托计划	招商银行股份有限公司台州分行	信托	12,000.00	2016-09-05	2017-03-05	181天	4.20	
2016-06-21	五矿信托—民生保腾投资集合资金信托计划	中国民生银行股份有限公司	信托	5,000.00	2016-06-21	2017-06-21	365天	3.80	
2016-06-17	五矿信托—民生保腾投资集合资金信托计划	中国民生银行股份有限公司	信托	10,000.00	2016-06-17	2017-06-19	367天	3.80	

数据来源：Wind，恒天财富研究院

2）思创医惠

在2016年1月1日至2017年8月31日期间，公司总共认购了4个非银理财产品，累计投入1亿元，公司主要认购了证券公司理财产品。

在思创医惠公司认购的非银理财产品中，认购证券类型的非银理财产品金额

最多，达到 1 亿元，这是基于资金良好流动性、容易变现的特点。

思创医惠主要认购了中信证券股份有限公司的证券公司理财产品，产品发行方第一大股东为香港中央结算（代理人）有限公司，背后实际控制母公司为香港交易及结算所有限公司。中信证券股份有限公司是国内规模最大的证券公司，公司紧紧围绕服务实体经济这一个中心，进一步完善融资安排者、财富管理者、交易服务与流动性提供者、市场重要投资者和风险管理者五大角色，不断重塑并巩固核心竞争力，公司各项传统业务均保持市场前列。

图表 2.2.7：2016 年 1 月 1 日至 2017 年 8 月 31 日，浙江，思创医惠认购非银理财产品情况

认购日期	理财产品名称	产品发行方名称	理财类型	认购金额（万元）	产品起息日	产品到息日	产品期限	预计最低收益率（%）	预计最高收益率（%）
2017-04-25	中信证券股份有限公司保本增益系列 52 期收益凭证（本金保障型固定收益凭证）	中信证券股份有限公司	证券公司理财产品	2,500.00	2017-04-25	2017-08-01	98 天	4.15	
2017-08-07	质押式报价回购交易	中信证券股份有限公司	证券公司理财产品	2,500.00	2017-08-07	2017-09-04	28 天	3.80	
2017-06-09	方正证券收益凭证金添利 C62 号	方正证券股份有限公司	证券公司理财产品	2,500.00	2017-06-09	2017-10-12	125 天	4.90	
2017-05-03	方正证券收益凭证金添利 H9 号	方正证券股份有限公司	证券公司理财产品	2,500.00	2017-05-03	2017-11-08	189 天	4.80	

数据来源：Wind，恒天财富研究院

3）洁美科技

在 2016 年 1 月 1 日至 2017 年 8 月 31 日期间，公司总共认购了 1 个非银理财产品，累计投入 0.3 亿元，该产品类型为证券理财产品。这是基于资金良好流动性、容易变现的特点。

洁美科技主要认购了方正证券股份有限公司的证券公司理财产品，产品发行方的第一大股东为北大方正集团有限公司，由国企背景股东控股，背后实际控制母公司为北京北大资产经营有限公司。方正证券股份有限公司是中国首批综合类证券公司，上海证券交易所、深圳证券交易所首批会员，具备较高的行业地位及较强的资本运作能力。

图表 2.2.8：2016 年 1 月 1 日至 2017 年 8 月 31 日，浙江，洁美科技认购非银理财产品情况

认购日期	理财产品名称	产品发行方名称	理财类型	认购金额（万元）	产品起息日	产品到息日	产品期限	预计最低收益率（%）	预计最高收益率（%）
2017-05-24	方正证券收益凭证"金添利"C52 号	方正证券股份有限公司	证券公司理财产品	3,000.00	2017-05-24	2017-11-22	182 天	5.00	

数据来源：Wind，恒天财富研究院

4）华正新材

在 2016 年 1 月 1 日至 2017 年 8 月 31 日期间，公司总共认购了 1 个非银理财产品，累计投入 0.1 亿元，该产品类型为证券理财产品。这是基于资金良好流动性、容易变现的特点

华正新材主要认购了中信证券股份有限公司的证券公司理财产品，产品发行方第一大股东为香港中央结算（代理人）有限公司，背后实际控制母公司为香港交易及结算所有限公司。中信证券股份有限公司是国内规模最大的证券公司，公司紧紧围绕服务实体经济这一个中心，进一步完善融资安排者、财富管理者、交易服务与流动性提供者、市场重要投资者和风险管理者五大角色，不断重塑并巩固核心竞争力，公司各项传统业务均保持市场前列。

图表 2.2.9：2016 年 1 月 1 日至 2017 年 8 月 31 日，浙江，华正新材认购非银理财产品情况

认购日期	理财产品名称	产品发行方名称	理财类型	认购金额（万元）	产品起息日	产品到息日	产品期限	预计最低收益率（%）	预计最高收益率（%）
2017-04-11	中信证券股份有限公司保本增益系列 45 期收益凭证	中信证券股份有限公司	证券公司理财产品	1,000.00	2017-04-13	2017-07-17	95 天	4.15	

数据来源：Wind，恒天财富研究院

3. 电气设备行业（4 家）

认购情况分析

在 29 家浙江本地电气设备行业上市公司中，已有 4 家认购过非银理财产品，

具体情况如下：

1）先锋电子

在 2016 年 1 月 1 日至 2017 年 8 月 31 日期间，公司总共认购了 2 个非银理财产品，累计投入 2.2 亿元，公司主要认购了证券理财产品。

在先锋电子公司认购的非银理财产品中，认购证券类型的非银理财产品金额最多，达到 2.2 亿元，这是基于资金良好流动性、容易变现的特点。

先锋电子主要认购了华泰证券股份有限公司的证券公司理财产品，产品发行方第一大股东为香港中央结算（代理人）有限公司，背后实际控制母公司为香港交易及结算所有限公司。华泰证券股份有限公司是中国领先的综合性证券集团，具有庞大的客户基础、领先的互联网平台和敏捷协同的全业务链体系，是中国证监会首批批准的综合类券商，全国最早获得创新试点资格券商。

图表 2.2.10：2016 年 1 月 1 日至 2017 年 8 月 31 日，浙江，先锋电子认购非银理财产品情况

认购日期	理财产品名称	产品发行方名称	理财类型	认购金额（万元）	产品起息日	产品到息日	产品期限	预计最低收益率（%）	预计最高收益率（%）
2017-08-16	华泰证券 17023 号收益凭证	华泰证券股份有限公司	证券公司理财产品	8,000.00	2017-08-17	2018-02-26	193 天	4.75	
2017-08-16	华泰证券 17021 号收益凭证	华泰证券股份有限公司	证券公司理财产品	14,000.00	2017-08-17	2018-08-14	362 天	4.90	

数据来源：Wind，恒天财富研究院

2）方正电机

在 2016 年 1 月 1 日至 2017 年 8 月 31 日期间，公司总共认购了 4 个非银理财产品，累计投入 1 亿元，公司主要认购了证券公司理财产品。

在方正电机公司认购的非银理财产品中，认购证券类型的非银理财产品金额最多，达到 1 亿元，这是基于资金良好流动性、容易变现的特点。

方正电机主要认购了中信证券股份有限公司的证券公司理财产品，产品发行方第一大股东为香港中央结算（代理人）有限公司，背后实际控制母公司为香港交易及结算所有限公司。中信证券股份有限公司是国内规模最大的证券公司，公司紧紧围绕服务实体经济这一个中心，进一步完善融资安排者、财富管理者、交易服务与流动性提供者、市场重要投资者和风险管理者五大角色，不断重塑并巩固核心竞争力，公司各项传统业务均保持市场前列。

图表 2.2.11：2016 年 1 月 1 日至 2017 年 8 月 31 日，浙江，方正电机认购非银理财产品情况

认购日期	理财产品名称	产品发行方名称	理财类型	认购金额（万元）	产品起息日	产品到息日	产品期限	预计最低收益率（%）	预计最高收益率（%）
2017-02-09	中信证券股份有限公司 2017 年度第 46 期收益凭证产品（产品编码为 ZJ17046）	中信证券股份有限公司	证券公司理财产品	1,000.00	2017-02-09	2017-03-10	29 天	3.85	3.90
2016-07-06	中信证券股份有限公司 2016 年度第 39 期收益凭证产品	中信证券股份有限公司	证券公司理财产品	3,000.00	2016-07-06	2016-10-10	96 天	2.90	2.95
2016-01-06	中信证券股份有限公司 2016 年度第 3 期收益凭证产品（产品编码为 ZJ16003）	中信证券股份有限公司	证券公司理财产品	3,000.00	2016-01-06	2016-07-06	182 天	3.40	3.45
2016-01-04	中信证券股份有限公司 2016 年度第 1 期收益凭证产品（产品编码为 ZJ16001）	中信证券股份有限公司	证券公司理财产品	3,000.00	2016-01-04	2016-07-04	182 天	3.45	3.50

数据来源：Wind，恒天财富研究院

3）华仪电气

在 2016 年 1 月 1 日至 2017 年 8 月 31 日期间，公司总共认购了 2 个非银理财产品，累计投入 0.45 亿元，公司主要认购了证券理财产品。

在华仪电气公司认购的非银理财产品中，认购证券类型的非银理财产品金额最多，达到 0.25 亿元，这是基于资金良好流动性、容易变现的特点。

华仪电气主要认购了招商证券股份有限公司的证券公司理财产品，产品发行方的实际控制人为招商局，第一大股东为深圳市招融投资控股有限公司，法人独资背景股东控股。招商证券股份有限公司拥有证券市场业务全牌照的一流券商，具有稳定持续的盈利能力、科学合理的风险管理架构、全面专业的服务能力；拥有多层次客户服务渠道，在国内设有 200 家营业部，同时在香港设有分支机构，构建起国内国际业务一体化的综合证券服务平台。

图表 2.2.12：2016 年 1 月 1 日至 2017 年 8 月 31 日，浙江，华仪电气认购非银理财产品情况

认购日期	理财产品名称	产品发行方名称	理财类型	认购金额（万元）	产品起息日	产品到息日	产品期限	预计最低收益率（%）	预计最高收益率（%）
2017-03-21	招商证券智远避险二期集合资产管理计划	招商证券股份有限公司	证券公司理财产品	2,500.00				4.15	4.45
2017-02-23	工银瑞信货币市场基金	中国工商银行浙江省分行	基金专户	2,000.00		2017-03-30			

数据来源：Wind，恒天财富研究院

4）华瑞股份

在 2016 年 1 月 1 日至 2017 年 8 月 31 日期间，公司总共认购了 1 个非银理财产品，累计投入 0.4 亿元，该产品类型为证券理财产品。这是基于资金良好流动性、容易变现的特点。

华瑞股份主要认购了方正证券股份有限公司的证券公司理财产品，产品发行方的第一大股东为北大方正集团有限公司，由国企背景股东控股，背后实际控制母公司为北京北大资产经营有限公司。方正证券股份有限公司是中国首批综合类证券公司，上海证券交易所、深圳证券交易所首批会员，具备较高的行业地位及较强的资本运作能力。

图表 2.2.13：2016 年 1 月 1 日至 2017 年 8 月 31 日，浙江，华瑞股份认购非银理财产品情况

认购日期	理财产品名称	产品发行方名称	理财类型	认购金额（万元）	产品起息日	产品到息日	产品期限	预计最低收益率（%）	预计最高收益率（%）
2017-08-28	方正证券收益凭证“金添利”C112 号	方正证券股份有限公司	证券公司理财产品	4,000.00	2017-08-31	2017-11-02	63 天	4.70	

数据来源：Wind，恒天财富研究院

4. 汽车行业（4 家）

认购情况分析

在 33 家浙江本地汽车行业上市公司中，已有 4 家认购过非银理财产品，具

体情况如下：

1）双环传动

在 2016 年 1 月 1 日至 2017 年 8 月 31 日期间，公司总共认购了 8 个非银理财产品，累计投入 9.7 亿元，公司主要认购了证券理财产品。

在双环传动公司认购的非银理财产品中，认购证券类型的非银理财产品金额最多，达到 9.7 亿元，这是基于资金良好流动性、容易变现的特点。

双环传动主要认购了海通证券股份有限公司的证券公司理财产品，产品发行方第一大股东为香港中央结算（代理人）有限公司，背后实际控制母公司为香港交易及结算所有限公司。海通证券股份有限公司作为业内知名券商，公司经纪业务基础雄厚，客户资产规模超 2.2 万亿元，经纪业务总交易量市场份额稳居市场前列。

图表 2.2.14：2016 年 1 月 1 日至 2017 年 8 月 31 日，浙江，双环传动认购非银理财产品情况

认购日期	理财产品名称	产品发行方名称	理财类型	认购金额（万元）	产品起息日	产品到息日	产品期限	预计最低收益率（%）	预计最高收益率（%）
2017-03-06	海通证券“一海通财 . 理财宝”系列收益凭证尊享版 35 天期第 30 号	海通证券股份有限公司	证券公司理财产品	10,600.00	2017-03-07	2017-04-10	35 天	4.00	
2017-01-23	海通证券“一海通财 . 理财宝”系列收益凭证尊享版 101 天期第 1 号	海通证券股份有限公司	证券公司理财产品	17,000.00	2017-01-24	2017-05-04	101 天	4.00	
2016-11-25	海通证券“一海通财 . 理财宝”系列收益凭证尊享版 161 天期第 1 号	海通证券股份有限公司	证券公司理财产品	12,400.00	2016-11-25	2017-05-04	161 天	3.20	
2016-11-14	海通证券“一海通财 . 理财宝”系列收益凭证尊享版 42 天期第 16 号	海通证券股份有限公司	证券公司理财产品	3,000.00	2016-11-15	2016-12-26	42 天	3.00	

续表

认购日期	理财产品名称	产品发行方名称	理财类型	认购金额（万元）	产品起息日	产品到息日	产品期限	预计最低收益率（%）	预计最高收益率（%）
2016-08-05	海通证券“一海通财．理财宝”系列收益凭证尊享版 168 天期第 1 号	海通证券股份有限公司	证券公司理财产品	4,700.00	2016-08-05	2017-01-19	168 天	3.20	
2016-08-04	海通证券“一海通财．理财宝”系列收益凭证尊享版 169 天期第 1 号	海通证券股份有限公司	证券公司理财产品	15,000.00	2016-08-04	2017-01-19	169 天	3.20	
2016-05-23	海通证券“一海通财．理财宝”系列收益凭证尊享版 182 天期第 30 号	海通证券股份有限公司	证券公司理财产品	20,400.00	2016-05-24	2016-11-21	182 天	3.35	
2016-05-10	海通证券“一海通财．理财宝”系列收益凭证尊享版 182 天期第 28 号	海通证券股份有限公司	证券公司理财产品	13,900.00	2016-05-11	2016-11-08	182 天	3.35	

数据来源：Wind，恒天财富研究院

2）拓普集团

在 2016 年 1 月 1 日至 2017 年 8 月 31 日期间，公司总共认购了 1 个非银理财产品，累计投入 5 亿元，该产品类型为证券公司理财产品。这是基于资金良好流动性、容易变现的特点。

拓普集团主要认购了兴业证券股份有限公司的证券公司理财产品，产品发行方的第一大股东为福建省财政厅。兴业证券股份有限公司是中国证监会核准的全国创新类证券公司和 A 类 AA 级证券公司，目前设有 23 个部门、38 家区域分公司、137 家证券营业部，控股 6 家证券金融类子公司，业务覆盖证券、基金、期货、直接股权投资、另类投资、跨境金融等专业领域。

图表 2.2.15：2016 年 1 月 1 日至 2017 年 8 月 31 日，浙江，拓普集团认购非银理财产品情况

认购日期	理财产品名称	产品发行方名称	理财类型	认购金额（万元）	产品起息日	产品到息日	产品期限	预计最低收益率（%）	预计最高收益率（%）
2017-07-27	兴业证券兴融 2017-44 号固定收益凭证	兴业证券股份有限公司	证券公司理财产品	50,000.00			182 天	4.90	

数据来源：Wind，恒天财富研究院

3）光启技术

在 2016 年 1 月 1 日至 2017 年 8 月 31 日期间，公司总共认购了 1 个非银理财产品，累计投入 2 亿元，该产品类型为证券理财产品。这是基于资金良好流动性、容易变现的特点。

光启技术主要认购了中泰证券股份有限公司的证券公司理财产品，产品发行方的第一大股东为莱芜钢铁集团有限公司，由国企背景股东控股，背后实际控制母公司为山东钢铁集团有限公司。中泰证券股份有限公司是全国大型综合类券商，形成了集证券、基金、期货、直投为一体的综合性证券控股集团。公司按照“各种专业化证券业务协同发展”的战略目标，全力推进包括经纪、信用、投行、场外市场、资产管理、金融创新等在内的全牌照业务体系建设。

图表 2.2.16：2016 年 1 月 1 日至 2017 年 8 月 31 日，浙江，光启技术认购非银理财产品情况

认购日期	理财产品名称	产品发行方名称	理财类型	认购金额（万元）	产品起息日	产品到息日	产品期限	预计最低收益率（%）	预计最高收益率（%）
2017-05-19	中泰证券收益凭证“易盈宝”6 月期 28 号（产品代码：SU8047）	中泰证券股份有限公司	证券公司理财产品	20,000.00	2017-05-19	2017-11-14	179 天		

数据来源：Wind，恒天财富研究院

4）圣龙股份

在 2016 年 1 月 1 日至 2017 年 8 月 31 日期间，公司总共认购了 1 个非银理

财产品，累计投入 0.5 亿元，该产品类型为证券理财产品。这是基于资金良好流动性、容易变现的特点。

圣龙股份主要认购了兴业证券股份有限公司的证券公司理财产品，产品发行方的第一大股东为福建省财政厅。兴业证券股份有限公司是中国证监会核准的全国创新类证券公司和 A 类 AA 级证券公司，目前设有 23 个部门、38 家区域分公司、137 家证券营业部，控股 6 家证券金融类子公司，业务覆盖证券、基金、期货、直接股权投资、另类投资、跨境金融等专业领域。

图表 2.2.17：2016 年 1 月 1 日至 2017 年 8 月 31 日，浙江，圣龙股份认购非银理财产品情况

认购日期	理财产品名称	产品发行方名称	理财类型	认购金额（万元）	产品起息日	产品到息日	产品期限	预计最低收益率（%）	预计最高收益率（%）
2017-06-08	兴业证券兴融 2017-22 号固定收益凭证	兴业证券股份有限公司	证券公司理财产品	5,000.00	2017-06-09	2017-12-25	200 天	5.10	

数据来源：Wind，恒天财富研究院

5. 化工行业（3 家）

认购情况分析

在 38 家浙江本地化工行业上市公司中，已有 3 家认购过非银理财产品，具体情况如下：

1）华鼎股份

在 2016 年 1 月 1 日至 2017 年 8 月 31 日期间，公司总共认购了 2 个非银理财产品，累计投入 4 亿元，公司主要认购了投资公司理财产品。

在华鼎股份公司认购的非银理财产品中，认购投资公司类型的非银理财产品金额最多，达到 4 亿元，这是基于该类产品收益率较高且流动性好的特点。

华鼎股份主要认购了上海世域投资管理有限公司的投资公司理财产品，产品发行方的实际控制人为李朴，自然人背景股东控股。上海世域投资管理有限公司主要经营业务为投资管理，企业管理咨询，实业投资等。

图表 2.2.18：2016 年 1 月 1 日至 2017 年 8 月 31 日，浙江，华鼎股份认购非银理财产品情况

认购日期	理财产品名称	产品发行方名称	理财类型	认购金额（万元）	产品起息日	产品到息日	产品期限	预计最低收益率（%）	预计最高收益率（%）
2017-03-01	保本浮动收益型产品	上海世钰资产管理中心（有限合伙）	投资公司理财产品	20,000.00	2017-03-01	2017-12-31	305 天		
2016-01-25	上海世域投资管理有限公司保本浮动收益型理财产品	上海世域投资管理有限公司	投资公司理财产品	20,000.00	2016-01-25	2016-12-31	341 天		

数据来源：Wind，恒天财富研究院

2）赞宇科技

在 2016 年 1 月 1 日至 2017 年 8 月 31 日期间，公司总共认购了 3 个非银理财产品，累计投入 1.5 亿元，公司主要认购了基金专户理财产品。

在赞宇科技公司认购的非银理财产品中，认购基金专户类型的非银理财产品金额最多，达到 1.5 亿元，这是基于该类产品收益率较高，且可以提供定制化服务的特点。

赞宇科技主要认购了深圳五牛股权投资基金管理有限公司的基金专户产品，产品发行方的实际控制人为韩啸，自然人背景股东控股。深圳五牛股权投资基金管理有限公司是一家专业从事股权投资及管理业务的基金公司。已形成以优势不动产投资、股权投资、证券投资、创业投资、海外资产投资以及 FOF 母基金为主的专业投资机构。

图表 2.2.19：2016 年 1 月 1 日至 2017 年 8 月 31 日，浙江，赞宇科技认购非银理财产品情况

认购日期	理财产品名称	产品发行方名称	理财类型	认购金额（万元）	产品起息日	产品到息日	产品期限	预计最低收益率（%）	预计最高收益率（%）
2016-09-12	恒天稳金 21 号投资基金	恒天融泽资产管理有限公司	基金专户	5,000.00				3.50	
2016-08-23	海石季度丰－五牛尊戎私募投资基金（优先A级）	深圳五牛股权投资基金管理有限公司	基金专户	5,000.00	2016-08-23	2017-08-22	364 天	9.80	

续表

认购日期	理财产品名称	产品发行方名称	理财类型	认购金额（万元）	产品起息日	产品到息日	产品期限	预计最低收益率（%）	预计最高收益率（%）
2016-08-18	海石季度丰－五牛尊妙私募投资基金（优先A级）	深圳五牛股权投资基金管理有限公司	基金专户	5,000.00	2016-08-18	2017-08-17	364天	9.80	

数据来源：Wind，恒天财富研究院

3）巨化股份

在2016年1月1日至2017年8月31日期间，公司总共认购了1个非银理财产品，累计投入0.5亿元，该产品类型为证券理财产品。这是基于资金良好流动性、容易变现的特点。

巨化股份主要认购了国泰君安证券股份有限公司的证券公司理财产品，第一大股东为上海国有资产经营有限公司，由国企背景股东控股。国泰君安证券股份有限公司是国内历史最悠久、综合实力最强的证券公司之一。自成立以来，公司在资本实力、盈利水平和主营业务等方面持续保持在行业前列，并在长期发展过程中形成了较强的综合竞争力和品牌影响力。

图表2.2.20：2016年1月1日至2017年8月31日，浙江，巨化股份认购非银理财产品情况

认购日期	理财产品名称	产品发行方名称	理财类型	认购金额（万元）	产品起息日	产品到息日	产品期限	预计最低收益率（%）	预计最高收益率（%）
2017-06-30	君柜宝一号2017年第88期收益凭证	国泰君安证券股份有限公司	证券公司理财产品	5,000.00	2017-06-30	2017-12-27	180天	4.60	

数据来源：Wind，恒天财富研究院

6. 通信行业（3家）

认购情况分析

在10家浙江本地通信行业上市公司中，已有3家认购过非银理财产品，具体情况如下：

1）东方通信

在2016年1月1日至2017年8月31日期间，公司总共认购了1个非银理

财产品，累计投入2亿元，该产品类型为证券理财产品。这是基于资金良好流动性、容易变现的特点。

东方通信主要认购了浙商证券股份有限公司的证券公司理财产品，产品发行方的第一大股东为浙江上三高速公路有限公司，由国企背景股东控股，背后实际控制母公司为浙江省交通投资集团有限公司。浙商证券股份有限公司是中国证监会批准成立的综合性证券公司，已形成“证券＋期货＋基金＋资管＋创投”的金融产业布局，为广大客户提供综合性投融资服务。

图表 2.2.21：2016 年 1 月 1 日至 2017 年 8 月 31 日，浙江，东方通信认购非银理财产品情况

认购日期	理财产品名称	产品发行方名称	理财类型	认购金额（万元）	产品起息日	产品到息日	产品期限	预计最低收益率（%）	预计最高收益率（%）
2016-12-27	浙商证券汇银 91 号固定收益凭证	浙商证券股份有限公司	证券公司理财产品	20,000.00	2016-12-27	2017-06-19	174 天	5.40	

数据来源：Wind，恒天财富研究院

2）平治信息

在 2016 年 1 月 1 日至 2017 年 8 月 31 日期间，公司总共认购了 1 个非银理财产品，累计投入 0.3 亿元，该产品类型为证券理财产品。这是基于资金良好流动性、容易变现的特点。

平治信息主要认购了光大证券股份有限公司的证券公司理财产品，产品发行方的第一大股东为中国光大集团股份公司，由国企背景股东控股，背后实际控制母公司为中央汇金投资有限责任公司。光大证券股份有限公司是全国性综合类股份制证券公司，是中国证监会批准的首批三家创新试点公司之一。公司积极投身于国内外资本市场，大力探索综合金融服务，各项业务迅速发展，业务规模及主要营业指标居国内证券公司前列，综合实力排名位居业内前十。

图表 2.2.22：2016 年 1 月 1 日至 2017 年 8 月 31 日，浙江，平治信息认购非银理财产品情况

认购日期	理财产品名称	产品发行方名称	理财类型	认购金额（万元）	产品起息日	产品到息日	产品期限	预计最低收益率（%）	预计最高收益率（%）
2017-05-10	光大证券光鑫系列收益凭证 6 月期第 71 号	光大证券股份有限公司	证券公司理财产品	3,000.00	2017-05-11	2017-11-14	188 天	4.30	

数据来源：Wind，恒天财富研究院

3）博创科技

在2016年1月1日至2017年8月31日期间，公司总共认购了1个非银理财产品，累计投入0.25亿元，该产品类型为证券理财产品。这是基于资金良好流动性、容易变现的特点。

博创科技主要认购了中信证券股份有限公司的证券公司理财产品，产品发行方第一大股东为香港中央结算（代理人）有限公司，背后实际控制母公司为香港交易及结算所有限公司。中信证券股份有限公司是国内规模最大的证券公司，公司紧紧围绕服务实体经济这一个中心，进一步完善融资安排者、财富管理者、交易服务与流动性提供者、市场重要投资者和风险管理者五大角色，不断重塑并巩固核心竞争力，公司各项传统业务均保持市场前列。

图表 2.2.23：2016 年 1 月 1 日至 2017 年 8 月 31 日，浙江，博创科技认购非银理财产品情况

认购日期	理财产品名称	产品发行方名称	理财类型	认购金额（万元）	产品起息日	产品到息日	产品期限	预计最低收益率（%）	预计最高收益率（%）
2017-06-01	中信证券股份有限公司保本增益系列 81 期收益凭证（SU8997）	中信证券股份有限公司	证券公司理财产品	2,500.00	2017-06-01	2017-09-04	95 天	4.40	

数据来源：Wind，恒天财富研究院

7. 纺织服装行业（2 家）

认购情况分析

在26家浙江本地纺织服装行业上市公司中，已有2家认购过非银理财产品，具体情况如下：

1）奥康国际

在2016年1月1日至2017年8月31日期间，公司总共认购了1个非银理财产品，累计投入0.5亿元，该产品类型为基金专户理财产品。这是基于该类产品收益率较高，且可以提供定制化服务的特点。

奥康国际主要认购了迪瑞资产管理（杭州）有限公司的基金专户产品，产品发行方的实际控制人为姚延中，由自然人背景股东控股。迪瑞资产管理（杭州）有限公司主要从事实业投资，投资管理，投资咨询（除证券、期货），企业管理

咨询等。

图表 2.2.24：2016 年 1 月 1 日至 2017 年 8 月 31 日，浙江，奥康国际认购非银理财产品情况

认购日期	理财产品名称	产品发行方名称	理财类型	认购金额（万元）	产品起息日	产品到息日	产品期限	预计最低收益率（%）	预计最高收益率（%）
2016-01-25	迪瑞增利固定收益投资基金	迪瑞资产管理（杭州）有限公司	基金专户	5,000.00				5.00	

数据来源：Wind，恒天财富研究院

2）健盛集团

在 2016 年 1 月 1 日至 2017 年 8 月 31 日期间，公司总共认购了 1 个非银理财产品，累计投入 0.5 亿元，该产品类型为证券理财产品。这是基于资金良好流动性、容易变现的特点。

健盛集团主要认购了国信证券股份有限公司的证券公司理财产品，第一大股东为深圳市投资控股有限公司，由国企背景股东控股，背后实际控制母公司为深圳市国资委。国信证券股份有限公司是全国性大型综合类证券公司，经纪、资产托管、公募基金佣金、重大资产重组等均排在行业前列。

图表 2.2.25：2016 年 1 月 1 日至 2017 年 8 月 31 日，浙江，健盛集团认购非银理财产品情况

认购日期	理财产品名称	产品发行方名称	理财类型	认购金额（万元）	产品起息日	产品到息日	产品期限	预计最低收益率（%）	预计最高收益率（%）
2017-08-21	国信证券股份有限公司收益凭证·【金益求金 91 天 1337 期】	国信证券股份有限公司	证券公司理财产品	5,000.00	2017-08-21	2017-11-20	91 天		4.45

数据来源：Wind，恒天财富研究院

8. 公共事业（2 家）

认购情况分析

在 8 家浙江本地公共事业行业上市公司中，已有 2 家认购过非银理财产品，具体情况如下：

1）钱江水利

在2016年1月1日至2017年8月31日期间，公司总共认购了5个非银理财产品，累计投入4.25亿元，公司主要认购了证券理财产品。

在钱江水利公司认购的非银理财产品中，认购证券类型的非银理财产品金额最多，达到4.25亿元，这是基于资金良好流动性、容易变现的特点。

钱江水利主要认购了海通证券股份有限公司的证券公司理财产品，产品发行方第一大股东为香港中央结算（代理人）有限公司，背后实际控制母公司为香港交易及结算所有限公司。海通证券股份有限公司作为业内知名券商，公司经纪业务基础雄厚，客户资产规模超2.2万亿元，经纪业务总交易量市场份额稳居市场前列。

图表2.2.26：2016年1月1日至2017年8月31日，浙江，钱江水利认购非银理财产品情况

认购日期	理财产品名称	产品发行方名称	理财类型	认购金额（万元）	产品起息日	产品到息日	产品期限	预计最低收益率（%）	预计最高收益率（%）
2017-03-31	海通证券“一海通财．理财宝”系列收益凭证尊享版182天期	海通证券股份有限公司	证券公司理财产品	17,000.00	2017-03-31	2017-09-28	182天	4.50	
2016-09-29	海通证券”一海通财．理财宝”系列收益凭证尊享版91天期第50号	海通证券股份有限公司	证券公司理财产品	4,000.00	2016-09-30	2016-12-29	91天	3.10	
2016-02-18	理财宝182天期V27号	海通证券股份有限公司	证券公司理财产品	2,000.00	2016-02-19	2016-08-18	182天	3.60	
2016-02-04	理财宝182天期V26号	海通证券股份有限公司	证券公司理财产品	11,000.00	2016-02-05	2016-08-04	182天	3.60	
2017-07-05	华宝证券红利110号收益凭证	华宝证券股份有限公司	证券公司理财产品	8,500.00	2017-07-05	2017-10-10	98天	4.70	

数据来源：Wind，恒天财富研究院

2）伟明环保

在2016年1月1日至2017年8月31日期间，公司总共认购了1个非银理财产品，累计投入0.5亿元，该产品类型为证券理财产品。这是基于资金良好流动性、容易变现的特点。

伟明环保主要认购了中国国际金融股份有限公司的证券公司理财产品，产品发行方第一大股东为中央汇金投资有限责任公司。中国国际金融股份有限公司是由国内外著名金融机构和公司基于战略合作关系共同投资组建的中国第一家中外合资投资银行。

图表 2.2.27：2016 年 1 月 1 日至 2017 年 8 月 31 日，浙江，伟明环保认购非银理财产品情况

认购日期	理财产品名称	产品发行方名称	理财类型	认购金额（万元）	产品起息日	产品到息日	产品期限	预计最低收益率（%）	预计最高收益率（%）
2017-02-09	中金公司财富资金系列 35 期收益凭证	中国国际金融股份有限公司	证券公司理财产品	5,000.00	2017-02-09	2017-05-11	91 天	3.70	

数据来源：Wind，恒天财富研究院

9. 计算机行业（2 家）

认购情况分析

在 11 家浙江本地计算机行业上市公司中，已有 2 家认购过非银理财产品，具体情况如下：

1）恒生电子

在 2016 年 1 月 1 日至 2017 年 8 月 31 日期间，公司总共认购了 35 个非银理财产品，累计投入 15.8017 亿元，公司主要认购了基金专户理财产品。

在恒生电子公司认购的非银理财产品中，认购基金专户类型的非银理财产品金额最多，达到 15.075 亿元，这是基于该类产品收益率较高，且可以提供定制化服务的特点。

恒生电子主要认购了平安银行股份有限公司的基金专户产品，产品发行方的第一大股东为中国平安保险（集团）股份有限公司，由国企背景股东控股，背后实际控制母公司为香港中央结算（代理人）有限公司。平安银行股份有限公司是一家全国性股份制商业银行，为客户提供多种金融服务，以公司、零售、同业、投行“四轮驱动”为业务重点，以“专业化、集约化、综合金融和互联网金融”四大特色为经营战略，以专业化的经营更好地服务实体经济。

图表 2.2.28：2016 年 1 月 1 日至 2017 年 8 月 31 日，浙江，恒生电子认购非银理财产品情况

认购日期	理财产品名称	产品发行方名称	理财类型	认购金额（万元）	产品起息日	产品到息日	产品期限	预计最低收益率（%）	预计最高收益率（%）
2017-03-29	固盈 A-049 号私募投资基金		基金专户	1,500.00	2017-03-29	2017-07-31	124 天		
2017-02-28	天启成保理资产权益转让 3 号		投资公司理财产品	3,667.00	2017-02-28	2017-09-08	192 天		
2017-02-27	平安信托汇锦 3 号		信托	3,000.00	2017-02-27	2017-05-31	93 天		
2017-02-08	平安财富－固盈 A-047 号私募投资基金		基金专户	1,000.00	2017-02-08	2017-06-12	124 天		
2017-02-08	平安财富－固盈 A-047 号私募投资基金		基金专户	1,000.00	2017-02-08	2017-06-12	124 天		

数据来源：Wind，恒天财富研究院

2）信雅达

在 2016 年 1 月 1 日至 2017 年 8 月 31 日期间，公司总共认购了 19 个非银理财产品，累计投入 3.6 亿元，公司主要认购了证券理财产品。

在信雅达公司认购的非银理财产品中，认购证券类型的非银理财产品金额最多，达到 1.95 亿元，这是基于资金良好流动性、容易变现的特点。

信雅达主要认购了瑞银证券有限责任公司的证券公司理财产品，产品发行方的第一大股东为北京国翔资产管理有限公司，由国企背景股东控股。瑞银证券有限责任公司的主要业务部门包括投资银行部、证券部、固定收益部、财富管理部以及资产管理部，具备较高的行业地位及较强的资本运作能力。

图表 2.2.29：2016 年 1 月 1 日至 2017 年 8 月 31 日，浙江，信雅达认购非银理财产品情况

认购日期	理财产品名称	产品发行方名称	理财类型	认购金额（万元）	产品起息日	产品到息日	产品期限	预计最低收益率（%）	预计最高收益率（%）
2016-12-15	平安财富＊固盈 A-039 号私募基金	平安财富	基金专户	1,000.00	2016-12-15	2017-07-15	212 天	5.40	

续表

认购日期	理财产品名称	产品发行方名称	理财类型	认购金额（万元）	产品起息日	产品到息日	产品期限	预计最低收益率（%）	预计最高收益率（%）
2016-12-01	平安财富＊泽沃2号私募基金	平安财富	基金专户	2,000.00	2016-12-01	2017-08-01	243天	4.95	
2017-05-26	平安财富＊泽沃2号私募基金		基金专户	3,000.00	2017-05-26	2017-08-25	91天	5.30	
2016-12-22	瑞银证券＊宏源9号	瑞银证券	证券公司理财产品	5,000.00	2016-12-22	2017-03-20	88天	4.40	
2016-12-05	瑞银证券＊宏源9号	瑞银证券	证券公司理财产品	2,000.00	2016-12-05	2017-02-06	63天	3.40	
2016-11-28	瑞银证券＊宏源9号	瑞银证券	证券公司理财产品	2,000.00	2016-11-28	2017-01-04	37天	3.50	
2016-10-10	瑞银证券（宏源9号）	瑞银证券	证券公司理财产品	3,000.00	2016-10-10	2016-11-07	28天	3.50	
2016-06-01	瑞银证券（宏源9号）	瑞银证券	证券公司理财产品	2,000.00	2016-06-01	2016-09-14	105天	3.80	
2016-06-01	瑞银证券（宏源9号）	瑞银证券	证券公司理财产品	2,000.00	2016-06-01	2016-07-06	35天	3.80	

数据来源：Wind，恒天财富研究院

10. 家用电器行业（2家）

认购情况分析

在13家浙江本地家用电器行业上市公司中，已有2家认购过非银理财产品，具体情况如下：

1）爱仕达

在2016年1月1日至2017年8月31日期间，公司总共认购了6个非银理财产品，累计投入2.13亿元，公司主要认购了信托理财产品。

在爱仕达公司认购的非银理财产品中，认购信托类型的非银理财产品金额最多，达到2.13亿元，这是基于其短期收益率高、刚性兑付的特点。

爱仕达主要认购了招商银行股份有限公司的信托理财产品，产品发行方第一大股东为香港中央结算（代理人）有限公司，背后实际控制母公司为香港交易及结算所有限公司。招商银行股份有限公司是一家拥有商业银行、金融租赁、基金

管理、人寿保险、境外投行等金融牌照的银行集团。

图表 2.2.30：2016 年 1 月 1 日至 2017 年 8 月 31 日，浙江，爱仕达认购非银理财产品情况

认购日期	理财产品名称	产品发行方名称	理财类型	认购金额（万元）	产品起息日	产品到息日	产品期限	预计最低收益率（%）	预计最高收益率（%）
2017-03-13	华润信托·润泽193号集合资金信托计划（第2期）理财计划	华润深国投信托有限公司	信托	5,600.00	2017-03-14	2017-06-14	92 天	4.50	
2017-03-13	华润信托·润泽125号集合资金信托计划（第8期）理财计划	华润深国投信托有限公司	信托	2,200.00	2017-03-13	2017-06-12	91 天	4.70	
2016-10-14	招商银行公司理财之华润信托－润泽 133 号集合资金信托计划理财产品	招商银行股份有限公司	信托	400.00	2016-10-14	2017-01-12	90 天	4.20	
2016-10-14	招商银行公司理财之五矿信托－鑫宸 13 号集合资金信托计划理财产品	招商银行股份有限公司	信托	4,600.00	2016-10-14	2017-01-14	92 天	4.20	
2016-04-19	招商银行点金公司理财之中铁信托——海航实业集合资金信托计划 2-2 期理财计划	招商银行股份有限公司	信托	5,000.00	2016-04-19	2016-07-19	91 天		4.50
2016-04-19	招商银行点金公司理财之中铁信托——海航实业集合资金信托计划 2-2 期理财计划	招商银行股份有限公司	信托	3,500.00	2016-04-19	2016-07-19	91 天		4.50

数据来源：Wind，恒天财富研究院

2）浙江美大

在 2016 年 1 月 1 日至 2017 年 8 月 31 日期间，公司总共认购了 4 个非银理财产品，累计投入 4 亿元，公司主要认购了证券理财产品。

在浙江美大公司认购的非银理财产品中，认购证券类型的非银理财产品金额最多，达到 2 亿元，这是基于资金良好流动性、容易变现的特点。

浙江美大主要认购了浙商证券资产管理有限公司的证券公司理财产品，产品发行方的第一大股东为浙商证券股份有限公司，由国企背景股东控股，背后实际控制母公司为浙江上三高速公路有限公司。浙商证券资产管理有限公司作为业内知名资产管理公司，具备较高的行业地位及较强的资本运作能力。

图表 2.2.31：2016 年 1 月 1 日至 2017 年 8 月 31 日，浙江，浙江美大认购非银理财产品情况

认购日期	理财产品名称	产品发行方名称	理财类型	认购金额（万元）	产品起息日	产品到息日	产品期限	预计最低收益率（%）	预计最高收益率（%）
2017-02-09	浙商金惠多增利 3 号集合资产管理计划	浙江浙商证券资产管理有限公司	证券公司理财产品	10,000.00	2017-02-10	2017-07-18	158 天	5.10	
2016-07-07	浙商金惠月月聚利集合资产管理计划	浙江浙商证券资产管理有限公司	证券公司理财产品	4,000.00	2016-07-07	2016-10-14	99 天	4.50	
2016-07-06	浙商金惠月月聚利集合资产管理计划	浙江浙商证券资产管理有限公司	证券公司理财产品	6,000.00	2016-07-06	2016-08-03	28 天	4.30	
2017-06-20	中融－隆晟 1 号结构化集合资金信托计划	中融国际信托有限公司	信托	20,000.00	2017-06-20	2017-12-21	184 天	6.20	

数据来源：Wind，恒天财富研究院

11. 商业贸易行业（2 家）

认购情况分析

在 8 家浙江本地商业贸易行业上市公司中，已有 2 家认购过非银理财产品，具体情况如下：

1）宁波中百

在 2016 年 1 月 1 日至 2017 年 8 月 31 日期间，公司总共认购了 8 个非银理

财产品，累计投入 2.63 亿元，公司主要认购了证券理财产品。

在宁波中百公司认购的非银理财产品中，认购证券类型的非银理财产品金额最多，达到 1.93 亿元，这是基于资金良好流动性、容易变现的特点。

宁波中百主要认购了财通证券资产管理有限公司的证券公司理财产品，产品发行方的第一大股东为财通证券股份有限公司，由国企背景股东控股，背后实际控制母公司为浙江省金融控股有限公司。财通证券资产管理有限公司作为业内知名资产管理公司，具备较高的行业地位及较强的资本运作能力。

图表 2.2.32：2016 年 1 月 1 日至 2017 年 8 月 31 日，浙江，宁波中百认购非银理财产品情况

认购日期	理财产品名称	产品发行方名称	理财类型	认购金额（万元）	产品起息日	产品到息日	产品期限	预计最低收益率（%）	预计最高收益率（%）
2017-02-28	财通基金－玉皇稳健 2 号资产管理计划	财通基金管理有限公司	基金专户	2,000.00	2017-02-28	2017-08-27	180 天	5.20	
2016-12-06	领瑞投资、稳健 2 号基金	北京领瑞投资管理有限公司	投资公司理财产品	3,000.00	2016-12-06	2017-07-31	237 天	5.50	
2016-10-12	财通证券资管润富 6 号集合资产管理计划	财通证券资产管理有限公司	证券公司理财产品	5,500.00	2016-10-13	2017-12-12	425 天	4.50	
2016-05-10	财通证券聚富 1 号集合资产管理计划	财通证券股份有限公司	证券公司理财产品	2,200.00	2016-05-11	2017-05-10	365 天	4.80	
2016-03-15	财通证券资管润富 1 号集合资产管理计划	财通证券资产管理有限公司	证券公司理财产品	3,000.00	2016-03-16	2017-03-15	364 天	5.10	
2017-08-29	玉皇稳健 2 号资产管理计划	财通基金管理有限公司	基金专户	2,000.00	2017-08-29	2018-02-28	183 天	5.60	
2017-08-07	太平洋证券红宝石 3 号集合资产管理计划第 70 期	太平洋证券股份有限公司	证券公司理财产品	6,200.00	2017-08-07	2018-06-20	317 天	5.60	
2017-05-16	兴证资管鑫利 5 号集合资产管理计划 X53 份额	兴业证券资产管理有限公司	证券公司理财产品	2,400.00	2017-05-16	2017-11-23	191 天	5.20	

数据来源：Wind，恒天财富研究院

2）百大集团

在2016年1月1日至2017年8月31日期间，公司总共认购了4个非银理财产品，累计投入5.8亿元，公司主要认购了信托理财产品。

在百大集团公司认购的非银理财产品中，认购信托类型的非银理财产品金额最多，达到5.8亿元，这是基于其短期收益率高、刚性兑付的特点。

百大集团主要认购了浙商金汇信托股份有限公司的信托理财产品，产品发行方的第一大股东为浙江东方集团股份有限公司，由国企背景股东控股，背后实际控制母公司为浙江省国际贸易集团有限公司。浙商金汇信托股份有限公司作为业内知名信托公司，具备较高的行业地位及较强的资本运作能力。

图表2.2.33：2016年1月1日至2017年8月31日，浙江，百大集团认购非银理财产品情况

认购日期	理财产品名称	产品发行方名称	理财类型	认购金额（万元）	产品起息日	产品到息日	产品期限	预计最低收益率（%）	预计最高收益率（%）
2016-11-15	浙金·汇实12号武汉金凰黄金质押贷款项目集合资金信托计划	浙商金汇信托股份有限公司	信托	20,000.00			24个月	6.80	
2016-11-15	浙金·汇实12号武汉金凰黄金质押贷款项目集合资金信托计划	浙商金汇信托股份有限公司	信托	6,400.00			24个月	6.80	
2016-11-15	浙金·汇实12号武汉金凰黄金质押贷款项目集合资金信托计划	浙商金汇信托股份有限公司	信托	2,600.00			24个月	6.80	
2016-10-27	浙金·武汉金凰黄金质押贷款项目集合资金信托计划	浙商金汇信托股份有限公司	信托	29,000.00			30个月	6.80	

数据来源：Wind，恒天财富研究院

12. 传媒行业（1家）

认购情况分析

在19家浙江本地传媒行业上市公司中，已有1家认购过非银理财产品，具

体情况如下：

1）巴士在线

在 2016 年 1 月 1 日至 2017 年 8 月 31 日期间，公司总共认购了 3 个非银理财产品，累计投入 1.1 亿元，公司主要认购了基金专户理财产品。

在巴士在线公司认购的非银理财产品中，认购基金专户的非银理财产品金额最多，达到 1.1 亿元，这是基于该类产品收益率较高，且可以提供定制化服务的特点。

巴士在线主要认购了南方基金管理有限公司的基金专户产品，产品发行方的第一大股东为华泰证券股份有限公司，由国企背景股东控股，背后实际控制母公司为香港中央结算（代理人）有限公司。南方基金管理有限公司是国内首批规范的基金管理公司，拥有一支高素质、经验丰富的专业化团队，在行业中持续保持领先地位，已经发展成为国内产品种类最丰富、业务领域最全面、经营业绩优秀、资产管理规模最大的基金管理公司之一。

图表 2.2.34：2016 年 1 月 1 日至 2017 年 8 月 31 日，浙江，巴士在线认购非银理财产品情况

认购日期	理财产品名称	产品发行方名称	理财类型	认购金额（万元）	产品起息日	产品到息日	产品期限	预计最低收益率（%）	预计最高收益率（%）
2017-04-07	南方现金通货币市场基金 A 类	南方基金管理有限公司	基金专户	4,000.00					
2017-02-20	南方现金增利基金 B 级	南方基金管理有限公司	基金专户	3,000.00					
2017-07-07	南方天天利货币市场基金 B 类	南方基金管理有限公司	基金专户	4,000.00					

数据来源：Wind，恒天财富研究院

13. 建筑装饰行业（1 家）

认购情况分析

在 13 家浙江本地建筑装饰行业上市公司中，已有 1 家认购过非银理财产品，具体情况如下：

1）亚厦股份

在 2016 年 1 月 1 日至 2017 年 8 月 31 日期间，公司总共认购了 4 个非银理

财产品，累计投入0.96亿元，公司主要认购了证券公司理财产品。

在亚厦股份公司认购的非银理财产品中，认购证券类型的非银理财产品金额最多，达到0.96亿元，这是基于资金良好流动性、容易变现的特点。

亚厦股份主要认购了浙商证券资产管理有限公司的证券公司理财产品，产品发行方的第一大股东为浙商证券股份有限公司，由国企背景股东控股，背后实际控制母公司为浙江上三高速公路有限公司。浙商证券资产管理有限公司作为业内知名资产管理公司，具备较高的行业地位及较强的资本运作能力。

图表 2.2.35：2016 年 1 月 1 日至 2017 年 8 月 31 日，浙江，亚厦股份认购非银理财产品情况

认购日期	理财产品名称	产品发行方名称	理财类型	认购金额（万元）	产品起息日	产品到息日	产品期限	预计最低收益率（%）	预计最高收益率（%）
2017-04-11	浙商金惠季季聚利4号集合资管计划（优先级）	浙江浙商证券资产管理有限公司	证券公司理财产品	2,300.00	2017-04-12	2017-07-06	85天	4.90	
2017-04-11	浙商金惠季季聚利3号集合资管计划（优先级）	浙江浙商证券资产管理有限公司	证券公司理财产品	2,500.00	2017-04-12	2017-07-06	85天	4.90	
2017-04-11	浙商金惠季季聚利4号集合资管计划（优先级）	浙江浙商证券资产管理有限公司	证券公司理财产品	2,300.00	2017-04-12	2017-07-06	85天	4.90	
2017-04-11	浙商金惠季季聚利3号集合资管计划（优先级）	浙江浙商证券资产管理有限公司	证券公司理财产品	2,500.00	2017-04-12	2017-07-06	85天	4.90	

数据来源：Wind，恒天财富研究院

14. 轻工制造行业（1家）

认购情况分析

在13家浙江本地轻工制造行业上市公司中，已有1家认购过非银理财产品，具体情况如下：

1）顾家家居

在2016年1月1日至2017年8月31日期间，公司总共认购了1个非银理财产品，累计投入1.5亿元，该产品类型为证券公司理财产品。这是基于资金良好流动性、容易变现的特点。

顾家家居主要认购了中信证券股份有限公司的证券公司理财产品，产品发行方第一大股东为香港中央结算（代理人）有限公司，背后实际控制母公司为香港交易及结算所有限公司。中信证券股份有限公司是国内规模最大的证券公司，公司紧紧围绕服务实体经济这一个中心，进一步完善融资安排者、财富管理者、交易服务与流动性提供者、市场重要投资者和风险管理者五大角色，不断重塑并巩固核心竞争力，公司各项传统业务均保持市场前列。

图表 2.2.36：2016 年 1 月 1 日至 2017 年 8 月 31 日，浙江，顾家家居认购非银理财产品情况

认购日期	理财产品名称	产品发行方名称	理财类型	认购金额（万元）	产品起息日	产品到息日	产品期限	预计最低收益率（%）	预计最高收益率（%）
2017-03-28	2017 年度第 120 期收益凭证（本金保障型收益凭证）	中信证券股份有限公司	证券公司理财产品	15,000.00	2017-03-28	2017-06-28	92 天	4.45	

数据来源：Wind，恒天财富研究院

15. 食品饮料行业（1 家）

认购情况分析

在 5 家浙江本地食品饮料行业上市公司中，已有 1 家认购过非银理财产品，具体情况如下：

1）古越龙山

在 2016 年 1 月 1 日至 2017 年 8 月 31 日期间，公司总共认购了 14 个非银理财产品，累计投入 13.1 亿元，公司主要认购了证券公司理财产品。

在古越龙山公司认购的非银理财产品中，认购证券类型的非银理财产品金额最多，达到 10.6 亿元，这是基于资金良好流动性、容易变现的特点。

古越龙山主要认购了海通证券股份有限公司的证券公司理财产品，产品发行方第一大股东为香港中央结算（代理人）有限公司，背后实际控制母公司为香港交易及结算所有限公司。海通证券股份有限公司作为业内知名券商，公司经纪业务基础雄厚，客户资产规模超 2.2 万亿元，经纪业务总交易量市场份额稳居市场前列。

图表 2.2.37：2016 年 1 月 1 日至 2017 年 8 月 31 日，浙江，古越龙山认购非银理财产品情况

认购日期	理财产品名称	产品发行方名称	理财类型	认购金额（万元）	产品起息日	产品到息日	产品期限	预计最低收益率（%）	预计最高收益率（%）
2016-12-26	海创理财宝系列收益凭证 2016043 号	海通证券股份有限公司	证券公司理财产品	13,000.00	2016-12-27	2017-12-19	358 天	4.60	
2016-11-23	海创理财宝系列收益凭证 2016037 号，产品简称：海创理财宝 2016037 号，产品代码：SP7057	海通创新证券投资有限公司	证券公司理财产品	5,000.00	2016-11-24	2017-11-23	365 天	4.30	
2017-07-05	海通证券“一海通财・理财宝”系列收益凭证尊享版 175 天期第 1 号	海通证券股份有限公司	证券公司理财产品	5,000.00	2017-07-06	2017-12-27	175 天	5.00	
2017-06-21	海通证券“一海通财・理财宝”系列收益凭证尊享版 182 天期第 52 号	海通证券股份有限公司	证券公司理财产品	10,000.00	2017-06-22	2017-12-20	182 天	5.00	
2017-06-05	海通证券“一海通财・理财宝”系列收益凭证尊享版 182 天期第 49 号	海通证券股份有限公司	证券公司理财产品	6,000.00	2017-06-06	2017-12-04	182 天	5.00	

数据来源：Wind，恒天财富研究院

16. 医药生物行业（1 家）

认购情况分析

在 37 家浙江本地医药生物行业上市公司中，已有 1 家认购过非银理财产品，具体情况如下：

1）寿仙谷

在 2016 年 1 月 1 日至 2017 年 8 月 31 日期间，公司总共认购了 7 个非银理

财产品，累计投入 2.29 亿元，公司主要认购了证券公司理财产品。

在寿仙谷公司认购的非银理财产品中，认购证券类型的非银理财产品金额最多，达到 2.29 亿元，这是基于资金良好流动性、容易变现的特点。

寿仙谷主要认购了广州证券股份有限公司的证券公司理财产品，产品发行方的第一大股东为广州越秀金融控股集团有限公司，由国企背景股东控股，背后实际控制母公司为广州越秀集团有限公司。广州证券股份有限公司作为业内知名券商，具备较高的行业地位及较强的资本运作能力。

图表 2.2.38：2016 年 1 月 1 日至 2017 年 8 月 31 日，浙江，寿仙谷认购非银理财产品情况

认购日期	理财产品名称	产品发行方名称	理财类型	认购金额（万元）	产品起息日	产品到息日	产品期限	预计最低收益率（%）	预计最高收益率（%）
2017-08-29	中信证券股份有限公司 2017 年度第 269 期收益凭证	中信证券股份有限公司	证券公司理财产品	4,500.00	2017-08-29	2017-11-29	92 天	4.40	4.45
2017-08-29	鲲鹏稳利 6 月期 83 号	广州证券股份有限公司	证券公司理财产品	2,200.00	2017-08-30	2018-02-26	180 天	4.80	
2017-08-25	鲲鹏稳利 6 月期 82 号	广州证券股份有限公司	证券公司理财产品	1,100.00	2017-08-28	2018-02-26	182 天	4.80	
2017-05-25	金贝 90 天 843 期	国信证券股份有限公司	证券公司理财产品	1,100.00	2017-05-26	2017-08-24	90 天	4.30	
2017-05-24	金益求金 180 天 852 期	国信证券股份有限公司	证券公司理财产品	3,000.00	2017-05-25	2017-11-21	180 天	4.50	
2017-05-24	保本增益系列 76 期收益凭证	中信证券股份有限公司	证券公司理财产品	4,000.00	2017-05-25	2017-11-20	179 天	4.45	
2017-05-24	鲲鹏稳利 6 月期 27 号	广州证券股份有限公司	证券公司理财产品	7,000.00	2017-05-25	2017-11-21	180 天	4.90	

数据来源：Wind，恒天财富研究院

（三）广东省（25 家）

广东共有 542 家本地上市公司，其中 25 家在已经披露的公告中曾经或已经认购过非银理财产品，占比约为 4.61%。就 25 家认购过非银理财产品的广东上

市公司的行业分布来看，计算机行业和电子设备行业所拥有的认购非银理财产品的上市公司最多，均有 4 家认购过，约占广东本地总上市公司数的 0.74%。

1. 计算机行业（4 家）

认购情况分析

在 42 家广东本地计算机行业上市公司中，已有 4 家认购过非银理财产品，具体情况如下：

1）神州数码

在 2016 年 1 月 1 日至 2017 年 8 月 31 日期间，公司总共认购了 4 个非银理财产品，累计投入 4 亿元，公司主要认购了基金专户产品。

在神州数码认购的非银理财产品中，认购基金专户产品的金额最多，达到 4 亿元，这是基于该类产品收益率较高，且可以提供定制化服务的特点。

神州数码主要认购了广发基金的基金专户产品，产品发行方暂无实际控制人，第一大股东为吉林敖东药业集团，由民企背景股东控股，背后实际控制母公司为敦化市金诚实业有限责任公司。广发基金作为业内知名基金公司，具备较高的行业地位及较强的资本运作能力。

图表 2.3.1：2016 年 1 月 1 日至 2017 年 8 月 31 日，广东，神州数码认购非银理财产品情况

认购日期	理财产品名称	产品发行方名称	理财类型	认购金额（万元）	产品起息日	产品到息日	产品期限	预计最低收益率（%）	预计最高收益率（%）
2016-05-10	广发货币 B	广发基金管理有限公司	基金专户	10,000.00				2.00	4.00
2016-05-10	华夏收益宝货币 B	华夏基金管理有限公司	基金专户	10,000.00				2.00	4.00
2016-05-09	广发货币 B	广发基金管理有限公司	基金专户	10,000.00				2.00	4.00
2016-05-09	华夏收益宝货币 B	华夏基金管理有限公司	基金专户	10,000.00				2.00	4.00

数据来源：Wind，恒天财富研究院

2）天源迪科

在 2016 年 1 月 1 日至 2017 年 8 月 31 日期间，公司总共认购了 3 个非银理

财产品，累计投入 6600 万元，公司主要认购了证券公司理财产品。

在天源迪科认购的非银理财产品中，认购证券公司理财产品的金额最多，达到 6600 万元，这是基于保持资金良好流动性、容易变现的特点。

天源迪科主要认购了国信证券的证券公司理财产品，产品发行方的实际控制人为深圳国资委，第一大股东为深圳投资控股有限公司，由国企背景股东控股，背后实际控制人为深圳国资委。国信证券作为业内知名证券公司，具备较高的行业地位及较强的资本运作能力。

图表 2.3.2：2016 年 1 月 1 日至 2017 年 8 月 31 日，广东，天源迪科认购非银理财产品情况

认购日期	理财产品名称	产品发行方名称	理财类型	认购金额（万元）	产品起息日	产品到息日	产品期限	预计最低收益率（%）	预计最高收益率（%）
2017-05-25	保本收益凭证【金益求金 90 天 855 期】	国信证券股份有限公司	证券公司理财产品	2,600.00	2017-05-25	2017-08-23	90 天	4.45	
2017-05-24	保本收益凭证【金益求金 90 天 853 期】	国信证券股份有限公司	证券公司理财产品	1,500.00	2017-05-24	2017-08-22	90 天	4.45	
2017-05-24	保本收益凭证【金益求金 90 天 854 期】	国信证券股份有限公司	证券公司理财产品	2,500.00	2017-05-24	2017-08-22	90 天	4.45	

数据来源：Wind，恒天财富研究院

3）佳创视讯

在 2016 年 1 月 1 日至 2017 年 8 月 31 日期间，公司总共认购了 7 个非银理财产品，累计投入 1.34 亿元，公司主要认购了基金专户产品。

在佳创视讯认购的非银理财产品中，认购基金专户产品的金额最多，达到 6800 万元，这是基于该类产品收益率较高，且可以提供定制化服务的特点。

佳创视讯主要认购了北京恒天财富投资管理有限公司的基金专户产品，产品发行方的实际控制人是中植集团，第一大股东是经纬纺机，由国企背景股东控股，背后实际控制母公司为国资委。中融信托作为业内知名信托公司，具备较高的行业地位及较强的资本运作能力。

图表 2.3.3：2016 年 1 月 1 日至 2017 年 8 月 31 日，广东，佳创视讯认购非银理财产品情况

认购日期	理财产品名称	产品发行方名称	理财类型	认购金额（万元）	产品起息日	产品到息日	产品期限	预计最低收益率（%）	预计最高收益率（%）
2016-07-08	植瑞－长青 35 号投资基金	植瑞投资管理有限公司	基金专户	1,000.00	2016-07-08	2016-10-07	91 天	7.00	
2016-07-08	恒天稳利 37 号中孚投资基金一期	北京恒天财富投资管理有限公司	基金专户	3,000.00	2016-07-08	2017-01-07	183 天	7.50	
2016-06-24	恒天财富尊崇 5 号投资基金二期	北京恒天财富投资管理有限公司	基金专户	2,500.00	2016-06-24	2016-09-02	70 天	7.00	
2016-06-14	恒天财富尊崇 1 号投资基金二期	北京恒天财富投资管理有限公司	基金专户	300.00	2016-06-14	2016-08-13	60 天	6.70	
2016-06-08	中融－融雅 55 号集合资金信托计划	中融国际信托股份有限公司	信托	500.00	2016-06-09	2017-06-09	1 年	7.20	

数据来源：Wind，恒天财富研究院

4）雄帝科技

在 2016 年 1 月 1 日至 2017 年 8 月 31 日期间，公司总共认购了 2 个非银理财产品，累计投入 1 亿元，公司主要认购了证券公司理财产品。

在雄帝科技认购的非银理财产品中，认购证券公司理财产品的金额最多，达到 1 亿元，这是基于保持资金良好流动性、容易变现的特点。

雄帝科技主要认购了中信证券股份有限公司的证券公司理财产品，产品发行方无实际控制人，第一大股东为中信集团，由国企和外资背景股东控股，背后实际控制人为国资委。中信证券作为业内知名券商，具备较高的行业地位及较强的资本运作能力。

图表 2.3.4：2016 年 1 月 1 日至 2017 年 8 月 31 日，广东，雄帝科技认购非银理财产品情况

认购日期	理财产品名称	产品发行方名称	理财类型	认购金额（万元）	产品起息日	产品到息日	产品期限	预计最低收益率（%）	预计最高收益率（%）
2017-03-08	保本增益系列 13 期收益凭证	中信证券股份有限公司	证券公司理财产品	5,000.00	2017-03-09	2017-06-12	95 天	4.20	

续表

认购日期	理财产品名称	产品发行方名称	理财类型	认购金额（万元）	产品起息日	产品到息日	产品期限	预计最低收益率（%）	预计最高收益率（%）
2017-06-15	保本增益系列94期收益凭证	中信证券股份有限公司	证券公司理财产品	5,000.00	2017-06-15	2017-09-18	95天	4.50	

数据来源：Wind，恒天财富研究院

2. 电子行业（4家）

认购情况分析

在90家广东本地电子行业上市公司中，已有4家认购过非银理财产品，具体情况如下：

1）深纺织A

在2016年1月1日至2017年8月31日期间，公司总共认购了2个非银理财产品，累计投入4亿元，公司主要认购了信托产品。

在深纺织A认购的非银理财产品中，认购信托产品的金额最多，达到4亿元，这是基于其短期收益率高、刚性兑付的特点。

深纺织A主要认购了万向信托有限公司的信托产品，产品发行方的实际控制人为中国万向控股有限公司，第一大股东为万向集团，由民营背景股东控股，背后实际控制人为万向集团公司。万向信托作为国内知名信托公司，具备较高的行业地位及股东具有较强的资本运作能力。

图表2.3.5：2016年1月1日至2017年8月31日，广东，深纺织A认购非银理财产品情况

认购日期	理财产品名称	产品发行方名称	理财类型	认购金额（万元）	产品起息日	产品到息日	产品期限	预计最低收益率（%）	预计最高收益率（%）
2017-02-14	万向信托-【玉泉205号】事务管理类单一资金信托	万向信托有限公司	信托	20,000.00			18个月	7.50	
2017-02-14	万向信托-【玉泉205号】事务管理类单一资金信托	万向信托有限公司	信托	20,000.00			22个月	7.50	

数据来源：Wind，恒天财富研究院

2）贤丰控股

在2016年1月1日至2017年8月31日期间，公司总共认购了2个非银理财产品，累计投入1亿元，公司主要认购了证券公司理财产品。

在贤丰控股认购的非银理财产品中，认购证券公司理财产品的金额最多，达到1亿元，这是基于保持资金良好流动性、容易变现的特点。

贤丰控股主要认购了中信证券股份有限公司的证券公司理财产品，产品发行方无实际控制人，第一大股东为中信集团，由国企和外资背景股东控股，背后实际控制人为国资委。中信证券作为业内知名券商，具备较高的行业地位及较强的资本运作能力。

图表2.3.6：2016年1月1日至2017年8月31日，广东，贤丰控股认购非银理财产品情况

认购日期	理财产品名称	产品发行方名称	理财类型	认购金额（万元）	产品起息日	产品到息日	产品期限	预计最低收益率（%）	预计最高收益率（%）
2016-08-31	安泰回报系列145期收益凭证	中信证券股份有限公司	证券公司理财产品	5,000.00	2016-08-31	2016-11-04	65天	1.50	8.01
2016-06-28	安泰回报系列112期收益凭证	中信证券股份有限公司	证券公司理财产品	5,000.00	2016-06-28	2016-09-29	93天	1.00	6.00

数据来源：Wind，恒天财富研究院

3）可立克

在2016年1月1日至2017年8月31日期间，公司总共认购了2个非银理财产品，累计投入8000万元，公司主要认购了证券公司理财产品。

在可立克认购的非银理财产品中，认购证券公司理财产品的金额最多，达到8000万元，这是基于保持资金良好流动性、容易变现的特点。

可立克主要认购了中信证券股份有限公司的证券公司理财产品，产品发行方无实际控制人，第一大股东为中信集团，由国企和外资背景股东控股，背后实际控制人为国资委。中信证券作为业内知名券商，具备较高的行业地位及较强的资本运作能力。

图表 2.3.7：2016 年 1 月 1 日至 2017 年 8 月 31 日，广东，可立克认购非银理财产品情况

认购日期	理财产品名称	产品发行方名称	理财类型	认购金额（万元）	产品起息日	产品到息日	产品期限	预计最低收益率（%）	预计最高收益率（%）
2017-04-27	中信证券股份有限公司保本增益系列53期收益凭证	中信证券股份有限公司	证券公司理财产品	3,000.00	2017-04-27	2017-10-23	179 天	4.20	
2017-04-26	招商证券收益凭证－“磐石”317期本金保障型收益凭证	招商证券股份有限公司	证券公司理财产品	5,000.00	2017-04-26	2017-10-23	180 天	4.20	

数据来源：Wind，恒天财富研究院

4）朗科智能

在 2016 年 1 月 1 日至 2017 年 8 月 31 日期间，该公司仅认购了 1 个非银理财产品，共投入 1.4 亿元，该产品类型为信托产品。这是基于其短期收益率高、刚性兑付的特点。

朗科智能主要认购了陆家嘴国际信托有限公司的信托产品，产品发行方实际控制人上海市浦东新区市政府，第一大股东为上海陆家嘴金融发展有限公司，由国企背景股东控股，背后实际控制人为上海浦东新区市政府。陆家嘴国际信托作为业内知名信托，具备较高的行业地位及较强的资本运作能力。

图表 2.3.8：2016 年 1 月 1 日至 2017 年 8 月 31 日，广东，朗科智能认购非银理财产品情况

认购日期	理财产品名称	产品发行方名称	理财类型	认购金额（万元）	产品起息日	产品到息日	产品期限	预计最低收益率（%）	预计最高收益率（%）
2016-11-14	陆家嘴信托·招兴房地产基金集合资金信托计划－第 62 号信托单元	陆家嘴国际信托有限公司	信托	14,000.00	2016-11-14	2016-12-29	45 天	4.00	

数据来源：Wind，恒天财富研究院

3. 机械设备行业（3 家）

认购情况分析

在 37 家广东本地机械设备行业上市公司中，已有 3 家认购过非银理财产品，

具体情况如下：

1）南华仪器

在 2016 年 1 月 1 日至 2017 年 8 月 31 日期间，公司总共认购了 15 个非银理财产品，累计投入 2.4 亿元，公司主要认购了证券公司理财产品。

在南华仪器认购的非银理财产品中，认购证券公司理财产品的金额最多，达到 1.6 亿元，这是基于保持资金良好流动性、容易变现的特点。

南华仪器主要认购了中信建投证券股份有限公司的证券公司理财产品，产品发行方实际控制人上海市浦东新区市政府，第一大股东为上海陆家嘴金融发展有限公司，由国企背景股东控股，背后实际控制人为上海浦东新区市政府。陆家嘴国际信托作为业内知名信托，具备较高的行业地位及较强的资本运作能力。

图表 2.3.9：2016 年 1 月 1 日至 2017 年 8 月 31 日，广东，南华仪器认购非银理财产品情况

认购日期	理财产品名称	产品发行方名称	理财类型	认购金额（万元）	产品起息日	产品到息日	产品期限	预计最低收益率（%）	预计最高收益率（%）
2017-04-27	中信建投收益凭证“固收鑫稳享”107 号 -12 天期	中信建投证券股份有限公司	证券公司理财产品	2,000.00	2017-04-27	2017-05-09	12 天	4.50	
2017-04-27	中信建投收益凭证“固收鑫稳享”100 号 -108 天期	中信建投证券股份有限公司	证券公司理财产品	500.00	2017-04-27	2017-08-14	108 天	4.68	
2017-03-13	中信建投收益凭证“智盈宝”069 期	中信建投证券股份有限公司	证券公司理财产品	1,000.00	2017-03-13	2017-05-04	52 天	4.60	
2016-12-29	光大证券股份有限公司鼎富系列收益凭证 4 月期第 31 号	光大证券股份有限公司	证券公司理财产品	2,000.00	2016-12-29	2017-04-25	117 天	4.40	
2016-07-19	民生财富尊享 5 号投资私募基金	民生财富投资管理有限公司	基金专户	1,000.00	2016-07-19	2017-01-10	175 天	6.00	

数据来源：Wind，恒天财富研究院

2）爱司凯

在2016年1月1日至2017年8月31日期间，该公司仅认购了1个非银理财产品，共投入2000万元，该产品类型为投资公司理财产品。这是基于该类产品收益率较高且流动性好的特点。

爱司凯主要认购了浙商证券资产管理有限公司的投资公司理财产品，产品发行方实际控制人浙江省交通投资集团，第一大股东为浙江上三高速公路有限公司，由国企背景股东控股，背后实际控制人为浙江省国资委。浙商证券资产管理有限公司作为业内知名资产管理公司，具备较高的行业地位及较强的资本运作能力。

图表2.3.10：2016年1月1日至2017年8月31日，广东，爱司凯认购非银理财产品情况

认购日期	理财产品名称	产品发行方名称	理财类型	认购金额（万元）	产品起息日	产品到息日	产品期限	预计最低收益率（%）	预计最高收益率（%）
2017-03-01	浙商金惠多增利2号集合资产管理计划	浙江浙商证券资产管理有限公司	投资公司理财产品	2,000.00	2017-03-01	2017-08-28	181天	5.10	

数据来源：Wind，恒天财富研究院

3）金太阳

在2016年1月1日至2017年8月31日期间，公司总共认购了3个非银理财产品，累计投入1400万元，公司主要认购了基金专户产品。

在金太阳认购的非银理财产品中，认购基金专户产品的金额最多，达到1400万元，这是基于该类产品收益率较高，且可以提供定制化服务的特点。

金太阳主要认购了工商银行的基金专户产品，产品发行方暂无实际控制人，第一大股东为中央汇金投资有限责任公司，由国企背景股东控股，背后实际控制人为财政部。工商银行作为国内四大银行之一，具备较高的行业地位及较强的资本运作能力。

图表2.3.11：2016年1月1日至2017年8月31日，广东，金太阳认购非银理财产品情况

认购日期	理财产品名称	产品发行方名称	理财类型	认购金额（万元）	产品起息日	产品到息日	产品期限	预计最低收益率（%）	预计最高收益率（%）
2017-07-20	招商招禧宝A	招商银行	基金专户	200.00	2017-07-20				

续表

认购日期	理财产品名称	产品发行方名称	理财类型	认购金额（万元）	产品起息日	产品到息日	产品期限	预计最低收益率（%）	预计最高收益率（%）
2017-07-19	工银现金快线货币	工商银行	基金专户	200.00	2017-07-19				
2017-07-19	工银现金快线货币	工商银行	基金专户	1,000.00	2017-07-19				

数据来源：Wind，恒天财富研究院

4. 医药生物行业（3家）

认购情况分析

在36家广东本地医药生物行业上市公司中，已有3家认购过非银理财产品，具体情况如下：

1）健帆生物

在2016年1月1日至2017年8月31日期间，该公司仅认购了1个非银理财产品，共投入1亿元，该产品类型为投资公司理财产品。这是基于该类产品收益率较高且流动性好的特点。

健帆生物主要认购了广发证券的投资公司理财产品，产品发行方暂无实际控制人，第一大股东为吉林敖东药业集团股份有限公司，由民企背景股东控股，背后实际控制人为敦化市金诚实业有限责任公司。广发证券作为国内知名券商，具备较高的行业地位及较强的资本运作能力。

图表2.3.12：2016年1月1日至2017年8月31日，广东，健帆生物认购非银理财产品情况

认购日期	理财产品名称	产品发行方名称	理财类型	认购金额（万元）	产品起息日	产品到息日	产品期限	预计最低收益率（%）	预计最高收益率（%）
2017-08-24	广发多添富12号集合资产管理计划	广发证券资产管理有限公司	投资公司理财产品	10,000.00	2017-08-25	2017-10-17	53天	5.40	

数据来源：Wind，恒天财富研究院

2）凯普生物

在2016年1月1日至2017年8月31日期间，该公司仅认购了1个非银理

财产品，共投入5000万元，该产品类型为证券公司理财产品。这是基于保持资金良好流动性、容易变现的特点。

凯普生物主要认购了广发证券的投资公司理财产品，产品发行方暂无实际控制人，第一大股东为吉林敖东药业集团股份有限公司，由民企背景股东控股，背后实际控制人为敦化市金诚实业有限责任公司。广发证券作为国内知名券商，具备较高的行业地位及较强的资本运作能力。

图表2.3.13：2016年1月1日至2017年8月31日，广东，凯普生物认购非银理财产品情况

认购日期	理财产品名称	产品发行方名称	理财类型	认购金额（万元）	产品起息日	产品到息日	产品期限	预计最低收益率（%）	预计最高收益率（%）
2017-08-23	多添富4号X120天	广发证券资产管理有限公司	证券公司理财产品	5,000.00	2017-08-23	2017-12-21	120天	5.50	

数据来源：Wind，恒天财富研究院

3）海普瑞

在2016年1月1日至2017年8月31日期间，该公司仅认购了1个非银理财产品，共投入3000万元，该产品类型为基金专户产品。这是基于该类产品收益率较高，且可以提供定制化服务的特点。

海普瑞主要认购了民生加银基金的基金专户产品，产品发行方实际控制人为民生银行，第一大股东为民生银行，由国企背景股东控股，背后实际控制人为安邦人寿保险股份有限公司。民生加银基金作为国内知名基金公司，具备较高的行业地位及较强的资本运作能力。

图表2.3.14：2016年1月1日至2017年8月31日，广东，海普瑞认购非银理财产品情况

认购日期	理财产品名称	产品发行方名称	理财类型	认购金额（万元）	产品起息日	产品到息日	产品期限	预计最低收益率（%）	预计最高收益率（%）
2017-01-24	民生加银海普瑞尚易加1号资产管理计划	民生加银基金管理有限公司	基金专户	30,000.00	2017-01-24	2017-04-24	3个月	4.50	

数据来源：Wind，恒天财富研究院

5. 通信行业（2 家）

认购情况分析

在 27 家广东本地通信行业上市公司中，已有 2 家认购过非银理财产品，具体情况如下：

1）通宇通讯

在 2016 年 1 月 1 日至 2017 年 8 月 31 日期间，该公司仅认购了 1 个非银理财产品，共投入 1 亿元，该产品类型为证券公司理财产品。这是基于保持资金良好流动性、容易变现的特点。

通宇通讯主要认购了国信证券的证券公司理财产品，产品发行方的实际控制人为深圳国资委，第一大股东为深圳投资控股有限公司，由国企背景股东控股，背后实际控制人为深圳国资委。国信证券作为业内知名证券公司，具备较高的行业地位及较强的资本运作能力。

图表 2.3.15：2016 年 1 月 1 日至 2017 年 8 月 31 日，广东，通宇通讯认购非银理财产品情况

认购日期	理财产品名称	产品发行方名称	理财类型	认购金额（万元）	产品起息日	产品到息日	产品期限	预计最低收益率（%）	预计最高收益率（%）
2017-01-17	国信证券股份有限公司保本收益凭证	国信证券股份有限公司	证券公司理财产品	10,000.00	2017-01-17	2017-04-17	90 天	3.80	

数据来源：Wind，恒天财富研究院

2）共进股份

在 2016 年 1 月 1 日至 2017 年 8 月 31 日期间，该公司仅认购了 1 个非银理财产品，共投入 4500 万元，该产品类型为基金专户产品。这是基于该类产品收益率较高，且可以提供定制化服务的特点。

共进股份主要认购财通基金的基金专户产品，产品发行方的实际控制人为财通证券，第一大股东为财通证券，由国企背景股东控股，背后实际控制人为浙江财政厅。财通基金作为业内知名基金公司，具备较高的行业地位及较强的资本运作能力。

图表 2.3.16：2016 年 1 月 1 日至 2017 年 8 月 31 日，广东，共进股份认购非银理财产品情况

认购日期	理财产品名称	产品发行方名称	理财类型	认购金额（万元）	产品起息日	产品到息日	产品期限	预计最低收益率（%）	预计最高收益率（%）
2017-08-23	财通玉皇稳健 3 号	财通基金管理有限公司	基金专户	4,500.00	2017-08-24	2017-11-24	92 天	5.30	

数据来源：Wind，恒天财富研究院

6. 电气设备行业（1 家）

认购情况分析

在 24 家广东本地电气设备行业上市公司中，已有 1 家认购过非银理财产品，具体情况如下：

1）凯中精密

在 2016 年 1 月 1 日至 2017 年 8 月 31 日期间，公司总共认购了 6 个非银理财产品，累计投入 2.9 亿元，公司主要认购了证券公司理财产品。

在凯中精密认购的非银理财产品中，认购证券公司理财产品的金额最多，达到 2.9 亿元，这是基于保持资金良好流动性、容易变现的特点。

凯中精密主要认购了中银国际证券的证券公司理财产品，产品发行方实际控制人为国资委，第一大股东为中银国际控股有限公司，由国企背景股东控股，背后实际控制母公司为国资委。中银国际证券作为业内知名券商，具备较高的行业地位及较强的资本运作能力。

图表 2.3.17：2016 年 1 月 1 日至 2017 年 8 月 31 日，广东，凯中精密认购非银理财产品情况

认购日期	理财产品名称	产品发行方名称	理财类型	认购金额（万元）	产品起息日	产品到息日	产品期限	预计最低收益率（%）	预计最高收益率（%）
2017-03-20	中银证券锦鲤—收益宝 B19 号	中银国际证券有限责任公司	证券公司理财产品	8,000.00	2017-03-22	2017-04-18	27 天	4.30	
2017-08-16	国泰君安证券君柜宝一号 2017 年第 134 期收益凭证	国泰君安证券股份有限公司	证券公司理财产品	4,000.00	2017-08-17	2017-10-16	61 天	4.50	

续表

认购日期	理财产品名称	产品发行方名称	理财类型	认购金额（万元）	产品起息日	产品到息日	产品期限	预计最低收益率（%）	预计最高收益率（%）
2017-08-15	中银证券锦鲤—收益宝 B71 号	中银国际证券有限责任公司	证券公司理财产品	1,000.00	2017-08-17	2017-11-15	90 天	4.40	
2017-07-10	中银证券锦鲤—收益宝 B46 号	中银国际证券有限责任公司	证券公司理财产品	5,000.00	2017-07-12	2017-08-08	28 天	4.80	
2017-06-06	中银证券锦鲤—收益宝 B29 号	中银国际证券有限责任公司	证券公司理财产品	6,000.00	2017-06-08	2017-07-05	27 天	4.50	
2017-05-02	中银证券锦鲤—收益宝 B25 号	中银国际证券有限责任公司	证券公司理财产品	5,000.00	2017-05-04	2017-05-31	28 天	4.30	

数据来源：Wind，恒天财富研究院

7. 纺织服装行业（1 家）

认购情况分析

在 13 家广东本地纺织服装行业上市公司中，已有 1 家认购过非银理财产品，具体情况如下：

1）富安娜

在 2016 年 1 月 1 日至 2017 年 8 月 31 日期间，公司总共认购了 7 个非银理财产品，累计投入 4.8 亿元，公司主要认购了证券公司理财产品。

在富安娜认购的非银理财产品中，认购证券公司理财产品的金额最多，达到 4.8 亿元，这是基于保持资金良好流动性、容易变现的特点。

富安娜主要认购了广发证券的证券公司理财产品，产品发行方暂无实际控制人，第一大股东为吉林敖东药业集团股份有限公司，由民企背景股东控股，背后实际控制人为敦化市金诚实业有限责任公司。广发证券作为国内知名券商，具备较高的行业地位及较强的资本运作能力。

图表 2.3.18：2016 年 1 月 1 日至 2017 年 8 月 31 日，广东，富安娜认购非银理财产品情况

认购日期	理财产品名称	产品发行方名称	理财类型	认购金额（万元）	产品起息日	产品到息日	产品期限	预计最低收益率（%）	预计最高收益率（%）
2017-03-14	广发多添富 12 号集合资产管理计划	广发证券资产管理（广东）有限公司	证券公司理财产品	8,000.00	2017-03-14	2018-03-13	364 天	5.15	
2017-01-11	广发多添富 12 号集合资产管理计划	广发证券资产管理（广东）有限公司	证券公司理财产品	10,000.00	2017-01-11	2017-04-10	89 天	4.60	
2016-11-24	广发多添富 11 号集合资产管理计划	广发证券资产管理（广东）有限公司	证券公司理财产品	5,000.00	2016-11-24	2017-11-20	361 天	4.50	
2016-11-23	中信证券信盈分级 A9 专项资产管理计划	中信证券股份有限公司	证券公司理财产品	5,000.00	2016-11-23	2017-02-21	90 天	4.10	
2016-11-08	广发多添富 12 号集合资产管理计划	广发证券资产管理（广东）有限公司	证券公司理财产品	5,000.00	2016-11-08	2017-05-09	182 天	4.25	

数据来源：Wind，恒天财富研究院

8. 非银金融行业（1 家）

认购情况分析

在 9 家广东本地非银金融行业上市公司中，已有 1 家认购过非银理财产品，具体情况如下：

1）越秀金控

在 2016 年 1 月 1 日至 2017 年 8 月 31 日期间，公司总共认购了 22 个非银理财产品，累计投入 21.49 亿元，公司主要认购了证券公司理财产品。

在越秀金控认购的非银理财产品中，认购证券公司理财产品的金额最多，达到 21.49 亿元，这是基于保持资金良好流动性、容易变现的特点。

越秀金控主要认购了中信证券的证券公司理财产品，这家产品发行方无实际控制人，第一大股东为中信集团，由国企和外资背景股东控股，背后实际控制母公司为国资委。中信证券作为业内知名券商，具备较高的行业地位及较强的资本

运作能力。

图表 2.3.19：2016 年 1 月 1 日至 2017 年 8 月 31 日，广东，越秀金控认购非银理财产品情况

认购日期	理财产品名称	产品发行方名称	理财类型	认购金额（万元）	产品起息日	产品到息日	产品期限	预计最低收益率（%）	预计最高收益率（%）
2017-01-20	第一创业证券理财产品	第一创业证券股份有限公司	证券公司理财产品	3,442.00	2017-01-20	2017-04-17	87 天		
2017-01-17	中信证券理财产品	中信证券股份有限公司	证券公司理财产品	15,000.00	2017-01-17	2017-10-14	270 天		
2016-12-29	广发证券理财产品	广发证券股份有限公司	证券公司理财产品	30,000.00	2016-12-29	2017-12-27	363 天		
2016-12-19	中信证券理财产品	中信证券股份有限公司	证券公司理财产品	5,112.00	2016-12-19	2017-11-19	335 天		
2016-12-19	中信证券理财产品	中信证券股份有限公司	证券公司理财产品	10,238.00	2016-12-19	2018-12-31	742 天		

数据来源：Wind，恒天财富研究院

9. 化工行业（1 家）

认购情况分析

在 28 家广东本地化工行业上市公司中，已有 1 家认购过非银理财产品，具体情况如下：

1）达志科技

在 2016 年 1 月 1 日至 2017 年 8 月 31 日期间，公司总共认购了 8 个非银理财产品，累计投入 3.55 亿元，公司主要认购了证券公司理财产品。

在达志科技认购的非银理财产品中，认购证券公司理财产品的金额最多，达到 3.55 亿元，这是基于保持资金良好流动性、容易变现的特点。

达志科技主要认购了广发证券的证券公司理财产品，产品发行方暂无实际控制人，第一大股东为吉林敖东药业集团股份有限公司，由民企背景股东控股，背后实际控制人为敦化市金诚实业有限责任公司。广发证券作为国内知名券商，具备较高的行业地位及较强的资本运作能力。

图表 2.3.20：2016 年 1 月 1 日至 2017 年 8 月 31 日，广东，达志科技认购非银理财产品情况

认购日期	理财产品名称	产品发行方名称	理财类型	认购金额（万元）	产品起息日	产品到息日	产品期限	预计最低收益率（%）	预计最高收益率（%）
2017-04-17	广发证券收益凭证—"收益宝"1号	广发证券股份有限公司	证券公司理财产品	5,000.00	2017-04-17	2017-06-28	72 天	3.90	
2017-04-07	广发证券收益凭证—"收益宝"1号	广发证券股份有限公司	证券公司理财产品	5,000.00	2017-04-07	2017-06-28	82 天	4.00	
2017-03-30	广发证券收益凭证—"收益宝"1号	广发证券股份有限公司	证券公司理财产品	3,500.00	2017-03-30	2017-06-28	90 天	4.10	
2017-01-03	广发证券收益凭证—"收益宝"1号	广发证券股份有限公司	证券公司理财产品	5,000.00	2017-01-03	2017-04-05	92 天	3.80	
2016-12-29	广发证券收益凭证—"收益宝"1号	广发证券股份有限公司	证券公司理财产品	3,500.00	2016-12-29	2017-03-29	90 天	3.80	

数据来源：Wind，恒天财富研究院

10. 家用电器行业（1 家）

认购情况分析

在 28 家广东本地家用电器行业上市公司中，已有 1 家认购过非银理财产品，具体情况如下：

1）兆驰股份

在 2016 年 1 月 1 日至 2017 年 8 月 31 日期间，公司总共认购了 53 个非银理财产品，累计投入 31.09 亿元，公司主要认购了信托产品。

在兆驰股份认购的非银理财产品中，认购信托产品的金额最多，达到 31.09 亿元，这是基于其短期收益率高、刚性兑付的特点。

兆驰股份主要认购了中建投信托的信托产品，产品发行方实际控制人中国投资有限责任公司，第一大股东为中国投资有限责任公司，由国企背景股东控股，背后实际控制人为国资委。中建投信托作为国内知名信托公司，具备较高的行业地位及较强的资本运作能力。

图表 2.3.21：2016 年 1 月 1 日至 2017 年 8 月 31 日，广东，兆驰股份认购非银理财产品情况

认购日期	理财产品名称	产品发行方名称	理财类型	认购金额（万元）	产品起息日	产品到息日	产品期限	预计最低收益率（%）	预计最高收益率（%）
2017-03-07	五矿信托－中铁琥珀湾特定资产收益权投资集合资金信托计划	五矿国际信托有限公司	信托	10,000.00	2017-03-07	2017-12-07	275 天	5.80	
2017-01-23	外贸信托·五行汇金小微基金集合资金信托计划四期	中国对外经济贸易信托有限公司	信托	5,000.00	2017-01-25	2018-06-07	498 天	6.60	
2017-01-22	中建投信托·安泉 82 号（远洋基金 2 号）集合资金信托计划	中建投信托有限责任公司	信托	10,000.00	2017-01-22	2017-09-27	248 天		
2017-01-18	平安财富＊宏泰八十九号集合资金信托计划	平安信托有限责任公司	信托	14,000.00	2017-01-19	2018-01-19	365 天	5.80	
2017-01-13	中建投信托·安泉 82 号（远洋基金 2 号）集合资金信托计划	中建投信托有限责任公司	信托	8,340.00	2017-01-13	2017-09-27	257 天	6.20	

数据来源：Wind，恒天财富研究院

11. 交通运输行业（1 家）

认购情况分析

在 22 家广东本地交通运输行业上市公司中，已有 1 家认购过非银理财产品，具体情况如下：

1）同益股份

在 2016 年 1 月 1 日至 2017 年 8 月 31 日期间，公司总共认购了 3 个非银理财产品，累计投入 7100 万元，公司主要认购了证券公司理财产品。

在同益股份认购的非银理财产品中，认购证券公司理财产品的金额最多，达到 7100 万元，这是基于保持资金良好流动性、容易变现的特点。

同益股份主要认购了中银国际证券的证券公司理财产品，产品发行方实际控

制人为国资委，第一大股东为中银国际控股有限公司，由国企背景股东控股，背后实际控制母公司为国资委。中银国际证券作为业内知名券商，具备较高的行业地位及较强的资本运作能力。

图表 2.3.22：2016 年 1 月 1 日至 2017 年 8 月 31 日，广东，同益股份认购非银理财产品情况

认购日期	理财产品名称	产品发行方名称	理财类型	认购金额（万元）	产品起息日	产品到息日	产品期限	预计最低收益率（%）	预计最高收益率（%）
2017-06-21	中银证券锦鲤—收益宝 B36 号	中银国际证券有限责任公司	证券公司理财产品	4,000.00	2017-06-21	2017-07-18	27 天	4.68	
2017-06-16	中银证券锦鲤—收益宝 B35 号	中银国际证券有限责任公司	证券公司理财产品	1,600.00	2017-06-16	2017-07-17	31 天	4.68	
2017-06-15	中信证券股份有限公司保本增益系列 91 期收益凭证（本金保障型固定收益凭证）	中信证券股份有限公司	证券公司理财产品	1,500.00	2017-06-15	2017-07-17	32 天	4.45	

数据来源：Wind，恒天财富研究院

12. 农林牧渔行业（1 家）

认购情况分析

在 9 家广东本地农林牧渔行业上市公司中，已有 1 家认购过非银理财产品，具体情况如下：

1）温氏股份

在 2016 年 1 月 1 日至 2017 年 8 月 31 日期间，该公司仅认购了 1 个非银理财产品，共投入 3000 万元，该产品类型为信托产品。这是基于其短期收益率高、刚性兑付的特点。

温氏股份主要认购了爱建信托的信托产品，产品发行方实际控制人为爱建集团，第一大股东为爱建集团，由民企背景股东控股，背后实际控制母公司为均瑶集团。爱建信托作为业内知名信托公司，具备较高的行业地位及较强的资本运作能力。

图表 2.3.23：2016 年 1 月 1 日至 2017 年 8 月 31 日，广东，温氏股份认购非银理财产品情况

认购日期	理财产品名称	产品发行方名称	理财类型	认购金额（万元）	产品起息日	产品到息日	产品期限	预计最低收益率（%）	预计最高收益率（%）
2017-07-13	爱建·现金汇裕（0001 号）集合资金信托计划	上海爱建信托有限责任公司	信托	3,000.00	2017-07-13			4.50	

数据来源：Wind，恒天财富研究院

13. 轻工制造行业（1 家）

认购情况分析

在 36 家广东本地轻工制造行业上市公司中，已有 1 家认购过非银理财产品，具体情况如下：

1）松发股份

在 2016 年 1 月 1 日至 2017 年 8 月 31 日期间，公司总共认购了 7 个非银理财产品，累计投入 1.2 亿元，公司主要认购了证券公司理财产品。

在松发股份认购的非银理财产品中，认购证券公司理财产品的金额最多，达到 1.2 亿元，这是基于保持资金良好流动性、容易变现的特点。

松发股份主要认购了广发证券的证券公司理财产品，产品发行方暂无实际控制人，第一大股东为吉林敖东药业集团股份有限公司，由民企背景股东控股，背后实际控制人为敦化市金诚实业有限责任公司。广发证券作为国内知名券商，具备较高的行业地位及较强的资本运作能力。

图表 2.3.24：2016 年 1 月 1 日至 2017 年 8 月 31 日，广东，松发股份认购非银理财产品情况

认购日期	理财产品名称	产品发行方名称	理财类型	认购金额（万元）	产品起息日	产品到息日	产品期限	预计最低收益率（%）	预计最高收益率（%）
2017-01-05	“收益宝”1 号	广发证券股份有限公司	证券公司理财产品	1,000.00	2017-01-05	2017-02-07	33 天	3.40	
2017-01-05	“收益宝”1 号	广发证券股份有限公司	证券公司理财产品	2,000.00	2017-01-05	2017-02-07	33 天	3.40	
2017-01-05	“收益宝”1 号	广发证券股份有限公司	证券公司理财产品	2,000.00	2017-01-05	2017-04-06	91 天	3.80	

续表

认购日期	理财产品名称	产品发行方名称	理财类型	认购金额（万元）	产品起息日	产品到息日	产品期限	预计最低收益率（%）	预计最高收益率（%）
2016-06-15	“收益宝 1 号”	广发证券股份有限公司	证券公司理财产品	4,000.00	2016-06-15	2016-12-13	181 天	3.25	
2016-04-21	“收益宝 1 号”	广发证券股份有限公司	证券公司理财产品	1,000.00	2016-04-21	2016-12-28	252 天	3.50	

数据来源：Wind，恒天财富研究院

14. 有色金属行业（1 家）

认购情况分析

在 11 家广东本地有色金属行业上市公司中，已有 1 家认购过非银理财产品，具体情况如下：

1）沃尔核材

在 2016 年 1 月 1 日至 2017 年 8 月 31 日期间，公司总共认购了 2 个非银理财产品，累计投入 1300 万元，公司主要认购了信托产品。

在沃尔核材认购的非银理财产品中，认购信托产品的金额最多，达到 1300 万元，这是基于其短期收益率高、刚性兑付的特点。

沃尔核材主要认购了中国对外经济贸易信托有限公司的信托理财产品，这家产品发行方是中化集团旗下从事信托业务的子公司，第一大股东为中化集团，由国企背景股东控股，背后实际控制母公司为国资委。中国对外经济贸易信托有限公司作为业内知名的信托公司，具备较高的行业地位及较强的资本运作能力。

图表 2.3.25：2016 年 1 月 1 日至 2017 年 8 月 31 日，广东，沃尔核材认购非银理财产品情况

认购日期	理财产品名称	产品发行方名称	理财类型	认购金额（万元）	产品起息日	产品到息日	产品期限	预计最低收益率（%）	预计最高收益率（%）
2016-12-26	外贸信托·万博稳健 2 期证券投资集合资金信托	中国对外经济贸易信托有限公司	信托	100.00					
2016-12-26	外贸信托·万博稳健 2 期证券投资集合资金信托	中国对外经济贸易信托有限公司	信托	1,200.00					

数据来源：Wind，恒天财富研究院

（四）北京市（13 家）

北京市共有 301 家本地上市公司，其中 13 家在已经披露的公告中曾经或已经认购过非银理财产品，占比约为 4.32%。就 13 家认购过非银理财产品的北京上市公司的行业分布来看，计算机行业所拥有的认购非银理财产品的上市公司最多，有 6 家认购过，约占北京本地总上市公司数的 2%。

1. 计算机行业（6 家）

认购情况分析

在 61 家北京本地计算机行业上市公司中，已有 6 家认购过非银理财产品，具体情况如下：

1）汉王科技

在 2016 年 1 月 1 日至 2017 年 8 月 31 日期间，公司总共认购了 10 个非银理财产品，累计投入 4.1 亿元，公司主要认购了证券公司理财产品。

在汉王科技认购的非银理财产品中，认购证券公司理财产品的金额最多，达到 4.1 亿元，这是基于保持资金良好流动性、容易变现的特点。

汉王科技主要认购了长江证券公司的证券公司理财产品，这家产品发行方无实际控制人，第一大股东为新理益集团有限公司，由自然人背景股东控股，背后实际控制母公司为新理益集团有限公司。长江证券作为业内知名证券公司，具备较高的行业地位及较强的资本运作能力。

图表 2.4.1：2016 年 1 月 1 日至 2017 年 8 月 31 日，北京，汉王科技认购非银理财产品情况

认购日期	理财产品名称	产品发行方名称	理财类型	认购金额（万元）	产品起息日	产品到息日	产品期限	预计最低收益率（%）	预计最高收益率（%）
2017-04-28	长江证券收益凭证长江宝 403 号	长江证券股份有限公司	证券公司理财产品	18,800.00	2017-04-28	2017-10-26	181 天	4.75	
2017-03-24	长江证券收益凭证长江宝 378 号	长江证券股份有限公司	证券公司理财产品	2,500.00	2017-03-24	2017-09-20	180 天	4.50	
2017-03-31	长江证券收益凭证长江宝 387 号	长江证券股份有限公司	证券公司理财产品	4,850.00	2017-03-31	2017-06-30	90 天	4.40	
2017-07-07	银河证券银河金山 1303 期	银河证券股份有限公司	证券公司理财产品	4,900.00	2017-07-07	2017-11-08	125 天	4.75	

续表

认购日期	理财产品名称	产品发行方名称	理财类型	认购金额（万元）	产品起息日	产品到息日	产品期限	预计最低收益率（%）	预计最高收益率（%）
2017-06-23	中航证券安心投180天69号收益凭证	中航证券股份有限公司	证券公司理财产品	800.00	2017-06-23	2017-12-19	180天	4.90	

数据来源：Wind，恒天财富研究院

2）飞天诚信

在2016年1月1日至2017年8月31日期间，公司总共认购了3个非银理财产品，累计投入2亿元，公司主要认购了证券公司理财产品。

在飞天诚信认购的非银理财产品中，认购证券公司理财产品的金额最多，达到2亿元，这是基于保持资金良好流动性、容易变现的特点。

飞天诚信主要认购了国信证券的证券公司理财产品，产品发行方的实际控制人为深圳国资委，第一大股东为深圳投资控股有限公司，由国企背景股东控股，背后实际控制人为深圳国资委。国信证券作为业内知名证券公司，具备较高的行业地位及较强的资本运作能力。

图表2.4.2：2016年1月1日至2017年8月31日，北京，飞天诚信认购非银理财产品情况

认购日期	理财产品名称	产品发行方名称	理财类型	认购金额（万元）	产品起息日	产品到息日	产品期限	预计最低收益率（%）	预计最高收益率（%）
2017-01-20	金益求金32天544期	国信证券股份有限公司	证券公司理财产品	10,000.00	2017-01-20	2017-02-21	32天	4.60	
2017-01-10	金益求金90天529期	国信证券股份有限公司	证券公司理财产品	5,000.00	2017-01-10	2017-04-10	90天	4.50	
2016-12-21	金益求金90天499期	国信证券股份有限公司	证券公司理财产品	5,000.00	2016-12-21	2017-03-21	90天	4.50	

数据来源：Wind，恒天财富研究院

3）中科创达

在2016年1月1日至2017年8月31日期间，公司总共认购了3个非银理

财产品，累计投入2亿元，公司主要认购了证券公司理财产品。

在中科创达认购的非银理财产品中，认购证券公司理财产品的金额最多，达到2亿元，这是基于保持资金良好流动性、容易变现的特点。

中科创达主要认购了中国国际金融股份有限公司的证券公司理财产品，产品发行方第一大股东为中央汇金投资有限责任公司，由国企背景股东控股。中国国际金融股份有限公司作为业内知名证券公司，具备较高的行业地位及较强的资本运作能力。

图表 2.4.3：2016 年 1 月 1 日至 2017 年 8 月 31 日，北京，中科创达认购非银理财产品情况

认购日期	理财产品名称	产品发行方名称	理财类型	认购金额（万元）	产品起息日	产品到息日	产品期限	预计最低收益率（%）	预计最高收益率（%）
2016-06-16	中金商品 A10 期挂钩豆粕收益凭证	中国国际金融股份有限公司	证券公司理财产品	6,000.00	2016-06-16	2016-09-15	91 天		
2016-06-16	中金商品 A6 期挂钩黄金收益凭证	中国国际金融股份有限公司	证券公司理财产品	8,000.00	2016-06-16	2016-09-15	91 天		
2016-06-16	中金商品 A9 期挂钩豆粕收益凭证	中国国际金融股份有限公司	证券公司理财产品	6,000.00	2016-06-16	2016-09-15	91 天		

数据来源：Wind、恒天财富研究院

4）东方网力

在 2016 年 1 月 1 日至 2017 年 8 月 31 日期间，公司总共认购了 2 个非银理财产品，累计投入 1.8 亿元，公司主要认购了信托产品。

在东方网力认购的非银理财产品中，认购信托产品的金额最多，达到 1.8 亿元，这是基于其短期收益率高、刚性兑付的特点。

东方网力主要认购了中粮信托有限责任公司的信托产品，产品发行方的实际控制人为中粮集团，第一大股东为中粮集团，由国企背景股东控股，背后实际控制人为国资委。中粮信托有限责任公司作为业内知名信托公司，具备较高的行业地位及较强的资本运作能力。

图表 2.4.4：2016 年 1 月 1 日至 2017 年 8 月 31 日，北京，东方网力认购非银理财产品情况

认购日期	理财产品名称	产品发行方名称	理财类型	认购金额（万元）	产品起息日	产品到息日	产品期限	预计最低收益率（%）	预计最高收益率（%）
2017-04-18	中粮信托·睿元单一资金信托	中粮信托有限责任公司	信托	13,000.00				7.20	
2017-07-19	中粮信托·睿元单一资金信第4期	中粮信托有限责任公司	信托	5,000.00				7.20	

数据来源：Wind，恒天财富研究院

5）京天利

在 2016 年 1 月 1 日至 2017 年 8 月 31 日期间，该公司仅认购了 1 个非银理财产品，共投入 3000 万元，该产品类型为信托产品。这是基于其短期收益率高、刚性兑付的特点。

京天利主要认购了中融国际信托公司的信托产品，这家产品发行方的实际控制人是中植集团，第一大股东是经纬纺机，由国企背景股东控股，背后实际控制母公司为国资委。中融信托作为业内知名信托公司，具备较高的行业地位及较强的资本运作能力。

图表 2.4.5：2016 年 1 月 1 日至 2017 年 8 月 31 日，北京，京天利认购非银理财产品情况

认购日期	理财产品名称	产品发行方名称	理财类型	认购金额（万元）	产品起息日	产品到息日	产品期限	预计最低收益率（%）	预计最高收益率（%）
2017-05-03	中融－汇聚金1号货币基金集合资金信托计划	中融国际信托有限公司	信托	3,000.00	2017-05-03			6.00	

数据来源：Wind，恒天财富研究院

6）海量数据

在 2016 年 1 月 1 日至 2017 年 8 月 31 日期间，该公司仅认购了 1 个非银理财产品，共投入 3000 万元，该产品类型为证券公司理财产品。这是基于保持资金良好流动性、容易变现的特点。

海量数据主要认购了中信证券的证券公司理财产品，这家产品发行方无实际控制人，第一大股东为中信集团，由国企和外资背景股东控股，背后实际控制母

公司为国资委。中信证券作为业内知名券商，具备较高的行业地位及较强的资本运作能力。

图表 2.4.6：2016 年 1 月 1 日至 2017 年 8 月 31 日，北京，海量数据认购非银理财产品情况

认购日期	理财产品名称	产品发行方名称	理财类型	认购金额（万元）	产品起息日	产品到息日	产品期限	预计最低收益率（%）	预计最高收益率（%）
2017-04-20	保本增益系列49 期收益凭证（本金保障型固定收益凭证）	中信证券股份有限公司	证券公司理财产品	3,000.00	2017-04-20	2017-10-16	179 天	4.20	

数据来源：Wind，恒天财富研究院

2. 机械设备行业（1 家）

认购情况分析

在 12 家北京本地机械设备行业上市公司中，已有 1 家认购过非银理财产品，具体情况如下：

1）神州高铁

在 2016 年 1 月 1 日至 2017 年 8 月 31 日期间，公司总共认购了 1 个非银理财产品，累计投入 1000 万元，公司主要认购了证券公司理财产品。

在神州高铁认购的非银理财产品中，认购证券公司理财产品的金额最多，达到 1000 万元，这是基于保持资金良好流动性、容易变现的特点。

神州高铁主要认购了中国银河证券公司的证券公司理财产品，这家产品发行方的实际控制人是国务院国有资产监督管理委员会，第一大股东为中国银河金融控股有限责任公司，由国企背景股东控股，背后实际控制母公司为国资委。中国银河证券作为业内知名券商，具备较高的行业地位及较强的资本运作能力。

图表 2.4.7：2016 年 1 月 1 日至 2017 年 8 月 31 日，北京，神州高铁认购非银理财产品情况

认购日期	理财产品名称	产品发行方名称	理财类型	认购金额（万元）	产品起息日	产品到息日	产品期限	预计最低收益率（%）	预计最高收益率（%）
2016-07-19	中国银河证券股份有限公司资产管理计划银行理财产品	中国银河证券股份有限公司	证券公司理财产品	1,000.00	2016-07-19			2.80	

数据来源：Wind，恒天财富研究院

3. 医药生物行业（1家）

认购情况分析

在16家北京本地医药生物行业上市公司中，已有1家认购过非银理财产品，具体情况如下：

1）舒泰神

在2016年1月1日至2017年8月31日期间，公司总共认购了8个非银理财产品，累计投入2.95亿元，公司主要认购了信托产品。

在舒泰神认购的非银理财产品中，认购信托产品的金额最多，达到2.8亿元，这是基于其短期收益率高、刚性兑付的特点。

舒泰神主要认购了中融国际信托公司的信托产品，产品发行方的实际控制人是中植集团，第一大股东是经纬纺机，由国企背景股东控股，背后实际控制母公司为国资委。中融信托作为业内知名信托公司，具备较高的行业地位及较强的资本运作能力。

图表2.4.8：2016年1月1日至2017年8月31日，北京，舒泰神认购非银理财产品情况

认购日期	理财产品名称	产品发行方名称	理财类型	认购金额（万元）	产品起息日	产品到息日	产品期限	预计最低收益率（%）	预计最高收益率（%）
2017-07-21	中融－融固21号信托贷款集合资金信托计划	中融国际信托有限公司	信托	3,000.00	2017-07-21	2018-07-20	364天	7.20	
2017-07-07	植瑞－长青30号投资基金	植瑞投资资产管理有限公司	基金专户	1,500.00	2017-07-07	2018-07-06	364天	8.00	
2017-06-02	中融－助金163号集合资金信托计划	中融国际信托有限公司	信托	6,000.00	2017-06-02	2018-06-01	364天	7.00	
2017-05-26	中融－助金163号集合资金信托计划	中融国际信托有限公司	信托	1,000.00	2017-05-26	2018-05-25	364天	7.00	

数据来源：Wind，恒天财富研究院

4. 轻工制造行业（1家）

认购情况分析

在4家北京本地轻工制造行业上市公司中，已有1家认购过非银理财产品，具体情况如下：

1）曲美家居

在2016年1月1日至2017年8月31日期间，公司总共认购了3个非银理财产品，累计投入1.4亿元，公司主要认购了投资公司理财产品。

在曲美家居认购的非银理财产品中，认购投资公司理财产品的金额最多，达到1.4亿元，这是基于该类产品收益率较高且流动性好的特点。

曲美家居主要认购了中信建投基金的投资公司理财产品，产品发行方实际控制人上海市浦东新区市政府，第一大股东为上海陆家嘴金融发展有限公司，由国企背景股东控股，背后实际控制人为上海浦东新区市政府。陆家嘴国际信托作为业内知名信托，具备较高的行业地位及较强的资本运作能力。

图表2.4.9：2016年1月1日至2017年8月31日，北京，曲美家居认购非银理财产品情况

认购日期	理财产品名称	产品发行方名称	理财类型	认购金额（万元）	产品起息日	产品到息日	产品期限	预计最低收益率（%）	预计最高收益率（%）
2016-09-05	中信建投基金－稳富8号资产管理计划	中信建投基金管理有限公司	投资公司理财产品	4,000.00				4.10	
2016-08-15	中信建投基金－稳富7号资产管理计划	中信建投基金管理有限公司	投资公司理财产品	5,000.00				4.10	
2016-07-18	财富宝91天理财3号专项资产管理计划	招商财富资产管理有限公司	投资公司理财产品	5,000.00			91天		

数据来源：Wind，恒天财富研究院

5. 采掘行业（1家）

认购情况分析

在10家北京本地采掘行业上市公司中，已有1家认购过非银理财产品，具

体情况如下：

1）潜能恒信

在2016年1月1日至2017年8月31日期间，公司总共认购了3个非银理财产品，累计投入1.6亿元，公司主要认购了证券公司理财产品。

在潜能恒信认购的非银理财产品中，认购证券公司理财产品的金额最多，达到1.6亿元，这是基于保持资金良好流动性、容易变现的特点。

潜能恒信主要认购了国泰君安证券公司的证券公司理财产品，这家产品发行方的实际控制人是上海国际集团有限公司，第一大股东为上海国有资产经营有限公司，由国企背景股东控股，背后实际控制母公司为国资委。国泰君安证券作为业内知名券商，具备较高的行业地位及较强的资本运作能力。

图表 2.4.10：2016年1月1日至2017年8月31日，北京，潜能恒信认购非银理财产品情况

认购日期	理财产品名称	产品发行方名称	理财类型	认购金额（万元）	产品起息日	产品到息日	产品期限	预计最低收益率（%）	预计最高收益率（%）
2017-08-30	"银河金山"收益凭证1488期	中国银河证券股份有限公司	证券公司理财产品	1,000.00	2017-08-31	2018-02-26	179天	4.70	
2017-07-19	中泰证券收益凭证"易盈宝"6月期34号	中泰证券股份有限公司	证券公司理财产品	7,000.00	2017-07-19	2017-12-25	159天	4.60	
2017-07-05	国泰君安证券睿博系列尧睿一百五十四号收益凭证	国泰君安证券股份有限公司	证券公司理财产品	8,000.00	2017-07-06	2017-12-21	168天	4.55	

数据来源：Wind，恒天财富研究院

6. 传媒行业（1家）

认购情况分析

在25家北京本地传媒行业上市公司中，已有1家认购过非银理财产品，具体情况如下：

1）蓝色光标

在2016年1月1日至2017年8月31日期间，公司总共认购了1个非银理

财产品，累计投入 1 亿元，公司主要认购了证券公司理财产品。

在蓝色光标认购的非银理财产品中，认购证券公司理财产品的金额最多，达到 1 亿元，这是基于保持资金良好流动性、容易变现的特点。

蓝色光标主要认购了中国国际金融股份有限公司的证券公司理财产品，产品发行方第一大股东为中央汇金投资有限责任公司，由国企背景股东控股。中国国际金融股份有限公司作为业内知名证券公司，具备较高的行业地位及较强的资本运作能力。

图表 2.4.11：2016 年 1 月 1 日至 2017 年 8 月 31 日，北京，蓝色光标认购非银理财产品情况

认购日期	理财产品名称	产品发行方名称	理财类型	认购金额（万元）	产品起息日	产品到息日	产品期限	预计最低收益率（%）	预计最高收益率（%）
2016-11-24	中金公司财富资金系列 18 期收益凭证	中国国际金融股份有限公司	证券公司理财产品	10,000.00	2016-11-24	2017-02-23	91 天	3.50	

数据来源：Wind，恒天财富研究院

7. 商业贸易行业（1 家）

认购情况分析

在 8 家北京本地商业贸易行业上市公司中，已有 1 家认购过非银理财产品，具体情况如下：

1）*翠微股份*

在 2016 年 1 月 1 日至 2017 年 8 月 31 日期间，公司总共认购了 5 个非银理财产品，累计投入 1.55 亿元，公司主要认购了证券公司理财产品。

在翠微股份认购的非银理财产品中，认购证券公司理财产品的金额最多，达到 1 亿元，这是基于保持资金良好流动性、容易变现的特点。

翠微股份主要认购了中信建投证券股份有限公司的证券公司理财产品，产品发行方无实际控制人，第一大股东为北京国有资本经营管理中心，由国企背景股东控股，背后实际控制母公司为国资委。中信建投证券作为业内知名券商，具备较高的行业地位及较强的资本运作能力。

图表 2.4.12：2016 年 1 月 1 日至 2017 年 8 月 31 日，北京，翠微股份认购非银理财产品情况

认购日期	理财产品名称	产品发行方名称	理财类型	认购金额（万元）	产品起息日	产品到息日	产品期限	预计最低收益率（%）	预计最高收益率（%）
2016-04-18	非凡资产管理 35 天增利第 229 期	民生银行股份有限公司	投资公司理财产品	3,500.00	2016-04-19	2016-05-24	35 天	3.85	
2016-03-30	民生加银资管·汇金专项资产管理计划	民生加银资产管理有限公司	投资公司理财产品	2,000.00	2016-03-31	2017-03-28	362 天	7.00	
2017-08-31	中信建投收益凭证“固收鑫·稳享”404 号 -118 天	中信建投证券股份有限公司	证券公司理财产品	6,000.00	2017-09-01	2017-12-28	118 天	5.00	
2017-08-31	中信建投收益凭证“固收鑫·稳享”404 号 -118 天	中信建投证券股份有限公司	证券公司理财产品	2,000.00	2017-09-01	2017-12-28	118 天	5.00	
2017-08-31	中信建投收益凭证“固收鑫·稳享”404 号 -118 天	中信建投证券股份有限公司	证券公司理财产品	2,000.00	2017-09-01	2017-12-28	118 天	5.00	

数据来源：Wind，恒天财富研究院

8. 综合行业（1 家）

认购情况分析

在 6 家北京本地综合行业上市公司中，已有 1 家认购过非银理财产品，具体情况如下：

1）中国高科

在 2016 年 1 月 1 日至 2017 年 8 月 31 日期间，公司总共认购了 6 个非银理财产品，累计投入 1.39 亿元，公司主要认购了基金专户产品。

在中国高科认购的非银理财产品中，认购基金专户产品的金额最多，达到 1.39 亿元，这是基于该类产品收益率较高，且可以提供定制化服务的特点。

中国高科主要认购了方正富邦基金公司的基金专户产品，产品发行方的实际控制人为方正证券，第一大股东为方正证券，由国企背景股东控股，背后实际控制人为北大方正集团。方正富邦基金公司作为业内知名基金公司，具备较高的行业地位及较强的资本运作能力。

图表 2.4.13：2016 年 1 月 1 日至 2017 年 8 月 31 日，北京，中国高科认购非银理财产品情况

认购日期	理财产品名称	产品发行方名称	理财类型	认购金额（万元）	产品起息日	产品到息日	产品期限	预计最低收益率（%）	预计最高收益率（%）
2016-07-28	方正富邦金小宝货币	方正富邦基金公司	基金专户	1.00	2016-07-28			2.78	
2016-07-27	方正富邦现金管家资产管理计划	方正富邦基金公司	基金专户	1,900.00	2016-07-27			4.50	
2016-07-26	方正富邦现金管家资产管理计划	方正富邦基金公司	基金专户	5,000.00	2016-07-26			4.50	
2016-07-22	方正富邦金小宝货币	方正富邦基金公司	基金专户	5,000.00	2016-07-22	2016-07-25	3 天		
2016-07-21	方正富邦金小宝货币	方正富邦基金公司	基金专户	1,900.00	2016-07-21	2016-07-26	5 天		
2016-07-21	方正富邦金小宝货币	方正富邦基金公司	基金专户	81.93	2016-07-21			2.78	

数据来源：Wind，恒天财富研究院

（五）上海市（13 家）

上海共有 264 家本地上市公司，其中 13 家在已经披露的公告中曾经或已经认购过非银理财产品，占比约为 4.92%。就 13 家认购过非银理财产品的上海上市公司的行业分布来看，整体分布较为平均，电气设备行业、机械设备行业、计算机行业、汽车行业所拥有的认购非银理财产品的上市公司各为两家，其余 5 个行业各仅有 1 家。

1. 电气设备行业（2 家）

认购情况分析

在 16 家上海本地电气设备行业上市公司中，已有 2 家认购过非银理财产品，具体情况如下：

1）良信电器

在 2016 年 1 月 1 日至 2017 年 8 月 31 日期间，公司总共认购了 10 个非银理财产品，累计投入 6.7 亿元，公司主要认购了证券公司理财产品。

在良信电器认购的非银理财产品中，认购证券公司理财产品的金额最多，达到6.7亿元，这是基于资金良好流动性、容易变现的特点。

良信电器主要认购了广发证券股份有限公司的证券公司理财产品，这家产品发行方无实际控制人，第一大股东为吉林敖东药业，由民企背景股东控股，背后实际控制母公司为敦化市金诚实业有限责任公司。广发证券作为业内知名券商，具备较高的行业地位及较强的资本运作能力。

图表 2.5.1：2016 年 1 月 1 日至 2017 年 8 月 31 日，上海，良信电器认购非银理财产品情况

认购日期	理财产品名称	产品发行方名称	理财类型	认购金额（万元）	产品起息日	产品到息日	产品期限	预计最低收益率（%）	预计最高收益率（%）
2017-08-07	广发证券收益凭证．“收益宝”1号	广发证券股份有限公司	证券公司理财产品	8,000.00	2017-08-08	2018-02-05	181 天	4.55	
2017-08-07	广发证券收益凭证．“收益宝”1号	广发证券股份有限公司	证券公司理财产品	5,000.00	2017-08-08	2017-11-06	90 天	4.45	
2017-08-09	金鹏 148 号 – 东方证券保本收益凭证	东方证券股份有限公司	证券公司理财产品	5,000.00	2017-08-10	2018-05-14	277 天	4.70	
2017-08-22	：国信证券收益凭证．【金益求金90天1383期】	国信证券股份有限公司	证券公司理财产品	5,000.00	2017-08-22	2017-11-20	90 天	4.45	
2017-08-23	广发证券收益凭证．“收益宝”1号	广发证券股份有限公司	证券公司理财产品	5,000.00	2017-08-24	2018-02-26	186 天	4.60	

数据来源：Wind，恒天财富研究院

2）思源电气

在 2016 年 1 月 1 日至 2017 年 8 月 31 日期间，该公司仅认购了 1 个非银理财产品，共投入 3000 万元，该产品类型为证券公司理财产品。这是基于资金良好流动性、容易变现的特点。

思源电气主要认购了海通证券公司的证券公司理财产品，这家产品发行方无实际控制人，第一大股东为中国证券金融股份有限公司，由国企背景股东控股，背后实际控制母公司为国资委。海通证券作为业内知名券商，具备较高的行业地

位及较强的资本运作能力。

图表 2.5.2：2016 年 1 月 1 日至 2017 年 8 月 31 日，上海，思源电气认购非银理财产品情况

认购日期	理财产品名称	产品发行方名称	理财类型	认购金额（万元）	产品起息日	产品到息日	产品期限	预计最低收益率（%）	预计最高收益率（%）
2016-08-02	保本理财产品	海通证券股份有限公司	证券公司理财产品	3,000.00	2016-08-02	2017-08-02	365 天	4.50	

数据来源：Wind，恒天财富研究院

2. 机械设备行业（2 家）

认购情况分析

在16家上海本地机械设备行业上市公司中，已有2家认购过非银理财产品，具体情况如下：

1）华荣股份

在 2016 年 1 月 1 日至 2017 年 8 月 31 日期间，该公司仅认购了 1 个非银理财产品，共投入 1.1 亿元，该产品类型为证券公司理财产品。这是基于资金良好流动性、容易变现的特点。

华荣股份主要认购了国泰君安证券公司的证券公司理财产品，这家产品发行方的实际控制人是上海国际集团有限公司，第一大股东为上海国有资产经营有限公司，由国企背景股东控股，背后实际控制母公司为国资委。国泰君安证券作为业内知名券商，具备较高的行业地位及较强的资本运作能力。

图表 2.5.3：2016 年 1 月 1 日至 2017 年 8 月 31 日，上海，华荣股份认购非银理财产品情况

认购日期	理财产品名称	产品发行方名称	理财类型	认购金额（万元）	产品起息日	产品到息日	产品期限	预计最低收益率（%）	预计最高收益率（%）
2017-07-14	国泰君安证券君柜宝一号 2017 年第 104 期收益凭证	国泰君安证券股份有限公司	证券公司理财产品	11,000.00	2017-07-14	2017-10-12	90 天	4.50	

数据来源：Wind，恒天财富研究院

2）神开股份

在2016年1月1日至2017年8月31日期间，公司总共认购了2个非银理财产品，累计投入860万元，公司主要认购了基金专户。

在神开股份认购的非银理财产品中，认购基金专户的金额最多，达到860万元，这是基于该类产品收益率较高，且可以提供定制化服务的特点。

神开股份主要认购了杭州联合银行的基金专户，这家产品发行方由自然人及民企背景股东控股。

图表2.5.4：2016年1月1日至2017年8月31日，上海，神开股份认购非银理财产品情况

认购日期	理财产品名称	产品发行方名称	理财类型	认购金额（万元）	产品起息日	产品到息日	产品期限	预计最低收益率（%）	预计最高收益率（%）
2016-09-19	杭州联合银行货币性基金	杭州联合银行	基金专户	600.00	2016-09-19				
2016-02-03	杭州联合银行货币性基金	杭州联合银行	基金专户	260.00	2016-02-03	2016-04-18	75天	2.91	

数据来源：Wind、恒天财富研究院

3. 计算机行业（2家）

认购情况分析

在27家上海本地计算机行业上市公司中，已有2家认购过非银理财产品，具体情况如下：

1）二三四五

在2016年1月1日至2017年8月31日期间，公司总共认购了3个非银理财产品，累计投入3.7亿元，公司主要认购了证券公司理财产品。

在二三四五认购的非银理财产品中，认购证券公司理财产品的金额最多，达到3.7亿元，这是基于资金良好流动性、容易变现的特点。

二三四五主要认购了中信证券公司的证券公司理财产品，这家产品发行方无实际控制人，第一大股东为中信集团，由国企和外资背景股东控股，背后实际控制母公司为国资委。中信证券作为业内知名券商，具备较高的行业地位及较强的资本运作能力。

图表 2.5.5：2016 年 1 月 1 日至 2017 年 8 月 31 日，上海，二三四五认购非银理财产品情况

认购日期	理财产品名称	产品发行方名称	理财类型	认购金额（万元）	产品起息日	产品到息日	产品期限	预计最低收益率（%）	预计最高收益率（%）
2017-01-24	中信证券股份有限公司 2017 年度第 21 期收益凭证	中信证券股份有限公司	证券公司理财产品	15,000.00	2017-01-27	2017-04-25	88 天	4.15	4.20
2017-01-17	中信证券股份有限公司 2017 年度第 12 期收益凭证	中信证券股份有限公司	证券公司理财产品	12,000.00	2017-01-20	2017-12-27	341 天	3.80	3.85
2016-07-12	海创理财宝系列收益凭证 2016015 号	海通创新证券投资有限公司	证券公司理财产品	10,000.00	2016-07-12	2017-05-31	324 天	4.40	

数据来源：Wind，恒天财富研究院

2）华测导航

在 2016 年 1 月 1 日至 2017 年 8 月 31 日期间，该公司仅认购了 1 个非银理财产品，共投入 6000 万元，该产品类型为证券公司理财产品。这是基于资金良好流动性、容易变现的特点。

华测导航主要认购了广发证券公司的证券公司理财产品，这家产品发行方无实际控制人，第一大股东为吉林敖东药业，由民企背景股东控股，背后实际控制母公司为敦化市金诚实业有限责任公司。广发证券作为业内知名券商，具备较高的行业地位及较强的资本运作能力。

图表 2.5.6：2016 年 1 月 1 日至 2017 年 8 月 31 日，上海，华测导航认购非银理财产品情况

认购日期	理财产品名称	产品发行方名称	理财类型	认购金额（万元）	产品起息日	产品到息日	产品期限	预计最低收益率（%）	预计最高收益率（%）
2017-08-03	广发证券收益凭证 -“收益宝”1 号	广发证券股份有限公司	证券公司理财产品	6,000.00	2017-08-03			4.55	

数据来源：Wind，恒天财富研究院

4. 汽车行业（2 家）

认购情况分析

在 13 家上海本地汽车行业上市公司中，已有 2 家认购过非银理财产品，具体情况如下：

1）岱美股份

在 2016 年 1 月 1 日至 2017 年 8 月 31 日期间，公司总共认购了 2 个非银理财产品，累计投入 2 亿元，公司主要认购了证券公司理财产品。

在岱美股份认购的非银理财产品中，认购证券公司理财产品的金额最多，达到 2 亿元，这是基于资金良好流动性、容易变现的特点。

岱美股份主要认购了海通证券公司的证券公司理财产品，这家产品发行方无实际控制人，第一大股东为中国证券金融股份有限公司，由国企背景股东控股，背后实际控制母公司为国资委。海通证券作为业内知名券商，具备较高的行业地位及较强的资本运作能力。

图表 2.5.7：2016 年 1 月 1 日至 2017 年 8 月 31 日，上海，岱美股份认购非银理财产品情况

认购日期	理财产品名称	产品发行方名称	理财类型	认购金额（万元）	产品起息日	产品到息日	产品期限	预计最低收益率（%）	预计最高收益率（%）
2017-08-28	海通证券股份有限公司理财宝 273 天期 V4 号	海通证券股份有限公司	证券公司理财产品	14,000.00	2017-08-29	2018-05-28	272 天	4.90	
2017-08-24	海通证券股份有限公司理财宝 273 天期 V3 号	海通证券股份有限公司	证券公司理财产品	6,000.00	2017-08-24	2018-05-24	273 天	4.90	

数据来源：Wind，恒天财富研究院

2）北特科技

在 2016 年 1 月 1 日至 2017 年 8 月 31 日期间，公司总共认购了 3 个非银理财产品，累计投入 1.2 亿元，公司主要认购了信托、证券公司理财产品、基金专户。

在北特科技认购的非银理财产品中，认购信托的金额最多，达到 5000 万元，这是基于其短期收益率高、刚性兑付的特点。

北特科技主要认购了浙商金汇信托股份有限公司的信托，这家产品发行方的

第一大股东为浙江东方集团股份有限公司，由国企背景股东控股，背后实际控制母公司为浙江省国际贸易集团有限公司。浙商金汇信托股份有限公司作为业内知名信托公司，具备较高的行业地位及较强的资本运作能力。

图表 2.5.8：2016 年 1 月 1 日至 2017 年 8 月 31 日，上海，北特科技认购非银理财产品情况

认购日期	理财产品名称	产品发行方名称	理财类型	认购金额（万元）	产品起息日	产品到息日	产品期限	预计最低收益率（%）	预计最高收益率（%）
2017-04-18	财通基金－玉皇稳健 1 号	财通基金管理有限公司	基金专户	3,000.00					
2017-08-07	江海证券有限公司保本型收益凭证稳盈 101 号	江海证券股份有限公司	证券公司理财产品	4,000.00	2017-08-08	2017-12-27	141 天	5.10	
2017-07-13	浙金·中合 9 号事务管理类集合资金信托计划	浙商金汇信托股份有限公司	信托	5,000.00	2017-07-13			6.50	

数据来源：Wind，恒天财富研究院

5. 商业贸易行业（1 家）

认购情况分析

在 10 家上海本地商业贸易行业上市公司中，已有 1 家认购过非银理财产品，具体情况如下：

1）徐家汇

在 2016 年 1 月 1 日至 2017 年 8 月 31 日期间，公司总共认购了 10 个非银理财产品，累计投入 14 亿元，公司主要认购了证券公司理财产品。

在徐家汇认购的非银理财产品中，认购证券公司理财产品的金额最多，达到 14 亿元，这是基于资金良好流动性、容易变现的特点。

徐家汇主要认购了海通证券的证券类理财产品，这家产品发行方无实际控制人，第一大股东为中国证券金融股份有限公司，由国企背景股东控股，背后实际控制母公司为国资委。海通证券作为业内知名券商，具备较高的行业地位及较强的资本运作能力。

图表 2.5.9：2016 年 1 月 1 日至 2017 年 8 月 31 日，上海，徐家汇认购非银理财产品情况

认购日期	理财产品名称	产品发行方名称	理财类型	认购金额（万元）	产品起息日	产品到息日	产品期限	预计最低收益率（%）	预计最高收益率（%）
2017-04-27	海通证券“一海通财 . 理财宝”系列收益凭证尊享版 186 天期第 1 号	海通证券股份有限公司	证券公司理财产品	2,000.00			186 天		
2017-04-27	海通证券“一海通财 . 理财宝”系列收益凭证尊享版 186 天期第 2 号	海通证券股份有限公司	证券公司理财产品	25,000.00			186 天		
2017-04-27	海通证券“一海通财 . 理财宝”系列收益凭证尊享版 186 天期第 3 号	海通证券股份有限公司	证券公司理财产品	21,000.00			186 天		
2017-03-30	海通证券“一海通财 . 理财宝”系列收益凭证尊享版 182 天期第 37 号	海通证券股份有限公司	证券公司理财产品	14,000.00	2017-03-30	2017-09-28	182 天		
2017-05-31	海通证券“一海通财 . 理财宝”系列收益凭证尊享版 182 天期第 46 号，47 号	海通证券股份有限公司	证券公司理财产品	18,000.00			182 天		

数据来源：Wind，恒天财富研究院

6. 轻工制造行业（1 家）

认购情况分析

在 11 家上海本地轻工制造行业上市公司中，已有 1 家认购过非银理财产品，具体情况如下：

1）宝钢包装

在 2016 年 1 月 1 日至 2017 年 8 月 31 日期间，公司总共认购了 8 个非银理

财产品，累计投入 4.8 亿元，公司主要认购了信托、证券公司理财产品、基金专户。

在宝钢包装认购的非银理财产品中，认购证券公司理财产品的金额最多，达到 2.7 亿元，这是基于资金良好流动性、容易变现的特点。

宝钢包装主要认购了中信建投的证券公司理财产品，这家产品发行方无实际控制人，第一大股东为北京国有资本经营管理中心，由国企背景股东控股，背后实际控制母公司为国资委。中信建投证券作为业内知名券商，具备较高的行业地位及较强的资本运作能力。

图表 2.5.10：2016 年 1 月 1 日至 2017 年 8 月 31 日，上海，宝钢包装认购非银理财产品情况

认购日期	理财产品名称	产品发行方名称	理财类型	认购金额（万元）	产品起息日	产品到息日	产品期限	预计最低收益率（%）	预计最高收益率（%）
2017-04-28	“时节·好雨”1号集合资金信托计划	华宝信托有限责任公司	信托	2,000.00	2017-04-28	2017-09-25	150 天	4.90	
2017-04-28	“时节·好雨”1号集合资金信托计划	华宝信托有限责任公司	信托	6,000.00	2017-04-28	2017-12-15	231 天	5.20	
2017-04-26	中信建投收益凭证“固收鑫·稳享”【104号】-15 天期	中信建投证券股份有限公司	证券公司理财产品	5,000.00	2017-04-26	2017-05-11	15 天	4.40	
2016-11-18	远东－宏利－燕园 8 号投资基金	深圳市燕园基金管理有限公司	基金专户	8,000.00	2016-11-18	2017-04-13	5 个月	6.20	
2016-09-12	远东－宏利－燕园 6 号投资基金	深圳市燕园基金管理有限公司	基金专户	5,000.00	2016-09-12	2017-03-10	179 天	6.30	

数据来源：Wind，恒天财富研究院

7. 电子行业（1 家）

认购情况分析

在 10 家上海本地电子行业上市公司中，已有 1 家认购过非银理财产品，具

体情况如下：

1）欧普照明

在 2016 年 1 月 1 日至 2017 年 8 月 31 日期间，公司总共认购了 7 个非银理财产品，累计投入 4 亿元，公司主要认购了信托、证券公司理财产品、投资公司理财产品。

在欧普照明认购的非银理财产品中，认购信托的金额最多，达到 2.5 亿元，这是基于其短期收益率高、刚性兑付的特点。

欧普照明认购了中信证券公司的证券公司理财产品，这家产品发行方无实际控制人，第一大股东为中信集团，由国企和外资背景股东控股，背后实际控制母公司为国资委。中信证券作为业内知名券商，具备较高的行业地位及较强的资本运作能力。

图表 2.5.11：2016 年 1 月 1 日至 2017 年 8 月 31 日，上海，欧普照明认购非银理财产品情况

认购日期	理财产品名称	产品发行方名称	理财类型	认购金额（万元）	产品起息日	产品到息日	产品期限	预计最低收益率（%）	预计最高收益率（%）
2017-06-16	天天利财定制 49 天	中信证券	证券公司理财产品	5,000.00	2017-06-16	2017-08-03	48 天	4.70	
2017-05-26	马上金融	诺亚信托	信托	5,000.00	2017-05-26	2018-06-23	393 天	7.20	
2017-05-26	稳裕产品	恒天财富	投资公司理财产品	5,000.00	2017-05-26	2017-07-15	50 天	4.80	
2017-05-26	易鑫租赁	诺亚信托	信托	10,000.00	2017-05-26	2017-12-20	208 天	6.25	
2017-05-26	宝盈 2 号	钜盛华	投资公司理财产品	5,000.00	2017-05-26	2017-07-05	40 天	4.80	

数据来源：Wind、恒天财富研究院

8. 非银金融行业（1 家）

认购情况分析

在 8 家上海本地非银金融行业上市公司中，已有 1 家认购过非银理财产品，具体情况如下：

1）爱建集团

在 2016 年 1 月 1 日至 2017 年 8 月 31 日期间，公司总共认购了 8 个非银理

财产品，累计投入3.593亿元，公司主要认购了信托。

在爱建集团认购的非银理财产品中，认购信托的金额最多，达到3.593亿元，这是基于其短期收益率高、刚性兑付的特点。

爱建集团主要认购了上海爱建信托有限责任公司的信托，这家产品发行方为民营背景股东上海爱建股份有限公司。爱建信托作为业内知名信托，具备较高的行业地位及较强的资本运作能力。

图表2.5.12：2016年1月1日至2017年8月31日，上海，爱建集团认购非银理财产品情况

认购日期	理财产品名称	产品发行方名称	理财类型	认购金额（万元）	产品起息日	产品到息日	产品期限	预计最低收益率（%）	预计最高收益率（%）
2016-09-20	“华宝浦发中叶鑫富越2号”集合资金信托计划	华宝信托有限责任公司	信托	2,000.00	2016-09-22				
2016-09-20	“爱建信托·海峡基金一期股权投资”集合资金信托计划	上海爱建信托有限责任公司	信托	2,030.00	2016-09-20				
2016-09-14	“爱建信托－中梁房地产基金2号”集合资金信托计划（第二期）	上海爱建信托有限责任公司	信托	5,900.00	2016-09-14			6.70	
2016-07-28	“爱建信托·盐城恒大帝景开发贷款集合资金信托计划	上海爱建信托有限责任公司	信托	3,000.00	2016-07-28				
2016-06-20	爱建信托－融创188并购基金”集合资金信托计划	上海爱建信托有限责任公司	信托	7,000.00	2016-06-20				

数据来源：Wind，恒天财富研究院

9. 房地产行业（1家）

认购情况分析

在23家上海本地房地产行业上市公司中，仅有1家认购过非银理财产品，

具体情况如下：

1）世茂股份

在2016年1月1日至2017年8月31日期间，公司总共认购了2个非银理财产品，累计投入2亿元，公司主要认购了基金专户。

在世茂股份认购的非银理财产品中，认购基金专户的金额最多，达到2亿元，这是基于该类产品收益率较高，且可以提供定制化服务的特点。

世茂股份主要认购了财通基金的基金专户，这家产品发行方控股股东为财通证券股份有限公司，由国企背景股东控股。财通基金作为业内知名基金管理公司，具备较高的行业地位及较强的资本运作能力。

图表 2.5.13：2016 年 1 月 1 日至 2017 年 8 月 31 日，上海，世茂股份认购非银理财产品情况

认购日期	理财产品名称	产品发行方名称	理财类型	认购金额（万元）	产品起息日	产品到息日	产品期限	预计最低收益率（%）	预计最高收益率（%）
2016-03-14	财通基金－上海银行－富春定增696号资管计划	财通基金管理有限公司	基金专户	10,000.00	2016-03-14	2017-09-14	18个月		
2016-03-14	财通基金－上海银行－富春定增696号资管计划	财通基金管理有限公司	基金专户	10,000.00	2016-03-14				

数据来源：Wind，恒天财富研究院

（六）山东省（11家）

山东共有186家本地上市公司，其中11家在已经披露的公告中曾经或已经认购过非银理财产品，占比约为5.91%。就11家认购过非银理财产品的山东省上市公司的行业分布来看，整体分布较为平均，非银金融行业所拥有的认购非银理财产品的上市公司最多，共有2家，其余9个行业各仅有1家。

1. 非银金融行业（2家）

认购情况分析

在2家山东本地非银金融行业上市公司中，均已认购过非银理财产品，具体

情况如下：

1）鲁信创投

在2016年1月1日至2017年8月31日期间，公司总共认购了2个非银理财产品，累计投入7500万元，公司主要认购了信托。

在鲁信创投认购的非银理财产品中，认购信托的金额最多，达到7500万元，这是基于其短期收益率高、刚性兑付的特点。

鲁信创投主要认购了山东省国际信托股份有限公司的信托产品，这家产品发行方成立之初为省政府出资的国有独资公司而后增资改制，现股东包括国企背景的山东省鲁信投资控股集团有限公司。

图表2.6.1：2016年1月1日至2017年8月31日，山东，鲁信创投认购非银理财产品情况

认购日期	理财产品名称	产品发行方名称	理财类型	认购金额（万元）	产品起息日	产品到息日	产品期限	预计最低收益率（%）	预计最高收益率（%）
2016-10-11	山东信托·四季盈1号集合资金信托计划	山东省国际信托股份有限公司	信托	3,000.00			3个月	5.00	
2016-10-11	山东信托·四季盈1号集合资金信托计划	山东省国际信托股份有限公司	信托	4,500.00			3个月	5.00	

数据来源：Wind，恒天财富研究院

2）民生控股

在2016年1月1日至2017年8月31日期间，该公司仅认购了1个非银理财产品，共投入2500万元，该产品类型为信托。这是基于其短期收益率高、刚性兑付的特点。

民生控股主要认购了中信信托有限责任公司的信托产品，这家产品发行方的实际控制人为中国中信集团有限公司，第一大股东为中国中信有限公司，中信集团由国企和外资背景股东控股，背后实际控制母公司为国资委。中信信托作为业内知名信托，具备较高的行业地位及较强的资本运作能力。

图表 2.6.2：2016 年 1 月 1 日至 2017 年 8 月 31 日，山东，民生控股认购非银理财产品情况

认购日期	理财产品名称	产品发行方名称	理财类型	认购金额（万元）	产品起息日	产品到息日	产品期限	预计最低收益率（%）	预计最高收益率（%）
2016-07-05	中信·信惠现金管理型金融投资集合资金信托计划 1201 期资金信托	中信信托有限责任公司	信托	2,500.00					

数据来源：Wind、恒天财富研究院

2. 食品饮料行业（1 家）

认购情况分析

在 8 家山东本地食品饮料行业上市公司中，仅有 1 家认购过非银理财产品，具体情况如下：

1）双塔食品

在 2016 年 1 月 1 日至 2017 年 8 月 31 日期间，公司总共认购了 7 个非银理财产品，累计投入 7.89 亿元，公司主要认购了证券公司理财产品。

在双塔食品认购的非银理财产品中，认购证券公司理财产品的金额最多，达到 7.89 亿元，这是基于资金良好流动性、容易变现的特点。

双塔食品主要认购了安信信托的信托类理财产品，这家产品发行方实际控制人为高天国，第一大股东为上海国之杰投资发展有限公司，由民企背景股东控股，背后实际控制母公司为香港创安集团有限公司。安信信托作为业内知名信托公司，具备较高的行业地位及较强的资本运作能力。

图表 2.6.3：2016 年 1 月 1 日至 2017 年 8 月 31 日，山东，双塔食品认购非银理财产品情况

认购日期	理财产品名称	产品发行方名称	理财类型	认购金额（万元）	产品起息日	产品到息日	产品期限	预计最低收益率（%）	预计最高收益率（%）
2017-08-31	安信证券收益凭证－安益乐享 123 号	安信证券股份有限公司	证券公司理财产品	2,000.00	2017-08-31	2017-11-30	91 天	4.70	
2017-08-31	“固得利”收益凭证 300046 号	山西证券股份有限公司	证券公司理财产品	2,000.00	2017-08-31	2017-10-09	39 天	4.40	

续表

认购日期	理财产品名称	产品发行方名称	理财类型	认购金额（万元）	产品起息日	产品到息日	产品期限	预计最低收益率（%）	预计最高收益率（%）
2017-08-22	“固得利”收益凭证 300045 号	山西证券股份有限公司	证券公司理财产品	1,000.00	2017-08-22	2017-09-27	36 天	4.30	
2017-08-21	安信证券收益凭证－安益乐享 119 号	安信证券股份有限公司	证券公司理财产品	3,000.00	2017-08-21	2017-11-21	92 天	4.60	
2017-07-20	安信证券收益凭证－安益乐享 105 号	安信证券股份有限公司	证券公司理财产品	4,000.00	2017-07-20	2017-08-17	28 天	4.10	

数据来源：Wind，恒天财富研究院

3. 商业贸易行业（1 家）

认购情况分析

在 6 家山东本地商业贸易行业上市公司中，仅有 1 家认购过非银理财产品，具体情况如下：

1）利群股份

在 2016 年 1 月 1 日至 2017 年 8 月 31 日期间，公司总共认购了 7 个非银理财产品，累计投入 5.5 亿元，公司主要认购了证券公司理财产品。

在利群股份认购的非银理财产品中，认购证券公司理财产品的金额最多，达到 5.5 亿元，这是基于资金良好流动性、容易变现的特点。

利群股份主要认购了国泰君安证券公司的证券公司理财产品，这家产品发行方的实际控制人是上海国际集团有限公司，第一大股东为上海国有资产经营有限公司，由国企背景股东控股，背后实际控制母公司为国资委。国泰君安证券作为业内知名券商，具备较高的行业地位及较强的资本运作能力。

图表 2.6.4：2016 年 1 月 1 日至 2017 年 8 月 31 日，山东，利群股份认购非银理财产品情况

认购日期	理财产品名称	产品发行方名称	理财类型	认购金额（万元）	产品起息日	产品到息日	产品期限	预计最低收益率（%）	预计最高收益率（%）
2017-08-23	君柜宝一号 2017 年第 137 期收益凭证	国泰君安证券股份有限公司	证券公司理财产品	8,000.00	2017-08-23	2017-11-27	97 天	4.60	

续表

认购日期	理财产品名称	产品发行方名称	理财类型	认购金额（万元）	产品起息日	产品到息日	产品期限	预计最低收益率（%）	预计最高收益率（%）
2017-08-21	中信证券股份有限公司 2017 年度第 258 期收益凭证	中信证券股份有限公司	证券公司理财产品	5,000.00	2017-08-21	2017-11-20	91 天	4.30	4.35
2017-08-21	君柜宝一号 2017 年第 136 期收益凭证	国泰君安证券股份有限公司	证券公司理财产品	19,000.00	2017-08-21	2017-11-27	99 天	4.60	
2017-05-22	睿博系列尧睿一百一十六号收益凭证	国泰君安证券股份有限公司	证券公司理财产品	3,000.00	2017-05-22	2017-08-21	91 天		
2017-05-19	睿博系列尧睿一百一十一号收益凭证	国泰君安证券股份有限公司	证券公司理财产品	5,000.00	2017-05-19	2017-08-17	90 天		

数据来源：Wind，恒天财富研究院

4. 轻工制造行业（1 家）

认购情况分析

在 8 家山东本地轻工制造行业上市公司中，仅有 1 家认购过非银理财产品，具体情况如下：

1）山东华鹏

在 2016 年 1 月 1 日至 2017 年 8 月 31 日期间，公司总共认购了 2 个非银理财产品，累计投入 2 亿元，公司主要认购了证券公司理财产品。

在山东华鹏认购的非银理财产品中，认购证券公司理财产品的金额最多，达到 2 亿元，这是基于资金良好流动性、容易变现的特点。

山东华鹏主要认购了广发证券公司的证券公司理财产品，这家产品发行方无实际控制人，第一大股东为吉林敖东药业，由民企背景股东控股，背后实际控制母公司为敦化市金诚实业有限责任公司。广发证券作为业内知名券商，具备较高的行业地位及较强的资本运作能力。

图表 2.6.5：2016 年 1 月 1 日至 2017 年 8 月 31 日，山东，山东华鹏认购非银理财产品情况

认购日期	理财产品名称	产品发行方名称	理财类型	认购金额（万元）	产品起息日	产品到息日	产品期限	预计最低收益率（%）	预计最高收益率（%）
2016-08-31	广发收益宝 41 天期	广发证券股份有限公司荣成石岛证券营业部	证券公司理财产品	10,000.00	2016-08-31	2016-10-10	41 天	2.92	
2016-08-03	广发收益宝 28 天期	广发证券股份有限公司荣成石岛证券营业部	证券公司理财产品	10,000.00	2016-08-03	2016-08-30	28 天	3.00	

数据来源：Wind，恒天财富研究院

5. 化工行业（1 家）

认购情况分析

在 34 家山东本地化工行业上市公司中，仅有 1 家认购过非银理财产品，具体情况如下：

1）青岛双星

在 2016 年 1 月 1 日至 2017 年 8 月 31 日期间，该公司仅认购了 1 个非银理财产品，共投入 1 亿元，该产品类型为证券公司理财产品。这是基于资金良好流动性、容易变现的特点。

青岛双星主要认购了海通创新证券投资有限公司的证券公司理财产品，这家产品发行方是海通证券的全资子公司。海通证券作为业内知名券商，具备较高的行业地位及较强的资本运作能力。

图表 2.6.6：2016 年 1 月 1 日至 2017 年 8 月 31 日，山东，青岛双星认购非银理财产品情况

认购日期	理财产品名称	产品发行方名称	理财类型	认购金额（万元）	产品起息日	产品到息日	产品期限	预计最低收益率（%）	预计最高收益率（%）
2016-01-15	海创理财宝系列收益凭证 2016002 号	海通创新证券投资有限公司	证券公司理财产品	10,000.00	2016-01-15	2016-07-14	182 天	5.10	

数据来源：Wind，恒天财富研究院

6. 农林牧渔行业（1 家）

认购情况分析

在 10 家山东本地农林牧渔行业上市公司中，仅有 1 家认购过非银理财产品，具体情况如下：

1）仙坛股份

在 2016 年 1 月 1 日至 2017 年 8 月 31 日期间，公司总共认购了 2 个非银理财产品，累计投入 9000 万元，公司主要认购了证券公司理财产品。

在仙坛股份认购的非银理财产品中，认购证券公司理财产品的金额最多，达到 9000 万元，这是基于资金良好流动性、容易变现的特点。

仙坛股份主要认购了中泰证券公司的证券公司理财产品，这家产品发行方实际控制人为山东省人民政府国有资产监督管理委员会，第一大股东为莱芜钢铁集团有限公司，由国企背景股东控股，背后实际控制母公司为国资委。中泰国际证券作为业内知名券商，具备较高的行业地位及较强的资本运作能力。

图表 2.6.7：2016 年 1 月 1 日至 2017 年 8 月 31 日，山东，仙坛股份认购非银理财产品情况

认购日期	理财产品名称	产品发行方名称	理财类型	认购金额（万元）	产品起息日	产品到息日	产品期限	预计最低收益率（%）	预计最高收益率（%）
2017-04-20	易盈宝 6 月期 27 号（4.45）半年	中泰证券股份有限公司	证券公司理财产品	6,000.00	2017-04-20	2017-10-20	半年		
2016-12-15	易盈宝 1 月期 9 号（28 天 4.2）	中泰证券股份有限公司	证券公司理财产品	3,000.00	2016-12-15	2017-01-14	30 天		

数据来源：Wind、恒天财富研究院

7. 家用电器行业（1 家）

认购情况分析

在 4 家山东本地家用电器行业上市公司中，仅有 1 家认购过非银理财产品，具体情况如下：

1）海信电器

在2016年1月1日至2017年8月31日期间，该公司仅认购了1个非银理财产品，共投入8950万元，该产品类型为证券公司理财产品。这是基于资金良好流动性、容易变现的特点。

海信电器主要认购了华泰证券公司的证券公司理财产品，这家产品发行方的实际控制人为江苏省人民政府国有资产监督委员会，第一大股东是江苏省国信资产管理集团有限公司控股，由国企背景股东控股，背后实际控制母公司为国资委。华泰证券作为业内知名证券公司，具备较高的行业地位及较强的资本运作能力。

图表 2.6.8：2016 年 1 月 1 日至 2017 年 8 月 31 日，山东，海信电器认购非银理财产品情况

认购日期	理财产品名称	产品发行方名称	理财类型	认购金额（万元）	产品起息日	产品到息日	产品期限	预计最低收益率（%）	预计最高收益率（%）
2017-06-05	华泰证券理财产品	华泰证券股份有限公司	证券公司理财产品	8,950.00			182 天	5.00	

数据来源：Wind，恒天财富研究院

8. 机械设备行业（1 家）

认购情况分析

在21家山东本地机械设备行业上市公司中，仅有1家认购过非银理财产品，具体情况如下：

1）威海广泰

在2016年1月1日至2017年8月31日期间，该公司仅认购了1个非银理财产品，共投入8500万元，该产品类型为证券公司理财产品。这是基于资金良好流动性、容易变现的特点。

威海广泰主要认购了海通证券公司的证券公司理财产品，这家产品发行方无实际控制人，第一大股东为中国证券金融股份有限公司，由国企背景股东控股，背后实际控制母公司为国资委。海通证券作为业内知名券商，具备较高的行业地位及较强的资本运作能力。

图表 2.6.9：2016 年 1 月 1 日至 2017 年 8 月 31 日，山东，威海广泰认购非银理财产品情况

认购日期	理财产品名称	产品发行方名称	理财类型	认购金额（万元）	产品起息日	产品到息日	产品期限	预计最低收益率（%）	预计最高收益率（%）
2017-04-19	海通证券“一海通财 . 理财宝”系列收益凭证尊享版 180 天期第 1 号	海通证券股份有限公司	证券公司理财产品	8,500.00	2017-04-20	2017-10-16	180 天	4.60	

数据来源：Wind，恒天财富研究院

9. 采掘行业（1 家）

认购情况分析

在 4 家山东本地采掘行业上市公司中，仅有 1 家认购过非银理财产品，具体情况如下：

1）金能科技

在 2016 年 1 月 1 日至 2017 年 8 月 31 日期间，该公司仅认购了 1 个非银理财产品，共投入 7000 万元，该产品类型为证券公司理财产品。这是基于资金良好流动性、容易变现的特点。

金能科技主要认购了国泰君安证券公司证券公司理财产品，这家产品发行方的实际控制人是上海国际集团有限公司，第一大股东为上海国有资产经营有限公司，由国企背景股东控股，背后实际控制母公司为国资委。国泰君安证券作为业内知名券商，具备较高的行业地位及较强的资本运作能力。

图表 2.6.10：2016 年 1 月 1 日至 2017 年 8 月 31 日，山东，金能科技认购非银理财产品情况

认购日期	理财产品名称	产品发行方名称	理财类型	认购金额（万元）	产品起息日	产品到息日	产品期限	预计最低收益率（%）	预计最高收益率（%）
2017-07-31	国泰君安证券君柜宝一号 2017 年第 115 期收益凭证	国泰君安证券股份有限公司	证券公司理财产品	7,000.00	2017-07-31	2017-10-25	86 天	4.60	

数据来源：Wind，恒天财富研究院

10. 电气设备行业（1家）

认购情况分析

在14家山东本地电气设备行业上市公司中，仅有1家认购过非银理财产品，具体情况如下：

1）龙源技术

在2016年1月1日至2017年8月31日期间，该公司仅认购了1个非银理财产品，共投入5000万元，该产品类型为证券公司理财产品。这是基于资金良好流动性、容易变现的特点。

龙源技术主要认购了广州证券的证券公司理财产品，这家产品发行方无实际控制人，第一大股东为广州国资委为实际控制人的广州越秀金控集团。广州证券作为业内知名券商，具备较高的行业地位及较强的资本运作能力。

图表2.6.11：2016年1月1日至2017年8月31日，山东，龙源技术认购非银理财产品情况

认购日期	理财产品名称	产品发行方名称	理财类型	认购金额（万元）	产品起息日	产品到息日	产品期限	预计最低收益率（%）	预计最高收益率（%）
2017-07-18	鲲鹏稳利3月期82号	广州证券股份有限公司	证券公司理财产品	5,000.00	2017-07-19	2017-10-10	83天	4.70	

数据来源：Wind，恒天财富研究院

（七）四川省（11家）

四川共有113家本地上市公司，其中11家在已经披露的公告中曾经或已经认购过非银理财产品，占比约为9.73%。就11家认购过非银理财产品的四川省上市公司的行业分布来看，整体分布较为平均，化工行业、有色金属行业所拥有的认购非银理财产品的上市公司分别有2家，其余7个行业各仅有1家。

1. 有色金属行业（2家）

认购情况分析

在4家四川本地有色金属行业上市公司中，已有2家认购过非银理财产品，

具体情况如下：

1）宏达股份

在 2016 年 1 月 1 日至 2017 年 8 月 31 日期间，公司总共认购了 2 个非银理财产品，累计投入 8 亿元，公司主要认购了信托。

在宏达股份认购的非银理财产品中，认购信托的金额最多，达到 8 亿元，这是基于其短期收益率高、刚性兑付的特点。

宏达股份主要认购了安信信托的信托产品，这家产品发行方分别由自然人背景股东控股，第一大股东为上海国之杰投资发展有限公司。安信信托作为业内知名信托，具备较高的行业地位及较强的资本运作能力。

图表 2.7.1：2016 年 1 月 1 日至 2017 年 8 月 31 日，四川，宏达股份认购非银理财产品情况

认购日期	理财产品名称	产品发行方名称	理财类型	认购金额（万元）	产品起息日	产品到息日	产品期限	预计最低收益率（%）	预计最高收益率（%）
2017-08-31	安信信托、尊享汇金一号集合资金信托	安信信托股份有限公司	信托	40,000.00			45 天	5.70	
2017-07-26	安信信托、尊享汇金一号集合资金信托	安信信托股份有限公司	信托	40,000.00			34 天	5.70	

数据来源：Wind，恒天财富研究院

2）银河磁体

在 2016 年 1 月 1 日至 2017 年 8 月 31 日期间，公司总共认购了 7 个非银理财产品，累计投入 7 亿元，公司主要认购了证券公司理财产品。

在银河磁体认购的非银理财产品中，认购证券公司理财产品的金额最多，达到 7 亿元，这是基于资金良好流动性、容易变现的特点。

银河磁体主要认购了国泰君安证券公司的证券公司理财产品，这家产品发行方的实际控制人是上海国际集团有限公司，第一大股东为上海国有资产经营有限公司，由国企背景股东控股，背后实际控制母公司为国资委。国泰君安证券作为业内知名券商，具备较高的行业地位及较强的资本运作能力。

图表 2.7.2：2016 年 1 月 1 日至 2017 年 8 月 31 日，四川，银河磁体认购非银理财产品情况

认购日期	理财产品名称	产品发行方名称	理财类型	认购金额（万元）	产品起息日	产品到息日	产品期限	预计最低收益率（%）	预计最高收益率（%）
2016-06-24	国泰君安证券睿博系列尧睿二十一号收益凭证（产品代码：SG4074）	国泰君安证券股份有限公司	证券公司理财产品	2,000.00	2016-06-27	2017-06-20	358 天	3.20	3.40
2017-08-07	恒益 17020 号收益凭证（产品代码 S11972）	华泰证券股份有限公司	证券公司理财产品	15,000.00	2017-08-08	2018-08-08	365 天	4.80	
2017-07-04	国泰君安证券君柜宝一号 2017 年第 89 期收益凭证（产品代码 SV3600）	国泰君安证券股份有限公司	证券公司理财产品	5,000.00	2017-07-04	2018-07-03	365 天	4.70	
2017-06-26	金樽 229 期（371 天）收益凭证产品（产品代码 SV0809）	申万宏源证券有限公司	证券公司理财产品	2,000.00	2017-06-27	2018-07-02	371 天	4.90	
2017-05-25	申万宏源证券金樽 213 期（362 天）收益任证产品，产品代码 SU8601	申万宏源证券有限公司	证券公司理财产品	10,000.00	2017-05-26	2018-05-22	362 天	4.80	

数据来源：Wind，恒天财富研究院

2. 化工行业（2 家）

认购情况分析

在 15 家四川本地化工行业上市公司中，已有 2 家认购过非银理财产品，具体情况如下：

1）达威股份

在 2016 年 1 月 1 日至 2017 年 8 月 31 日期间，公司总共认购了 9 个非银理财产品，累计投入 1.25 亿元，公司主要认购了证券公司理财产品。

在达威股份认购的非银理财产品中，认购证券公司理财产品的金额最多，达

到 1.25 亿元，这是基于资金良好流动性、容易变现的特点。

达威股份主要认购了银河证券的证券公司理财产品，这家产品发行方实际控制人为国务院国有资产监督管理委员会，第一大股东为中国银河金控。银河证券作为业内知名券商，具备较高的行业地位及较强的资本运作能力。

图表 2.7.3：2016 年 1 月 1 日至 2017 年 8 月 31 日，四川，达威股份认购非银理财产品情况

认购日期	理财产品名称	产品发行方名称	理财类型	认购金额（万元）	产品起息日	产品到息日	产品期限	预计最低收益率（%）	预计最高收益率（%）
2017-08-29	“银河金山”收益凭证 1478 期	中国银河证券股份有限公司	证券公司理财产品	800.00	2017-08-29	2017-09-25	27 天	4.25	
2017-08-29	“银河金山”收益凭证 1478 期	中国银河证券股份有限公司	证券公司理财产品	500.00	2017-08-29	2017-09-25	27 天	4.25	
2017-08-22	“银河金山”收益凭证 1454 期	中国银河证券股份有限公司	证券公司理财产品	1,000.00	2017-08-22	2017-09-25	34 天	4.25	
2017-08-21	国泰君安证券君柜宝一号 2017 年第 138 期	国泰君安证券股份有限公司	证券公司理财产品	1,000.00	2017-08-21	2017-10-16	56 天	4.50	
2017-08-21	国泰君安证券君柜宝一号 2017 年第 139 期	国泰君安证券股份有限公司	证券公司理财产品	2,000.00	2017-08-21	2017-11-15	86 天	4.70	

数据来源：Wind、恒天财富研究院

2）国光股份

在 2016 年 1 月 1 日至 2017 年 8 月 31 日期间，公司总共认购了 3 个非银理财产品，累计投入 1.1 亿元，公司主要认购了证券公司理财产品。

在国光股份认购的非银理财产品中，认购证券公司理财产品的金额最多，达到 1.1 亿元，这是基于资金良好流动性、容易变现的特点。

国光股份主要认购了国泰君安证券公司的证券公司理财产品，这家产品发行方的实际控制人是上海国际集团有限公司，第一大股东为上海国有资产经营有限公司，由国企背景股东控股，背后实际控制母公司为国资委。国泰君安证券作为业内知名券商，具备较高的行业地位及较强的资本运作能力。

图表 2.7.4：2016 年 1 月 1 日至 2017 年 8 月 31 日，四川，国光股份认购非银理财产品情况

认购日期	理财产品名称	产品发行方名称	理财类型	认购金额（万元）	产品起息日	产品到息日	产品期限	预计最低收益率（%）	预计最高收益率（%）
2016-10-24	2016 年度第 79 期收益凭证	中信证券股份有限公司	证券公司理财产品	4,000.00	2016-10-24	2017-04-21	179 天	2.90	2.95
2016-04-20	睿博系列尧睿十四号	国泰君安证券股份有限公司	证券公司理财产品	4,000.00	2016-04-20	2016-10-19	182 天	3.20	3.40
2017-06-14	中信建投收益凭证“固收鑫·稳享”【191 号】-47 天期	中信建投证券股份有限公司	证券公司理财产品	3,000.00	2017-06-14	2017-07-31	47 天	4.40	

数据来源：Wind，恒天财富研究院

3. 家用电器行业（1 家）

认购情况分析

在 4 家四川本地家用电器行业上市公司中，仅有 1 家认购过非银理财产品，具体情况如下：

1）创维数字

在 2016 年 1 月 1 日至 2017 年 8 月 31 日期间，公司总共认购了 16 个非银理财产品，累计投入 8.248 亿元，公司主要认购了证券公司理财产品、投资公司理财产品、基金专户。

在创维数字认购的非银理财产品中，认购投资公司理财产品的金额最多，达到 4.1212 亿元，这是基于该类产品收益率较高且流动性好的特点。

创维数字主要认购了深圳第一创业创新资本管理有限公司的投资公司理财产品，这家产品发行方是第一创业证券股份有限公司旗下的全资子公司，背后实际控制母公司为第一创业证券。第一创业证券作为业内知名券商，具备较高的行业地位及较强的资本运作能力。

图表 2.7.5：2016 年 1 月 1 日至 2017 年 8 月 31 日，四川，创维数字认购非银理财产品情况

认购日期	理财产品名称	产品发行方名称	理财类型	认购金额（万元）	产品起息日	产品到息日	产品期限	预计最低收益率（%）	预计最高收益率（%）
2017-07-04	博时天天增利货币 B	博时基金管理有限公司	基金专户	1,000.00	2017-07-04			3.90	
2016-11-24	飞跃十二号定向资产管理计划	深圳第一创业创新资本管理有限公司	投资公司理财产品	6,012.00	2016-11-24	2018-11-24	730 天	8.00	
2016-11-07	一创飞跃十二号定向资产管理计划	深圳第一创业创新资本管理有限公司	投资公司理财产品	3,500.00	2016-11-07	2017-11-07	365 天	8.00	
2016-09-30	一创飞跃十二号定向资产管理计划	深圳第一创业创新资本管理有限公司	投资公司理财产品	5,500.00	2016-09-30	2018-03-30	546 天	8.00	
2016-08-25	红利二号私募投资基金	深圳第一创业创新资本管理有限公司	基金专户	7,588.00	2016-08-25	2016-12-09	106 天	8.00	

数据来源：Wind，恒天财富研究院

4. 食品饮料行业（1 家）

认购情况分析

在 5 家四川本地食品饮料行业上市公司中，仅有 1 家认购过非银理财产品，具体情况如下：

1）千禾味业

在 2016 年 1 月 1 日至 2017 年 8 月 31 日期间，公司总共认购了 13 个非银理财产品，累计投入 3 亿元，公司主要认购了证券公司理财产品、投资公司理财产品、基金专户。

在千禾味业认购的非银理财产品中，认购证券公司理财产品的金额最多，达到 2.8 亿元，这是基于资金良好流动性、容易变现的特点。

千禾味业主要认购了华泰证券公司的证券公司理财产品，这家产品发行方的实际控制人为江苏省人民政府国有资产监督委员会，第一大股东是江苏省国信资产管理集团有限公司控股，由国企背景股东控股，背后实际控制母公司为国资委。华泰证券作为业内知名证券公司，具备较高的行业地位及较强的资本运作能力。

图表 2.7.6：2016 年 1 月 1 日至 2017 年 8 月 31 日，四川，千禾味业认购非银理财产品情况

认购日期	理财产品名称	产品发行方名称	理财类型	认购金额（万元）	产品起息日	产品到息日	产品期限	预计最低收益率（%）	预计最高收益率（%）
2017-07-05	华泰证券恒益17142 号收益凭证	华泰证券股份有限公司	证券公司理财产品	4,000.00	2017-07-06	2017-09-28	84 天	4.40	
2017-06-28	华泰紫金节假日理财集合资产管理计划	华泰证券股份有限公司	证券公司理财产品	1,500.00	2017-06-28				
2017-05-31	中信建投收益凭证“固收鑫·稳享”【169 号】-89 天期	中信建投证券股份有限公司	证券公司理财产品	2,000.00	2017-06-01	2017-08-29	89 天	4.35	
2017-05-19	中信建投收益凭证“固收鑫·稳享”【151 号】-51 天期	中信建投证券股份有限公司	证券公司理财产品	2,000.00	2017-05-22	2017-07-12	51 天	4.30	
2017-05-03	华泰紫金节假日理财集合资产管理计划	华泰证券股份有限公司	证券公司理财产品	1,500.00	2017-05-04	2017-06-28	56 天	4.35	

数据来源：Wind，恒天财富研究院

5. 计算机行业（1 家）

认购情况分析

在 8 家四川本地计算机行业上市公司中，仅有 1 家认购过非银理财产品，具体情况如下：

1）运达科技

在 2016 年 1 月 1 日至 2017 年 8 月 31 日期间，公司总共认购了 6 个非银理财产品，累计投入 3 亿元，公司主要认购了证券公司理财产品。

在运达科技认购的非银理财产品中，认购证券公司理财产品的金额最多，达

到3亿元，这是基于资金良好流动性、容易变现的特点。

运达科技主要认购了华泰证券公司的证券公司理财产品，这家产品发行方的实际控制人为江苏省人民政府国有资产监督委员会，第一大股东是江苏省国信资产管理集团有限公司控股，由国企背景股东控股，背后实际控制母公司为国资委。华泰证券作为业内知名证券公司，具备较高的行业地位及较强的资本运作能力。

图表2.7.7：2016年1月1日至2017年8月31日，四川，运达科技认购非银理财产品情况

认购日期	理财产品名称	产品发行方名称	理财类型	认购金额（万元）	产品起息日	产品到息日	产品期限	预计最低收益率（%）	预计最高收益率（%）
2017-01-13	华泰证券股份有限公司聚益16207号收益凭证（产品代码：SG7207）	华泰证券股份有限公司	证券公司理财产品	5,000.00	2017-01-13	2017-03-14	60天	4.00	
2017-01-04	中金公司财富资金系列25期收益凭证金保障型）收益凭证（产品代码：SQ0669）	中国国际金融股份有限公司	证券公司理财产品	5,000.00	2017-01-04	2017-04-05	91天	3.90	
2016-11-04	中金公司商品A系列5期（挂钩黄金本金保障型）收益凭证	中国国际金融股份有限公司	证券公司理财产品	5,000.00	2016-11-04	2016-12-22	48天	3.06	
2016-11-04	华泰证券股份有限公司聚益16207号收益凭证（产品代码：SG7207）	华泰证券股份有限公司	证券公司理财产品	5,000.00	2016-11-04	2016-12-28	54天	2.80	
2016-08-10	华泰证券股份有限公司聚益16207号收益凭证（产品代码：SG7207）	华泰证券股份有限公司	证券公司理财产品	5,000.00	2016-08-10	2016-11-01	83天	2.00	10.50

数据来源：Wind，恒天财富研究院

6. 汽车行业（1 家）

认购情况分析

在 4 家四川本地汽车行业上市公司中，仅有 1 家认购过非银理财产品，具体情况如下：

1）浩物股份

在 2016 年 1 月 1 日至 2017 年 8 月 31 日期间，公司总共认购了 14 个非银理财产品，累计投入 2.75 亿元，公司主要认购了证券公司理财产品。

在浩物股份认购的非银理财产品中，认购证券公司理财产品的金额最多，达到 2.75 亿元，这是基于资金良好流动性、容易变现的特点。

浩物股份主要认购了中国银河证券公司的证券公司理财产品，这家产品发行方的实际控制人是国务院国有资产监督管理委员会，第一大股东为中国银河金融控股有限责任公司，由国企背景股东控股，背后实际控制母公司为国资委。中国银河证券作为业内知名券商，具备较高的行业地位及较强的资本运作能力。

图表 2.7.8：2016 年 1 月 1 日至 2017 年 8 月 31 日，四川，浩物股份认购非银理财产品情况

认购日期	理财产品名称	产品发行方名称	理财类型	认购金额（万元）	产品起息日	产品到息日	产品期限	预计最低收益率（%）	预计最高收益率（%）
2017-07-27	“银河金山”收益凭证 1370 期	中国银河证券股份有限公司	证券公司理财产品	3,500.00	2017-07-28	2017-10-25	90 天	4.55	
2017-04-10	“银河金山”收益凭证 939 期（产品代码：YH1039）	中国银河证券股份有限公司	证券公司理财产品	3,500.00	2017-04-11	2017-07-24	105 天	4.45	
2017-02-07	华西证券融诚 3 号集合资产管理计划“月月新 91 天份额（1 期）”（份额代码：BA6101）	华西证券股份有限公司	证券公司理财产品	1,000.00	2017-02-08	2017-05-09	91 天	4.10	
2017-01-23	华西证券融诚 3 号集合资产管理计划“月月新 91 天份额（4 期）”（份额代码：BA6106）	华西证券股份有限公司	证券公司理财产品	2,000.00	2017-01-24	2017-04-24	91 天	4.55	

续表

认购日期	理财产品名称	产品发行方名称	理财类型	认购金额（万元）	产品起息日	产品到息日	产品期限	预计最低收益率（%）	预计最高收益率（%）
2016-08-24	"金自来"银河证券深圳质押式报价回购交易 91 天 003 期（产品代码：132001091003）	中国银河证券股份有限公司	证券公司理财产品	2,000.00	2016-08-24	2016-11-22	91 天	2.95	

数据来源：Wind、恒天财富研究院

7. 轻工制造行业（1 家）

认购情况分析

在 3 家四川本地轻工制造行业上市公司中，仅有 1 家认购过非银理财产品，具体情况如下：

1）帝王洁具

在 2016 年 1 月 1 日至 2017 年 8 月 31 日期间，该公司仅认购了 1 个非银理财产品，共投入 1 亿元，该产品类型为基金专户。这是基于该类产品收益率较高，且可以提供定制化服务的特点。

帝王洁具主要认购了易方达基金管理有限公司的基金专户理财产品，这家产品发行方无实际控制人，第一大股东为盈峰投资控股集团有限公司，其余股东还有知名证券公司广发证券、知名信托公司广东粤财信托。同时，易方达基金管理有限公司作为业内知名基金公司，具备较高的行业地位及较强的资本运作能力。

图表 2.7.9：2016 年 1 月 1 日至 2017 年 8 月 31 日，四川，帝王洁具认购非银理财产品情况

认购日期	理财产品名称	产品发行方名称	理财类型	认购金额（万元）	产品起息日	产品到息日	产品期限	预计最低收益率（%）	预计最高收益率（%）
2016-12-28	易方达货币市场基金	易方达基金管理有限公司	基金专户	10,000.00	2016-12-29				

数据来源：Wind、恒天财富研究院

8. 传媒行业（1 家）

认购情况分析

在 5 家四川本地传媒行业上市公司中，仅有 1 家认购过非银理财产品，具体情况如下：

1）新华文轩

在 2016 年 1 月 1 日至 2017 年 8 月 31 日期间，公司总共认购了 2 个非银理财产品，累计投入 5950 万元，公司主要认购了信托产品。

在新华文轩认购的非银理财产品中，认购信托的金额最多，达到 5950 万元，这是基于其短期收益率高、刚性兑付的特点。

新华文轩主要认购了中信信托有限责任公司的信托产品，这家产品发行方的实际控制人为中国中信集团有限公司，第一大股东为中国中信有限公司，中信集团由国企和外资背景股东控股，背后实际控制母公司为国资委。中信信托作为业内知名信托，具备较高的行业地位及较强的资本运作能力。

图表 2.7.10：2016 年 1 月 1 日至 2017 年 8 月 31 日，四川，新华文轩认购非银理财产品情况

认购日期	理财产品名称	产品发行方名称	理财类型	认购金额（万元）	产品起息日	产品到息日	产品期限	预计最低收益率（%）	预计最高收益率（%）
2016-11-22	中信信托·信惠现金管理型金融投资集合资金信托计划	中信信托有限责任公司	信托	4,950.00	2016-11-22				
2016-08-16	外贸信托·五行汇金小微基金集合资金信托计划二期 -7	中国对外经济贸易信托有限公司	信托	1,000.00	2016-08-16	2017-08-15	1 年		

数据来源：Wind、恒天财富研究院

9. 机械设备行业（1 家）

认购情况分析

在 11 家四川本地机械设备行业上市公司中，仅有 1 家认购过非银理财产品，具体情况如下：

1）金石东方

在 2016 年 1 月 1 日至 2017 年 8 月 31 日期间，该公司仅认购了 1 个非银理财产品，共投入 2000 万元，该产品类型为证券公司理财产品。这是基于资金良好流动性、容易变现的特点。

金石东方主要认购了华泰证券公司的证券公司理财产品，这家产品发行方的实际控制人为江苏省人民政府国有资产监督委员会，第一大股东是江苏省国信资产管理集团有限公司控股，由国企背景股东控股，背后实际控制母公司为国资委。华泰证券作为业内知名证券公司，具备较高的行业地位及较强的资本运作能力。

图表 2.7.11：2016 年 1 月 1 日至 2017 年 8 月 31 日，四川，金石东方认购非银理财产品情况

认购日期	理财产品名称	产品发行方名称	理财类型	认购金额（万元）	产品起息日	产品到息日	产品期限	预计最低收益率（%）	预计最高收益率（%）
2016-09-09	华泰证券聚益 16217 号收益凭证	华泰证券股份有限公司	证券公司理财产品	2,000.00	2016-09-09	2016-10-12	33 天	2.00	

数据来源：Wind，恒天财富研究院

（八）福建省（10 家）

福建共有 127 家本地上市公司，仅有 10 家在已经披露的公告中曾经或已经认购过非银理财产品，占比约为 7.87%。就 10 家认购过非银理财产品的福建省上市公司的行业分布来看，整体分布较为平均，计算机行业所拥有的认购非银理财产品的上市公司较多，共有 2 家，其余 8 个行业各仅有 1 家。

1. 计算机行业（2 家）

认购情况分析

在 8 家福建本地计算机行业上市公司中，已有 2 家认购过非银理财产品，具体情况如下：

1）顶点软件

在 2016 年 1 月 1 日至 2017 年 8 月 31 日期间，公司总共认购了 4 个非银理财产品，累计投入 3.4 亿元，公司主要认购了证券公司理财产品。

在顶点软件认购的非银理财产品中，认购证券公司理财产品的金额最多，达到 3.4 亿元，这是基于资金良好流动性、容易变现的特点。

顶点软件主要认购了国泰君安证券公司的证券公司理财产品，这家产品发行方的实际控制人是上海国际集团有限公司，第一大股东为上海国有资产经营有限公司，由国企背景股东控股，背后实际控制母公司为国资委。国泰君安证券作为业内知名券商，具备较高的行业地位及较强的资本运作能力。

图表 2.8.1：2016 年 1 月 1 日至 2017 年 8 月 31 日，福建，顶点软件认购非银理财产品情况

认购日期	理财产品名称	产品发行方名称	理财类型	认购金额（万元）	产品起息日	产品到息日	产品期限	预计最低收益率（%）	预计最高收益率（%）
2017-08-31	国泰君安证券君柜宝一号 2017 年第 150 期收益凭证	国泰君安证券股份有限公司	证券公司理财产品	10,000.00	2017-09-01	2017-11-01	62 天	4.30	
2017-06-30	国泰君安证券君柜宝一号 2017 年第 87 期收益凭证	国泰君安证券股份有限公司	证券公司理财产品	10,000.00	2017-06-30	2018-04-02	277 天	4.65	
2017-06-30	国泰君安证券君柜宝一号 2017 年第 85 期收益凭证	国泰君安证券股份有限公司	证券公司理财产品	10,000.00	2017-06-30	2017-08-30	62 天	4.65	
2017-06-30	国泰君安证券君柜宝一号 2017 年第 86 期收益凭证	国泰君安证券股份有限公司	证券公司理财产品	4,000.00	2017-06-30	2017-10-10	103 天	4.55	

数据来源：Wind，恒天财富研究院

2）南威软件

在 2016 年 1 月 1 日至 2017 年 8 月 31 日期间，公司总共认购了 3 个非银理财产品，累计投入 1.3 亿元，公司主要认购了证券公司理财产品。

在南威软件认购的非银理财产品中，认购证券公司理财产品的金额最多，达到 1.3 亿元，这是基于资金良好流动性、容易变现的特点。

南威软件主要认购了海通证券公司的证券公司理财产品，这家产品发行方无实际控制人，第一大股东为中国证券金融股份有限公司，由国企背景股东控股，

背后实际控制母公司为国资委。海通证券作为业内知名券商，具备较高的行业地位及较强的资本运作能力。

图表 2.8.2：2016 年 1 月 1 日至 2017 年 8 月 31 日，福建，南威软件认购非银理财产品情况

认购日期	理财产品名称	产品发行方名称	理财类型	认购金额（万元）	产品起息日	产品到息日	产品期限	预计最低收益率（%）	预计最高收益率（%）
2016-08-17	海通证券“一海通财·理财宝”系列收益凭证尊享版 91 天期第 39 号	海通证券股份有限公司	证券公司理财产品	4,000.00	2016-08-18	2016-11-16	91 天	3.10	
2016-05-12	海通证券“一海通财·理财宝”系列收益凭证尊享版 91 天期第 32 号（产品代码：SG1015）	海通证券股份有限公司	证券公司理财产品	3,000.00	2016-05-13	2016-08-11	91 天	3.30	
2016-03-24	海通证券“一海通财·理财宝”系列收益凭证尊享版 123 天期第 2 号（产品代码：SF6813）	海通证券股份有限公司	证券公司理财产品	6,000.00	2016-03-25	2016-07-25	123 天	3.25	

数据来源：Wind，恒天财富研究院

2. 纺织服装行业（1 家）

认购情况分析

在 7 家福建本地纺织服装行业上市公司中，仅有 1 家认购过非银理财产品，具体情况如下：

1）七匹狼

在 2016 年 1 月 1 日至 2017 年 8 月 31 日期间，公司总共认购了 42 个非银理财产品，累计投入近 19 亿元，公司主要认购了证券公司理财产品、投资公司理财产品、信托。

在七匹狼认购的非银理财产品中，认购投资公司理财产品的金额最多，达到

近16.4亿元，这是基于该类产品收益率较高且流动性好的特点。

七匹狼主要认购了海通证券的证券类理财产品，这家产品发行方无实际控制人，第一大股东为中国证券金融股份有限公司，由国企背景股东控股，背后实际控制母公司为国资委。海通证券作为业内知名券商，具备较高的行业地位及较强的资本运作能力。

图表 2.8.3：2016 年 1 月 1 日至 2017 年 8 月 31 日，福建，七匹狼认购非银理财产品情况

认购日期	理财产品名称	产品发行方名称	理财类型	认购金额（万元）	产品起息日	产品到息日	产品期限	预计最低收益率（%）	预计最高收益率（%）
2017-01-06	海通证券股份有限公司理财产品	海通证券股份有限公司	证券公司理财产品	4,000.00	2017-01-06	2017-01-19	13天	3.20	
2017-01-04	中信信托有限责任公司理财产品	中信信托有限责任公司	信托	10,000.00	2017-01-04	2018-01-04	365天	5.75	
2016-12-29	长城证券股份有限公司理财产品	长城证券股份有限公司	证券公司理财产品	12,000.00	2016-12-29	2017-03-29	90天	7.00	
2016-12-22	深圳市思道科投资有限公司理财产品	深圳市思道科投资有限公司	投资公司理财产品	10,000.00	2016-12-22	2017-11-21	334天	5.50	
2016-12-22	深圳市思道科投资有限公司理财产品	深圳市思道科投资有限公司	投资公司理财产品	10,000.00	2016-12-22	2017-11-21	334天	5.30	

数据来源：Wind，恒天财富研究院

3. 电子行业（1家）

认购情况分析

在11家福建本地电子行业上市公司中，仅有1家认购过非银理财产品，具体情况如下：

1）火炬电子

在2016年1月1日至2017年8月31日期间，公司总共认购了4个非银理财产品，累计投入近3亿元，公司主要认购了证券公司理财产品。

在火炬电子认购的非银理财产品中，认购证券公司理财产品的金额最多，达到3亿元，这是基于资金良好流动性、容易变现的特点。

火炬电子主要认购了广发证券公司的证券公司理财产品，这家产品发行方无实际控制人，第一大股东为吉林敖东药业，由民企背景股东控股，背后实际控制母公司为敦化市金诚实业有限责任公司。广发证券作为业内知名券商，具备较高的行业地位及较强的资本运作能力。

图表 2.8.4：2016 年 1 月 1 日至 2017 年 8 月 31 日，福建，火炬电子认购非银理财产品情况

认购日期	理财产品名称	产品发行方名称	理财类型	认购金额（万元）	产品起息日	产品到息日	产品期限	预计最低收益率（%）	预计最高收益率（%）
2017-02-21	华福证券收益凭证“华福”4 号	华福证券有限责任公司	证券公司理财产品	5,000.00	2017-02-21	2017-05-23	91 天	4.50	
2016-09-21	华泰证券聚益 16220 号收益凭证	华泰证券股份有限公司	证券公司理财产品	5,000.00	2016-09-21	2016-12-21	91 天	2.50	
2016-09-21	广发证券收益凭证-“收益宝”1 号	广发证券股份有限公司	证券公司理财产品	15,000.00	2016-09-21	2017-09-20	364 天	3.30	
2017-05-24	华福证券收益凭证“华福”19 号	华福证券有限责任公司	证券公司理财产品	5,000.00	2017-05-25	2017-09-04	102 天	4.90	

数据来源：Wind，恒天财富研究院

4. 农林牧渔行业（1 家）

认购情况分析

在 5 家福建本地农林牧渔行业上市公司中，仅有 1 家认购过非银理财产品，具体情况如下：

1）绿康生化

在 2016 年 1 月 1 日至 2017 年 8 月 31 日期间，公司总共认购了 2 个非银理财产品，累计投入近 2.7 亿元，公司主要认购了证券公司理财产品。

在绿康生化认购的非银理财产品中，认购证券公司理财产品的金额最多，达到 2.7 亿元，这是基于资金良好流动性、容易变现的特点。

绿康生化主要认购了兴业证券的证券公司理财产品，这家产品发行方实际控制人为福建省财政厅，第一大股东也为福建省财政厅。兴业证券作为业内知名券商，具备较高的行业地位及较强的资本运作能力。

图表 2.8.5：2016 年 1 月 1 日至 2017 年 8 月 31 日，福建，绿康生化认购非银理财产品情况

认购日期	理财产品名称	产品发行方名称	理财类型	认购金额（万元）	产品起息日	产品到息日	产品期限	预计最低收益率（%）	预计最高收益率（%）
2017-06-21	兴业证券兴融 2017-35 号固定收益凭证	兴业证券股份有限公司	证券公司理财产品	7,000.00	2017-06-22	2017-12-20	182 天	5.10	
2017-06-21	兴业证券兴融 2017-33 号固定收益凭证	兴业证券股份有限公司	证券公司理财产品	20,000.00	2017-06-22	2018-06-12	356 天	5.20	

数据来源：Wind，恒天财富研究院

5. 建筑装饰行业（1 家）

认购情况分析

福建本地建筑装饰行业上市公司仅有 1 家，并已认购过非银理财产品，具体情况如下：

1）合诚股份

在 2016 年 1 月 1 日至 2017 年 8 月 31 日期间，公司总共认购了 2 个非银理财产品，累计投入近 2 亿元，公司主要认购了证券公司理财产品。

在合诚股份认购的非银理财产品中，认购证券公司理财产品的金额最多，达到 2 亿元，这是基于资金良好流动性、容易变现的特点。

合诚股份主要认购了长江证券的证券类理财产品，这家产品发行方无实际控制人，第一大股东为中信集团，由国企和外资背景股东控股，背后实际控制母公司为国资委。中信证券作为业内知名券商，具备较高的行业地位及较强的资本运作能力。

图表 2.8.6：2016 年 1 月 1 日至 2017 年 8 月 31 日，福建，合诚股份认购非银理财产品情况

认购日期	理财产品名称	产品发行方名称	理财类型	认购金额（万元）	产品起息日	产品到息日	产品期限	预计最低收益率（%）	预计最高收益率（%）
2016-12-07	长江证券收益凭证长江宝 322 号	长江证券股份有限公司	证券公司理财产品	10,000.00	2016-12-08	2017-06-07	181 天	3.50	
2016-11-04	长江证券收益凭证长江宝 307 号	长江证券股份有限公司	证券公司理财产品	10,000.00	2016-11-04	2016-12-05	31 天	3.40	

数据来源：Wind，恒天财富研究院

6. 房地产行业（1家）

认购情况分析

在4家福建本地房地产行业上市公司中，仅有1家认购过非银理财产品，具体情况如下：

1）泰禾集团

在2016年1月1日至2017年8月31日期间，该公司仅认购了1个非银理财产品，共投入2亿元，该产品类型为信托。这是基于其短期收益率高、刚性兑付的特点。

泰禾集团主要认购了华能信托公司的信托理财产品，这家产品发行方无实际控制人，第一大股东是中国华能集团，由国企背景股东控股，背后实际控制母公司为国资委。华能信托作为业内知名信托公司，具备较高的行业地位及较强的资本运作能力。

图表2.8.7：2016年1月1日至2017年8月31日，福建，泰禾集团认购非银理财产品情况

认购日期	理财产品名称	产品发行方名称	理财类型	认购金额（万元）	产品起息日	产品到息日	产品期限	预计最低收益率（%）	预计最高收益率（%）
2016-11-23	华能信托·聚鑫6号集合资金信托计划	华能贵诚信托有限公司	信托	20,000.00					

数据来源：Wind，恒天财富研究院

7. 汽车行业（1家）

认购情况分析

在6家福建本地汽车行业上市公司中，仅有1家认购过非银理财产品，具体情况如下：

1）华懋科技

在2016年1月1日至2017年8月31日期间，公司总共认购了5个非银理财产品，累计投入近1.2亿元，公司主要认购了证券公司理财产品。

在华懋科技认购的非银理财产品中，认购证券公司理财产品的金额最多，达到1.2亿元，这是基于资金良好流动性、容易变现的特点。

华懋科技主要认购了兴证证券资产管理有限公司的证券公司理财产品，这家产品发行方为兴业证券的全资子公司，由国企背景股东控股。兴证证券资产管理有限公司作为业内知名资管公司，具备较高的行业地位及较强的资本运作能力。

图表 2.8.8：2016 年 1 月 1 日至 2017 年 8 月 31 日，福建，华懋科技认购非银理财产品情况

认购日期	理财产品名称	产品发行方名称	理财类型	认购金额（万元）	产品起息日	产品到息日	产品期限	预计最低收益率（%）	预计最高收益率（%）
2016-07-13	兴业证券金麒麟 1 号集合资产管理计划	兴证证券资产管理有限公司	证券公司理财产品	4,000.00	2016-07-13	2016-08-09	28 天	3.80	
2016-06-08	兴业证券金麒麟 1 号集合资产管理计划	兴证证券资产管理有限公司	证券公司理财产品	2,000.00	2016-06-08	2016-09-06	91 天	4.30	
2016-04-28	兴业证券金麒麟 1 号集合资产管理计划	兴证证券资产管理有限公司	证券公司理财产品	2,000.00	2016-04-28	2016-08-31	125 天	4.40	
2016-03-22	兴业证券金麒麟 1 号集合资产管理计划	兴证证券资产管理有限公司	证券公司理财产品	2,000.00	2016-03-22	2016-06-20	91 天	4.40	
2016-02-16	兴业证券金麒麟 1 号集合资产管理计划	兴证证券资产管理有限公司	证券公司理财产品	2,000.00	2016-02-16	2016-03-14	28 天	4.20	

数据来源：Wind，恒天财富研究院

8. 传媒行业（1 家）

认购情况分析

在 6 家福建本地传媒行业上市公司中，仅有 1 家认购过非银理财产品，具体情况如下：

1）吉比特

在 2016 年 1 月 1 日至 2017 年 8 月 31 日期间，该公司仅认购了 1 个非银理财产品，共投入 3000 万元，该产品类型为证券公司理财产品。这是基于资金良好流动性、容易变现的特点。

吉比特主要认购了兴业证券的证券公司理财产品，这家产品发行方实际控

制人为福建省财政厅，第一大股东也为福建省财政厅。兴业证券作为业内知名券商，具备较高的行业地位及较强的资本运作能力。

图表 2.8.9：2016 年 1 月 1 日至 2017 年 8 月 31 日，福建，吉比特认购非银理财产品情况

认购日期	理财产品名称	产品发行方名称	理财类型	认购金额（万元）	产品起息日	产品到息日	产品期限	预计最低收益率（%）	预计最高收益率（%）
2017-08-17	兴业证券兴融 2017-50 号固定收益凭证	兴业证券股份有限公司	证券公司理财产品	3,000.00	2017-08-17	2017-11-20	95 天	4.70	

数据来源：Wind，恒天财富研究院

9. 机械设备行业（1 家）

认购情况分析

在 9 家福建本地机械设备行业上市公司中，仅有 1 家认购过非银理财产品，具体情况如下：

1）*ST 厦工

在 2016 年 1 月 1 日至 2017 年 8 月 31 日期间，该公司仅认购了 1 个非银理财产品，共投入 2500 万元，该产品类型为信托。这是基于其短期收益率高、刚性兑付的特点。

*ST 厦工主要认购了民生银行的信托，这家产品发行方无实际控制人，第一大股东为香港中央结算有限公司。民生银行作为业内知名股份制商业银行，具备较高的行业地位及较强的资本运作能力。

图表 2.8.10：2016 年 1 月 1 日至 2017 年 8 月 31 日，福建，*ST 厦工认购非银理财产品情况

认购日期	理财产品名称	产品发行方名称	理财类型	认购金额（万元）	产品起息日	产品到息日	产品期限	预计最低收益率（%）	预计最高收益率（%）
2016-08-09	五矿信托－民生保腾集合资金信托计划	民生银行厦门市分行	信托	2,500.00	2016-08-09	2017-02-08	183 天	48.48	

数据来源：Wind，恒天财富研究院

（九）河南省（8家）

河南共有76家本地上市公司，其中8家在已经披露的公告中曾经或已经认购过非银理财产品，占比约为10.52%。就8家认购过非银理财产品的河南上市公司的行业分布来看，机械设备行业所拥有的认购非银理财产品的上市公司最多，有2家认购过，约占河南本地总上市公司数的2.63%。

1. 机械设备行业（2家）

认购情况分析

在16家河南本地机械设备行业上市公司中，已有2家认购过非银理财产品，具体情况如下：

1）中信重工

在2016年1月1日至2017年8月31日期间，公司总共认购了4个非银理财产品，累计投入8.29亿元，公司主要认购了信托产品。

在中信重工认购的非银理财产品中，认购信托产品的金额最多，达到8.29亿元，这是基于其短期收益率高、刚性兑付的特点。

中信重工主要认购了中信信托有限责任公司的信托公司理财产品，产品发行方无实际控制人，第一大股东为中信集团，由国企和外资背景股东控股，背后实际控制母公司为国资委。中信信托作为业内知名信托公司，具备较高的行业地位及较强的资本运作能力。

图表2.9.1：2016年1月1日至2017年8月31日，河南，中信重工认购非银理财产品情况

认购日期	理财产品名称	产品发行方名称	理财类型	认购金额（万元）	产品起息日	产品到息日	产品期限	预计最低收益率（%）	预计最高收益率（%）
2016-06-02	中信·唐山世园会PPP项目投资集合资金信托计划	中信信托有限责任公司	信托	19,500.00	2016-06-02	2018-04-30	697天	7.00	
2016-03-30	中信·唐山世园会PPP项目投资集合资金信托计划	中信信托有限责任公司	信托	32,560.00	2016-03-30	2018-04-30	761天	7.00	

续表

认购日期	理财产品名称	产品发行方名称	理财类型	认购金额（万元）	产品起息日	产品到息日	产品期限	预计最低收益率（%）	预计最高收益率（%）
2016-03-08	中信民生 19 号青州宏利应收账款流动化信托项目	中信信托有限责任公司	信托	15,000.00	2016-03-08	2018-03-08	730 天	7.50	
2016-03-02	阳光新业资金信托项目	中信信托有限责任公司	信托	15,800.00	2016-03-02	2018-03-02	730 天	7.00	

数据来源：Wind，恒天财富研究院

2）新天科技

在 2016 年 1 月 1 日至 2017 年 8 月 31 日期间，公司总共认购了 3 个非银理财产品，累计投入 4.5 亿元，公司主要认购了证券公司理财产品。

在新天科技认购的非银理财产品中，认购证券公司理财产品的金额最多，达到 4.5 亿元，这是基于保持资金良好流动性、容易变现的特点。

新天科技主要认购了国泰君安证券公司的证券公司理财产品，这家产品发行方的实际控制人是上海国际集团有限公司，第一大股东为上海国有资产经营有限公司，由国企背景股东控股，背后实际控制母公司为国资委。国泰君安证券作为业内知名券商，具备较高的行业地位及较强的资本运作能力。

图表 2.9.2：2016 年 1 月 1 日至 2017 年 8 月 31 日，河南，新天科技认购非银理财产品情况

认购日期	理财产品名称	产品发行方名称	理财类型	认购金额（万元）	产品起息日	产品到息日	产品期限	预计最低收益率（%）	预计最高收益率（%）
2017-05-23	国泰君安证券睿博系列尧睿一百零七号收益凭证	国泰君安证券股份有限公司	证券公司理财产品	25,000.00	2017-05-24	2017-11-20	180 天	4.50	4.70
2017-05-05	方正证券收益凭证“金添利”D52 号	方正证券股份有限公司	证券公司理财产品	5,000.00	2017-05-08	2018-02-08	276 天	5.00	
2017-05-05	方正证券收益凭证“金添利”D51 号	方正证券股份有限公司	证券公司理财产品	15,000.00	2017-05-08	2017-11-07	183 天	5.00	

数据来源：Wind，恒天财富研究院

2. 计算机行业（1 家）

认购情况分析

在 3 家河南本地计算机行业上市公司中，已有 1 家认购过非银理财产品，具体情况如下：

1）思维列控

在 2016 年 1 月 1 日至 2017 年 8 月 31 日期间，公司总共认购了 14 个非银理财产品，累计投入 5.8 亿元，公司主要认购了证券公司理财产品。

在思维列控认购的非银理财产品中，认购证券公司理财产品的金额最多，达到 5000 万元，这是基于保持资金良好流动性、容易变现的特点。

思维列控主要认购了国信证券的证券公司理财产品，产品发行方的实际控制人为深圳国资委，第一大股东为深圳投资控股有限公司，由国企背景股东控股，背后实际控制人为深圳国资委。国信证券作为业内知名证券公司，具备较高的行业地位及较强的资本运作能力。

图表 2.9.3：2016 年 1 月 1 日至 2017 年 8 月 31 日，河南，思维列控认购非银理财产品情况

认购日期	理财产品名称	产品发行方名称	理财类型	认购金额（万元）	产品起息日	产品到息日	产品期限	预计最低收益率（%）	预计最高收益率（%）
2017-04-10	良卓资产银通 1 号票据投资基金	上海良卓资产管理有限公司	投资公司理财产品	3,000.00	2017-04-10	2017-10-05	178 天	6.50	
2017-03-14	国信－睿元 002 号	国信证券股份有限公司	证券公司理财产品	5,000.00	2017-03-14	2018-03-13	365 天	6.00	
2017-01-19	信证－兴业矿业股权质押私募投资基金	深圳市信证基金管理有限公司	基金专户	3,000.00	2017-01-19	2018-01-18	365 天	7.20	
2017-01-17	九证增利 2 期－青海九证保本收益凭证	青海九证投资管理有限公司	投资公司理财产品	3,000.00	2017-01-17	2017-07-12	177 天	5.25	
2016-12-05	恒天财富稳泰 44 号私募投资基金	北京恒天财富投资管理有限公司	投资公司理财产品	6,000.00	2016-12-05	2017-06-04	180 天	6.80	

数据来源：Wind，恒天财富研究院

3. 传媒行业（1家）

认购情况分析

在2家河南本地传媒行业上市公司中，已有1家认购过非银理财产品，具体情况如下：

1）大地传媒

在2016年1月1日至2017年8月31日期间，该公司仅认购了1个非银理财产品，共投入2亿元，该产品类型为证券公司理财产品。这是基于保持资金良好流动性、容易变现的特点。

大地传媒主要认购了国泰君安证券公司的证券公司理财产品，这家产品发行方的实际控制人是上海国际集团有限公司，第一大股东为上海国有资产经营有限公司，由国企背景股东控股，背后实际控制母公司为国资委。国泰君安证券作为业内知名券商，具备较高的行业地位及较强的资本运作能力。

图表2.9.4：2016年1月1日至2017年8月31日，河南，大地传媒认购非银理财产品情况

认购日期	理财产品名称	产品发行方名称	理财类型	认购金额（万元）	产品起息日	产品到息日	产品期限	预计最低收益率（%）	预计最高收益率（%）
2017-05-05	国泰君安“睿博系列尧睿九十八号”收益凭证	国泰君安证券股份有限公司	证券公司理财产品	20,000.00	2017-05-05	2017-12-12	221天	4.20	

数据来源：Wind，恒天财富研究院

4. 农林牧渔行业（1家）

认购情况分析

在4家河南本地农林牧渔行业上市公司中，已有1家认购过非银理财产品，具体情况如下：

1）普莱柯

在2016年1月1日至2017年8月31日期间，公司总共认购了4个非银理财产品，累计投入2.5亿元，公司主要认购了证券公司理财产品。

在普莱柯认购的非银理财产品中，认购证券公司理财产品的金额最多，达到2.5亿元，这是基于保持资金良好流动性、容易变现的特点。

普莱柯主要认购了海通证券公司的证券公司理财产品，这家产品发行方无实际控制人，第一大股东为中国证券金融股份有限公司，由国企背景股东控股，背后实际控制母公司为国资委。海通证券作为业内知名券商，具备较高的行业地位及较强的资本运作能力。

图表 2.9.5：2016 年 1 月 1 日至 2017 年 8 月 31 日，河南，普莱柯认购非银理财产品情况

认购日期	理财产品名称	产品发行方名称	理财类型	认购金额（万元）	产品起息日	产品到息日	产品期限	预计最低收益率（%）	预计最高收益率（%）
2017-03-15	海通证券“一海通财·理财宝”系列收益凭证尊享版 91 天期第 72 号	海通证券股份有限公司	证券公司理财产品	5,000.00	2017-03-15	2017-06-14	91 天	4.25	
2016-01-13	海通证券“一海通财·理财宝”系列收益凭证尊享版 91 天期第 53 号	海通证券股份有限公司	证券公司理财产品	5,000.00	2016-12-12	2017-03-13	91 天	4.00	
2016-12-08	海通证券“一海通财·理财宝”系列收益凭证尊享版 91 天期第 52 号	海通证券股份有限公司	证券公司理财产品	5,000.00	2016-12-08	2017-03-09	91 天	3.80	
2017-06-18	海通证券“一海通财·理财宝”系列收益凭证尊享版 182 天期第 51 号	海通证券股份有限公司	证券公司理财产品	10,000.00	2017-06-18	2017-12-17	182 天	4.90	

数据来源：Wind，恒天财富研究院

5. 公用事业（1 家）

认购情况分析

在 3 家河南本地公用事业行业上市公司中，已有 1 家认购过非银理财产品，具体情况如下：

1）隆华节能

在2016年1月1日至2017年8月31日期间，公司总共认购了4个非银理财产品，累计投入1.8亿元，公司主要认购了证券公司理财产品。

在隆华节能认购的非银理财产品中，认购证券公司理财产品的金额最多，达到1.8亿元，这是基于保持资金良好流动性、容易变现的特点。

隆华节能主要认购了国泰君安证券公司的证券公司理财产品，这家产品发行方的实际控制人是上海国际集团有限公司，第一大股东为上海国有资产经营有限公司，由国企背景股东控股，背后实际控制母公司为国资委。国泰君安证券作为业内知名券商，具备较高的行业地位及较强的资本运作能力。

图表2.9.6：2016年1月1日至2017年8月31日，河南，隆华节能认购非银理财产品情况

认购日期	理财产品名称	产品发行方名称	理财类型	认购金额（万元）	产品起息日	产品到息日	产品期限	预计最低收益率（%）	预计最高收益率（%）
2017-03-17	2017年度第95期收益凭证	中信证券股份有限公司	证券公司理财产品	3,000.00	2017-03-17	2017-04-17	31天	4.26	
2017-03-09	君享盈活3号集合资产管理计划	上海国泰君安证券资产管理有限公司	证券公司理财产品	5,000.00	2017-03-09	2017-04-07	29天	4.50	
2017-05-15	君享盈活3号集合资产管理计划	上海国泰君安证券资产管理有限公司	证券公司理财产品	5,000.00	2017-05-15	2017-06-30	46天	4.95	
2017-05-09	2017年度第161期收益凭证	中信证券股份有限公司	证券公司理财产品	5,000.00	2017-05-09	2017-06-09	31天	4.40	

数据来源：Wind，恒天财富研究院

6. 汽车行业（1家）

认购情况分析

在4家河南本地汽车行业上市公司中，已有1家认购过非银理财产品，具体情况如下：

1）中原内配

在2016年1月1日至2017年8月31日期间，公司总共认购了12个非银理

财产品，累计投入 2.68 亿元，公司主要认购了基金专户产品。

在中原内配认购的非银理财产品中，认购基金专户产品的金额最多，达到 2.28 亿元，这是基于该类产品收益率较高，且可以提供定制化服务的特点。

中原内配主要认购了北京恒天财富投资管理有限公司的基金专户产品，产品发行方的实际控制人是中植集团，第一大股东是经纬纺机，由国企背景股东控股，背后实际控制母公司为国资委。中融信托作为业内知名信托公司，具备较高的行业地位及较强的资本运作能力。

图表 2.9.7：2016 年 1 月 1 日至 2017 年 8 月 31 日，河南，中原内配认购非银理财产品情况

认购日期	理财产品名称	产品发行方名称	理财类型	认购金额（万元）	产品起息日	产品到息日	产品期限	预计最低收益率（%）	预计最高收益率（%）
2017-01-09	恒天财富稳盛 10 号投资基金	北京恒天财富投资管理有限公司	基金专户	5,000.00	2017-01-11	2017-04-10	89 天	6.30	
2016-10-10	恒天财富尊崇 7 号私募投资基金	北京恒天财富投资管理有限公司	基金专户	3,000.00	2016-10-13	2016-12-22	70 天	6.80	
2016-10-10	恒天财富稳盛 11 号投资基金	北京恒天财富投资管理有限公司	基金专户	1,500.00	2016-10-11	2017-01-05	86 天	6.90	
2016-07-22	恒天稳金 26 号投资基金	恒天融泽资产管理有限公司	基金专户	400.00	2016-07-25			4.00	5.90
2016-07-11	恒天稳金 18 号投资基金	恒天融泽资产管理公司	基金专户	3,000.00	2016-07-12			4.00	5.90

数据来源：Wind，恒天财富研究院

7. 食品饮料行业（1 家）

认购情况分析

在 5 家河南本地食品饮料行业上市公司中，已有 1 家认购过非银理财产品，具体情况如下：

1）双汇发展

在 2016 年 1 月 1 日至 2017 年 8 月 31 日期间，公司总共认购了 7 个非银理

财产品，累计投入 11 亿元，公司主要认购了证券公司理财产品。

在双汇发展认购的非银理财产品中，认购证券公司理财产品的金额最多，达到 11 亿元，这是基于保持资金良好流动性、容易变现的特点。

双汇发展主要认购了国泰君安证券公司证券公司理财产品，这家产品发行方的实际控制人是上海国际集团有限公司，第一大股东为上海国有资产经营有限公司，由国企背景股东控股，背后实际控制母公司为国资委。国泰君安证券作为业内知名券商，具备较高的行业地位及较强的资本运作能力。

图表 2.9.8：2016 年 1 月 1 日至 2017 年 8 月 31 日，河南，双汇发展认购非银理财产品情况

认购日期	理财产品名称	产品发行方名称	理财类型	认购金额（万元）	产品起息日	产品到息日	产品期限	预计最低收益率（%）	预计最高收益率（%）
2017-04-17	广发多添富 12 号集合资产管理计划	广发证券股份有限公司	证券公司理财产品	10,000.00	2017-04-17	2017-09-26	162 天		
2017-04-13	国泰君安君享盈活 1 号集合资产管理计划	国泰君安证券股份有限公司	证券公司理财产品	10,000.00	2017-04-13	2017-09-26	166 天		
2017-04-13	广发多添富 12 号集合资产管理计划	广发证券股份有限公司	证券公司理财产品	10,000.00	2017-04-13	2017-09-26	166 天		
2017-03-15	国泰君安证券睿博系列尧睿六十一号收益凭证	国泰君安证券股份有限公司	证券公司理财产品	20,000.00	2017-03-15	2017-10-16	215 天		
2017-03-09	国泰君安证券睿博系列尧睿五十九号收益凭证	国泰君安证券股份有限公司	证券公司理财产品	20,000.00	2017-03-09	2017-05-22	74 天		

数据来源：Wind，恒天财富研究院

（十）安徽省（7 家）

安徽共有 101 家本地上市公司，其中 7 家在已经披露的公告中曾经或已经认购过非银理财产品，占比约为 6.93%。就 7 家认购过非银理财产品的安徽上市公

司的行业分布来看，家用电器和食品饮料行业所拥有的认购非银理财产品的上市公司最多，各占安徽本地总上市公司数的 1.98%。

1. 家用电器行业（2 家）

认购情况分析

在 4 家安徽本地家用电器行业上市公司中，已有 2 家认购过非银理财产品，具体情况如下：

1）美菱电器

在 2016 年 1 月 1 日至 2017 年 8 月 31 日期间，公司总共认购了 7 个非银理财产品，累计投入 9.052 亿元，公司主要认购了信托理财产品。

在美菱电器公司认购的非银理财产品中，认购信托类型的非银理财产品金额最多，达到 9.052 亿元，这是基于投资风格积极、稳健和信托收益率相对较高等原因。

美菱电器主要认购了四川信托有限公司的信托理财产品，产品发行方第一大股东为四川宏达（集团）有限公司，由国企背景股东控股。四川信托有限公司作为业内知名信托，具备较高的行业地位及较强的资本运作能力。

图表 2.10.1：2016 年 1 月 1 日至 2017 年 8 月 31 日，安徽，美菱电器认购非银理财产品情况

认购日期	理财产品名称	产品发行方名称	理财类型	认购金额（万元）	产品起息日	产品到息日	产品期限	预计最低收益率（%）	预计最高收益率（%）
2017-03-30	四川信托·锦宜 3 号集合资金信托计划	四川信托有限公司	信托	20,000.00	2017-03-30			6.80	
2017-02-15	中融－晟融通 1 号集合资金信托计划	中融国际信托有限公司	信托	5,000.00		2017-08-03		6.30	
2016-12-28	四川信托·宝鼎创赢 19 号集合资金信托计划	四川信托有限公司	信托	11,870.00	2016-12-28	2017-12-05	342 天	6.60	
2016-12-28	四川信托·宝鼎创赢 20 号集合资金信托计划	四川信托有限公司	信托	11,850.00	2016-12-28	2017-12-05	342 天	6.60	

续表

认购日期	理财产品名称	产品发行方名称	理财类型	认购金额（万元）	产品起息日	产品到息日	产品期限	预计最低收益率（%）	预计最高收益率（%）
2016-12-28	四川信托·宝鼎创赢 21 号集合资金信托计划	四川信托有限公司	信托	11,800.00	2016-12-28	2017-12-05	342 天	6.60	
2017-07-27	中融－汇聚金 1 号货币基金集合资金信托计划	中融国际信托有限公司	信托	10,000.00				5.80	
2017-06-07	中融－汇聚金 1 号货币基金集合资金信托计划	中融国际信托有限公司	信托	20,000.00	2017-06-07	2017-09-07	92 天	6.00	

数据来源：Wind，恒天财富研究院

2）惠而浦

在 2016 年 1 月 1 日至 2017 年 8 月 31 日期间，公司总共认购了 4 个非银理财产品，累计投入 4.8 亿元，公司主要认购了证券公司理财产品。

在惠而浦公司认购的非银理财产品中，认购证券类型的非银理财产品金额最多，达到 3 亿元，这是基于投资风格积极、稳健和收益率相对较高等原因。

惠而浦主要认购了中信建投证券股份有限公司的证券公司理财产品，产品发行方第一大股东为北京国有资本经营管理中心，由全民所有制背景股东控股，背后实际控制母公司为北京市国资委。中信建投证券股份有限公司作为业内知名券商，拥有全业务平台，为企业客户、金融机构、政府机关及个人提供境内外一体化的全方位产品和服务。

图表 2.10.2：2016 年 1 月 1 日至 2017 年 8 月 31 日，安徽，惠而浦认购非银理财产品情况

认购日期	理财产品名称	产品发行方名称	理财类型	认购金额（万元）	产品起息日	产品到息日	产品期限	预计最低收益率（%）	预计最高收益率（%）
2017-02-17	中信建投收益凭证“稳进宝”033 期	中信建投证券股份有限公司	证券公司理财产品	18,000.00	2017-02-17	2017-05-17	89 天	3.80	
2017-02-15	元达信资本－信天利 9 号专项资产管理计划	中信建投证券股份有限公司	证券公司理财产品	12,000.00				3.00	

续表

认购日期	理财产品名称	产品发行方名称	理财类型	认购金额（万元）	产品起息日	产品到息日	产品期限	预计最低收益率（%）	预计最高收益率（%）
2016-12-23	博时天天增利货币基金	中信建投证券股份有限公司	基金专户	14,000.00				3.20	
2016-08-22	上投摩根货币市场基金（基金代码 370010）	上投摩根基金管理有限公司	基金专户	4,000.00				2.00	

数据来源：Wind，恒天财富研究院

2. 食品饮料行业（2 家）

认购情况分析

在 6 家安徽本地食品饮料行业上市公司中，已有 2 家认购过非银理财产品，具体情况如下：

1）迎驾贡酒

在 2016 年 1 月 1 日至 2017 年 8 月 31 日期间，公司总共认购了 6 个非银理财产品，累计投入 3.99 亿元，公司主要认购了信托理财产品。

在迎驾贡酒公司认购的非银理财产品中，认购信托类型的非银理财产品金额最多，达到 2.99 亿元，这是基于投资风格积极、稳健和信托收益率相对较高等原因。

迎驾贡酒主要认购了中航信托股份有限公司的信托理财产品，产品发行方第一大股东为中航投资控股有限公司，由国企背景股东控股，背后实际控制母公司为中国航空工业集团公司。中航信托股份有限公司作为业内知名信托，具备较高的行业地位及较强的资本运作能力。

图表 2.10.3：2016 年 1 月 1 日至 2017 年 8 月 31 日，安徽，迎驾贡酒认购非银理财产品情况

认购日期	理财产品名称	产品发行方名称	理财类型	认购金额（万元）	产品起息日	产品到息日	产品期限	预计最低收益率（%）	预计最高收益率（%）
2016-12-23	中融－融瀚 21 号集合资金信托计划	中融国际信托有限公司	信托	4,900.00	2016-12-23	2017-12-22	364 天	6.80	

续表

认购日期	理财产品名称	产品发行方名称	理财类型	认购金额（万元）	产品起息日	产品到息日	产品期限	预计最低收益率（%）	预计最高收益率（%）
2016-12-23	新时代信托·【恒新60号】集合资金信托计划	新时代信托股份有限司	信托	5,000.00	2016-12-23	2017-06-22	181天	5.80	
2016-11-02	天启328号天玑聚富集合资金信托计划	中航信托股份有限公司	信托	10,000.00				3.78	
2016-01-26	招商智远理财宝2号集合资产管理计划	招商证券资产管理有限公司	投资公司理财产品	10,000.00					
2017-07-13	大业信托·绩优企业系列－中弘股份2期集合资金信托计划	大业信托有限责任公司	信托	5,000.00	2017-07-14	2018-06-08	329天	7.00	
2017-07-11	中融－汇聚金1号货币基金集合资金信托计划	中融国际信托有限公司	信托	5,000.00			6个月	6.30	

数据来源：Wind，恒天财富研究院

2）口子窖

在2016年1月1日至2017年8月31日期间，公司总共认购了4个非银理财产品，累计投入2亿元，公司主要认购了证券公司理财产品。

在口子窖公司认购的非银理财产品中，认购证券类型的非银理财产品金额最多，达到2亿元，这是基于投资风格积极、稳健和收益率相对较高等原因。

口子窖主要认购了海通证券股份有限公司的证券理财产品，产品发行方第一大股东为香港中央结算（代理人）有限公司，背后实际控制母公司为香港交易及结算所有限公司。海通证券股份有限公司作为业内知名券商，公司经纪业务基础雄厚，客户资产规模超2.2万亿元，经纪业务总交易量市场份额稳居市场前列。

图表 2.10.4：2016 年 1 月 1 日至 2017 年 8 月 31 日，安徽，口子窖认购非银理财产品情况

认购日期	理财产品名称	产品发行方名称	理财类型	认购金额（万元）	产品起息日	产品到息日	产品期限	预计最低收益率（%）	预计最高收益率（%）
2017-03-30	海通证券“一海通财 . 理财宝”系列收益凭证尊享版 365 天期第 4 号	海通证券股份有限公司	证券公司理财产品	5,000.00	2017-03-30	2018-03-29	364 天	4.40	
2016-05-26	海通证券“一海通财 . 理财宝”系列收益凭证尊享版 365 天期第 3 号	海通证券股份有限公司	证券公司理财产品	5,000.00	2016-05-26	2017-05-25	365 天	3.40	
2016-03-29	海通证券“一海通财 . 理财宝”系列收益凭证尊享版 365 天期第 2 号	海通证券股份有限公司	证券公司理财产品	5,000.00	2016-03-29	2017-03-28	365 天	3.50	
2017-06-01	海通证券“一海通财 . 理财宝”系列收益凭证尊享版 364 天期第 6 号	海通证券股份有限公司	证券公司理财产品	5,000.00	2017-06-01	2018-05-30	364 天	4.60	

数据来源：Wind，恒天财富研究院

3. 汽车行业（1 家）

认购情况分析

在 6 家安徽本地汽车行业上市公司中，已有 1 家认购过非银理财产品，具体情况如下：

1）中鼎股份

在 2016 年 1 月 1 日至 2017 年 8 月 31 日期间，该公司仅认购了 1 个非银理财产品，共投入 5.9 亿元，该产品类型为证券公司理财产品。这是基于投资风格积极、稳健和变现能力强等原因。

中鼎股份主要认购了申万宏源证券有限公司的证券理财产品，产品发行方第

一大股东为中国建银投资有限公司，由国企背景股东控股。申万宏源证券有限公司目前是国内规模最大、经营业务最齐全、营业网点分布最广泛的大型综合类证券公司之一。

图表 2.10.5：2016 年 1 月 1 日至 2017 年 8 月 31 日，安徽，中鼎股份认购非银理财产品情况

认购日期	理财产品名称	产品发行方名称	理财类型	认购金额（万元）	产品起息日	产品到息日	产品期限	预计最低收益率（%）	预计最高收益率（%）
2017-03-02	申万宏源证券有限公司金樽 179 期（36 天）收益凭证	申万宏源证券有限公司	证券公司理财产品	5,000.00	2017-03-02	2017-04-06	36 天	3.80	
2017-01-25	申万宏源证券有限公司金樽 175 期（34 天）收益凭证	申万宏源证券有限公司	证券公司理财产品	5,000.00	2017-01-26	2017-02-28	34 天	3.80	
2016-12-21	申万宏源证券有限公司金樽 168 期（34 天）收益凭证	申万宏源证券有限公司	证券公司理财产品	5,000.00	2016-12-22	2017-01-24	34 天	4.00	
2016-10-16	申万宏源证券有限公司金樽 160 期（34 天）收益凭证	申万宏源证券有限公司	证券公司理财产品	5,000.00	2016-10-17	2016-12-20	64 天	3.25	
2016-10-12	申万宏源证券简称：金樽 160 期有限公司金樽 160 期（34 天）收益凭证	申万宏源证券有限公司	证券公司理财产品	3,000.00	2016-10-13	2016-11-15	34 天	3.25	
2016-08-23	申万宏源证券简称：金樽 154 期有限公司金樽 154 期（35 天）收益凭证	申万宏源证券有限公司	证券公司理财产品	3,000.00	2016-08-24	2016-09-27	34 天	3.25	
2016-06-24	申万宏源证券有限公司金樽 145 期（35 天）收益凭证	申万宏源证券有限公司	证券公司理财产品	3,000.00	2016-06-24	2016-07-28	35 天	3.25	

续表

认购日期	理财产品名称	产品发行方名称	理财类型	认购金额（万元）	产品起息日	产品到息日	产品期限	预计最低收益率（%）	预计最高收益率（%）
2017-08-17	申万宏源证券有限公司金樽 258 期（90 天）收益凭证	申万宏源证券有限公司	证券公司理财产品	5,000.00	2017-08-17	2017-11-14	90 天	4.45	
2017-08-17	华泰证券恒益 17026 号收益凭证	华泰证券有限公司	证券公司理财产品	10,000.00	2017-08-17	2017-11-16	91 天	4.50	
2017-08-16	申万宏源证券有限公司金樽 256 期（34 天）收益凭证	申万宏源证券有限公司	证券公司理财产品	5,000.00	2017-08-16	2017-09-18	34 天	4.25	
2017-05-15	申万宏源证券有限公司金樽 179 期（36 天）收益凭证	申万宏源证券有限公司	证券公司理财产品	10,000.00	2017-05-16	2017-11-13	182 天	4.55	

数据来源：Wind，恒天财富研究院

4. 化工行业（1 家）

认购情况分析

在 12 家安徽本地化工行业上市公司中，已有 1 家认购过非银理财产品，具体情况如下：

1）国风塑业

在 2016 年 1 月 1 日至 2017 年 8 月 31 日期间，公司总共认购了 5 个非银理财产品，累计投入 1.2 亿元，公司主要认购了证券公司理财产品。

在国风塑业公司认购的非银理财产品中，认购证券类型的非银理财产品金额最多，达到 0.9 亿元，这是基于投资风格积极、稳健和收益率相对较高等原因。

国风塑业主要认购了国信证券股份有限公司的证券类型产品，第一大股东为深圳市投资控股有限公司，由国企背景股东控股，背后实际控制母公司为深圳市国资委。国信证券股份有限公司是全国性大型综合类证券公司，经纪、资产托管、公募基金佣金、重大资产重组等均排在行业前列。

图表 2.10.6：2016 年 1 月 1 日至 2017 年 8 月 31 日，安徽，国风塑业认购非银理财产品情况

认购日期	理财产品名称	产品发行方名称	理财类型	认购金额（万元）	产品起息日	产品到息日	产品期限	预计最低收益率（%）	预计最高收益率（%）
2016-07-25	海创理财宝系列收益凭证 2016018 号	海通证券股份有限公司	证券公司理财产品	2,000.00			214 天	4.00	
2016-06-20	恒信理财宝系列收益凭证 2016012 号	海通恒信国际租赁有限公司	投资公司理财产品	3,000.00			301 天	4.00	
2016-03-02	中信建投收益凭证“波动宝”［003］期	中信建投证券股份有限公司	证券公司理财产品	3,000.00			90 天	2.00	9.00
2016-01-11	国信“金理财”8 号集合资产管理计划	国信证券股份有限公司	证券公司理财产品	2,000.00			6 个月	4.80	
2016-01-11	国信“金理财”8 号集合资产管理计划	国信证券股份有限公司	证券公司理财产品	2,000.00			4 个月	4.60	

数据来源：Wind，恒天财富研究院

5. 医药生物行业（1 家）

认购情况分析

在 5 家安徽本地医药生物行业上市公司中，已有 1 家认购过非银理财产品，具体情况如下：

1）山河药辅

在 2016 年 1 月 1 日至 2017 年 8 月 31 日期间，公司总共认购了 2 个非银理财产品，累计投入 0.35 亿元，公司主要认购了证券公司理财产品。

在山河药辅公司认购的非银理财产品中，认购证券类型的非银理财产品金额最多，达到 0.35 亿元，这是基于投资风格积极、稳健、收益率相对较高和变现能力强等原因。

山河药辅主要认购了中信证券股份有限公司的证券类型产品，产品发行方第一大股东为香港中央结算（代理人）有限公司，背后实际控制母公司为香港交易及结算所有限公司。中信证券股份有限公司是国内规模最大的证券公司，公司紧紧围绕服务实体经济这一个中心，进一步完善融资安排者、财富管理者、交易服务与流动性提供者、市场重要投资者和风险管理者五大角色，不断重塑并巩固核心竞争力，公司各项传统业务均保持市场前列。

图表 2.10.7：2016 年 1 月 1 日至 2017 年 8 月 31 日，安徽，山河药辅认购非银理财产品情况

认购日期	理财产品名称	产品发行方名称	理财类型	认购金额（万元）	产品起息日	产品到息日	产品期限	预计最低收益率（%）	预计最高收益率（%）
2017-04-12	华泰证券股份有限公司－恒益17105 号收益凭证产品认购协议	华泰证券股份有限公司	证券公司理财产品	1,500.00	2017-04-12	2017-07-13	91 天	4.15	
2017-03-09	中信证券股份有限公司保本增益系列 12 期收益凭证产品（本金保障型固定收益凭证）	中信证券股份有限公司	证券公司理财产品	2,000.00	2017-03-09	2017-05-16	67 天	4.10	

数据来源：Wind，恒天财富研究院

（十一）湖南省（6 家）

湖南省共有 95 家本地上市公司，其中只有 6 家在已经披露的公告中曾经或已经认购过非银理财产品，占比约为 6.32%。就 6 家认购过非银理财产品的湖南上市公司的行业分布来看，分布在 5 个行业，其中电子行业最多，共有 2 家，占比 33.33%。

1. 电子（2 家）

认购情况分析

在 4 家湖南本地电子行业上市公司中，已有 2 家认购过非银理财产品，具体情况如下：

1）艾华集团

在 2016 年 1 月 1 日至 2017 年 8 月 31 日期间，公司总共认购了 5 个非银理

财产品，累计投入 1.3 亿元，公司主要认购了证券公司理财产品。

在艾华集团认购的非银理财产品中，认购证券公司理财产品的金额最多，达到 1.3 亿元，这是基于保持资金良好流动性、容易变现的特点。

艾华集团主要认购了长江证券公司的证券理财产品，这家产品发行方无实际控制人，第一大股东为中信集团，由国企和外资背景股东控股，背后实际控制母公司为国资委。中信证券作为业内知名券商，具备较高的行业地位及较强的资本运作能力。

图表 2.11.1：2016 年 1 月 1 日至 2017 年 8 月 31 日，湖南，艾华集团认购非银理财产品情况

认购日期	理财产品名称	产品发行方名称	理财类型	认购金额（万元）	产品起息日	产品到息日	产品期限	预计最低收益率（%）	预计最高收益率（%）
2017-02-23	长江证券收益凭证长江宝 360 号	长江证券股份有限公司	证券公司理财产品	3,000.00	2017-02-24	2017-08-23	180 天	4.60	
2017-02-20	华福证券收益凭证“华福”6 号	华福证券有限责任公司	证券公司理财产品	3,000.00	2017-02-20	2017-05-22	91 天	4.60	
2017-02-15	长江证券收益凭证长江宝 348 号	长江证券股份有限公司	证券公司理财产品	2,000.00	2017-02-16	2017-08-15	180 天	4.60	
2016-12-23	长江证券收益凭证长江宝 328 号	长江证券股份有限公司	证券公司理财产品	2,000.00	2016-12-23	2017-02-06	45 天	4.50	
2016-11-14	长江证券收益凭证长江宝 313 号	长江证券股份有限公司	证券公司理财产品	3,000.00	2016-11-15	2016-12-19	34 天	3.30	

数据来源：Wind，恒天财富研究院

2）蓝思科技

在 2016 年 1 月 1 日至 2017 年 8 月 31 日期间，该公司仅认购了 1 个非银理财产品，共投入 5000 万元，公司认购了证券公司理财产品，这是基于该类产品资金良好流动性、容易变现的特点。

蓝思科技主要认购了中信证券公司的证券理财产品，这家产品发行方无实际控制人，第一大股东为中信集团，由国企和外资背景股东控股，背后实际控制母公司为国资委。中信证券作为业内知名券商，具备较高的行业地位及较强的资本运作能力。

图表 2.11.2：2016 年 1 月 1 日至 2017 年 8 月 31 日，湖南，蓝思科技认购非银理财产品情况

认购日期	理财产品名称	产品发行方名称	理财类型	认购金额（万元）	产品起息日	产品到息日	产品期限	预计最低收益率（%）	预计最高收益率（%）
2016-06-13	寰球商品系列第六期收益凭证	中信证券股份有限公司	证券公司理财产品	5,000.00	2016-06-13	2016-11-29	169 天		

数据来源：Wind，恒天财富研究院

2. 机械设备行业（1 家）

认购情况分析

在 8 家湖南本地机械设备行业上市公司中，已有 1 家认购过非银理财产品，具体情况如下：

1）三德科技

在 2016 年 1 月 1 日至 2017 年 8 月 31 日期间，公司总共认购了 17 个非银理财产品，累计投入 3 亿元，公司主要认购了证券公司理财产品。

在三德科技认购的非银理财产品中，认购证券公司理财产品的金额最多，达到 3 亿元，这是基于保持资金良好流动性、容易变现的特点。

三德科技主要认购了国泰君安证券的证券类理财产品，这家产品发行方的实际控制人是上海国际集团有限公司，第一大股东为上海国有资产经营有限公司，由国企背景股东控股，背后实际控制母公司为国资委。国泰君安证券作为业内知名券商，具备较高的行业地位及较强的资本运作能力。

图表 2.11.3：2016 年 1 月 1 日至 2017 年 8 月 31 日，湖南，三德科技认购非银理财产品情况

认购日期	理财产品名称	产品发行方名称	理财类型	认购金额（万元）	产品起息日	产品到息日	产品期限	预计最低收益率（%）	预计最高收益率（%）
2017-04-24	金添 H8 号	方正证券股份有限公司	证券公司理财产品	2,000.00	2017-04-24	2017-10-30	189 天	4.80	
2017-04-21	君柜宝一号 1734	国泰君安证券股份有限公司	证券公司理财产品	1,000.00	2017-04-21	2017-06-07	47 天	4.30	
2017-04-20	尧睿八十一号	国泰君安证券股份有限公司	证券公司理财产品	1,000.00	2017-04-20	2017-09-25	158 天	4.55	4.75

续表

认购日期	理财产品名称	产品发行方名称	理财类型	认购金额（万元）	产品起息日	产品到息日	产品期限	预计最低收益率（%）	预计最高收益率（%）
2017-03-30	君柜宝一号1721	国泰君安证券股份有限公司	证券公司理财产品	1,000.00	2017-03-30	2017-09-25	179 天	4.40	
2017-03-24	君柜宝一号1715	国泰君安证券股份有限公司	证券公司理财产品	3,000.00	2017-03-24	2017-09-25	185 天	4.40	

数据来源：Wind，恒天财富研究院

3. 农林牧渔行业（1 家）

认购情况分析

在 9 家湖南本地农林鱼牧行业上市公司中，已有 1 家认购过非银理财产品，具体情况如下：

1）隆平高科

在 2016 年 1 月 1 日至 2017 年 8 月 31 日期间，公司总共认购了 25 个非银理财产品，累计投入 37 亿元，公司主要认购了证券公司理财产品。

在隆平高科认购的非银理财产品中，认购证券公司理财产品的金额最多，达到 35 亿元，这是基于保持资金良好流动性、容易变现的特点。

隆平高科主要认购了中信证券的证券类理财产品，这家产品发行方无实际控制人，第一大股东为中信集团，由国企和外资背景股东控股，背后实际控制母公司为国资委。中信证券作为业内知名券商，具备较高的行业地位及较强的资本运作能力。

图表 2.11.4：2016 年 1 月 1 日至 2017 年 8 月 31 日，湖南，隆平高科认购非银理财产品情况

认购日期	理财产品名称	产品发行方名称	理财类型	认购金额（万元）	产品起息日	产品到息日	产品期限	预计最低收益率（%）	预计最高收益率（%）
2017-04-06	“2017 年度第 130 期收益凭证产品”	中信证券股份有限公司	证券公司理财产品	22,000.00	2017-04-06	2017-06-05	60 天	4.16	4.21

续表

认购日期	理财产品名称	产品发行方名称	理财类型	认购金额（万元）	产品起息日	产品到息日	产品期限	预计最低收益率（%）	预计最高收益率（%）
2017-03-23	中信证券 2017 年度第 117 期收益凭证产品	中信证券股份有限公司	证券公司理财产品	22,000.00	2017-03-23	2017-06-26	95 天	4.45	4.50
2017-03-23	中信证券 2017 年度第 117 期收益凭证产品	中信证券股份有限公司	证券公司理财产品	22,000.00	2017-03-29	2017-06-28	95 天	4.45	4.50
2017-01-05	2017 年度第 3 期收益凭证	中信证券股份有限公司	证券公司理财产品	15,000.00	2017-01-05	2017-06-30	176 天	3.77	3.82

数据来源：Wind，恒天财富研究院

4. 食品饮料行业（1 家）

认购情况分析

在 1 家湖南本地食品饮料行业上市公司中，已有 1 家认购过非银理财产品，具体情况如下：

1）克明面业

在 2016 年 1 月 1 日至 2017 年 8 月 31 日期间，公司总共认购了 1 个非银理财产品，累计投入 3500 万元，公司认购了证券公司理财产品，这是基于该类产品资金良好流动性、容易变现的特点。

克明面业主要认购了中信证券的证券类理财产品，这家产品发行方无实际控制人，第一大股东为中信集团，由国企和外资背景股东控股，背后实际控制母公司为国资委。中信证券作为业内知名券商，具备较高的行业地位及较强的资本运作能力。

图表 2.11.5：2016 年 1 月 1 日至 2017 年 8 月 31 日，湖南，克明面业认购非银理财产品情况

认购日期	理财产品名称	产品发行方名称	理财类型	认购金额（万元）	产品起息日	产品到息日	产品期限	预计最低收益率（%）	预计最高收益率（%）
2016-11-24	安泰回报系列 164 期收益凭证	中信证券股份有限公司	证券公司理财产品	3,500.00	2016-11-24	2017-02-22	90 天	1.00	6.50

数据来源：Wind，恒天财富研究院

5. 医药生物行业（1 家）

认购情况分析

在 5 家湖南本地医药生物行业上市公司中，已有 1 家认购过非银理财产品，具体情况如下：

1）益丰药房

在 2016 年 1 月 1 日至 2017 年 8 月 31 日期间，公司总共认购了 10 个非银理财产品，累计投入 2.8 亿元，公司主要认购了证券公司理财产品。

在益丰药房认购的非银理财产品中，认购证券公司理财产品的金额最多，达到 2.4 亿元，这是基于保持资金良好流动性、容易变现的特点。

益丰药房主要认购了方正证券的证券类理财产品，这家产品发行方的实际控制人为教育部，第一大股东为北大方正集团有限公司，由国企背景股东控股，背后实际控制母公司为国资委。方正证券作为业内知名券商，具备较高的行业地位及较强的资本运作能力

图表 2.11.6：2016 年 1 月 1 日至 2017 年 8 月 31 日，湖南，益丰药房认购非银理财产品情况

认购日期	理财产品名称	产品发行方名称	理财类型	认购金额（万元）	产品起息日	产品到息日	产品期限	预计最低收益率（%）	预计最高收益率（%）
2017-08-17	金添利 C107	方正证券股份有限公司	证券公司理财产品	3,000.00	2017-08-18	2017-12-21	125 天	4.90	
2017-08-10	睿博系列尧睿一百六十四号收益凭证	国泰君安证券有限公司长沙五一大道证券营业部	证券公司理财产品	3,000.00	2017-08-11	2017-11-13	94 天	4.45	
2017-08-07	长信利息收益开放式证券投资基金 B 级	长信基金管理有限责任公司	基金专户	3,000.00	2017-08-08				
2017-08-03	金添利 C97	方正证券股份有限公司	证券公司理财产品	4,000.00	2017-08-04	2017-12-07	125 天	4.90	
2017-06-29	长信利息收益开放式证券投资基金 B 级	长信基金管理有限责任公司	基金专户	1,000.00	2017-06-30				

数据来源：Wind，恒天财富研究院

（十二）湖北省（5家）

湖北省共有96家本地上市公司，其中只有5家在已经披露的公告中曾经或已经认购过非银理财产品，占比约为5.2%。就5家认购过非银理财产品的湖北上市公司的行业分布来看，分布在4个行业。

1. 传媒行业（2家）

认购情况分析

在4家湖北本地传媒行业上市公司中，已有2家认购过非银理财产品，具体情况如下：

1）长江传媒

在2016年1月1日至2017年8月31日期间，公司总共认购了7个非银理财产品，累计投入7.7亿元，公司主要认购了证券公司理财产品。

在长江传媒认购的非银理财产品中，认证券公司理财产品的金额最多，达到7.7亿元，这是基于保持资金良好流动性、容易变现的特点。

长江传媒主要认购了国泰君安证券的证券类理财产品，这家产品发行方的实际控制人是上海国际集团有限公司，第一大股东为上海国有资产经营有限公司，由国企背景股东控股，背后实际控制母公司为国资委。国泰君安证券作为业内知名券商，具备较高的行业地位及较强的资本运作能力。

图表2.12.1：2016年1月1日至2017年8月31日，湖北，长江传媒认购非银理财产品情况

认购日期	理财产品名称	产品发行方名称	理财类型	认购金额（万元）	产品起息日	产品到息日	产品期限	预计最低收益率（%）	预计最高收益率（%）
2017-08-24	国泰君安证券君柜宝一号2017年第147期收益凭证	国泰君安证券股份有限公司	证券公司理财产品	20,000.00	2017-08-25	2018-03-06	194天	4.70	
2017-06-29	鼎富系列收益凭证	光大证券股份有限公司	证券公司理财产品	5,000.00	2017-06-29	2017-07-14	15天	5.36	
2016-11-08	华融通质押宝3号A2	华融证券股份有限公司	证券公司理财产品	2,000.00	2016-11-08			4.80	

续表

认购日期	理财产品名称	产品发行方名称	理财类型	认购金额（万元）	产品起息日	产品到息日	产品期限	预计最低收益率（%）	预计最高收益率（%）
2016-11-08	华融通质押宝 3 号 A2	华融证券股份有限公司	证券公司理财产品	3,000.00	2016-11-08			4.80	
2016-10-31	华融融升 4 号—78 期	华融信托公司	信托	20,000.00	2016-10-31	2017-10-31	365 天	4.50	

数据来源：Wind，恒天财富研究院

2. 国防军工行业（1 家）

认购情况分析

在 4 家湖北本地国防军工行业上市公司中，已有 1 家认购过非银理财产品，具体情况如下：

1）光电股份

在 2016 年 1 月 1 日至 2017 年 8 月 31 日期间，公司总共认购了 1 个非银理财产品，累计投入 1.65 亿元，公司认购了信托类理财产品，这是基于其短期收益率高、刚性兑付的特点。

光电股份主要认购了华能信托公司的信托理财产品，这家产品发行方无实际控制人，第一大股东是中国华能集团，由国企背景股东控股，背后实际控制母公司为国资委。华能信托作为业内知名信托公司，具备较高的行业地位及较强的资本运作能力。

图表 2.12.2：2016 年 1 月 1 日至 2017 年 8 月 31 日，湖北，光电股份认购非银理财产品情况

认购日期	理财产品名称	产品发行方名称	理财类型	认购金额（万元）	产品起息日	产品到息日	产品期限	预计最低收益率（%）	预计最高收益率（%）
2016-12-27	华能信托·熙曜 3 号集合资金信托计划	华能贵诚信托有限公司	信托	16,500.00	2016-12-27	2017-12-27	12 个月	5.00	

数据来源：Wind，恒天财富研究院

3. 医药生物行业（1 家）

认购情况分析

在 9 家湖北本地医药生物行业上市公司中，已有 1 家认购过非银理财产品，具体情况如下：

1）永安药业

在 2016 年 1 月 1 日至 2017 年 8 月 31 日期间，公司总共认购了 35 个非银理财产品，累计投入 11.8 亿元，公司主要认购了证券公司理财产品。

在永安药业认购的非银理财产品中，认购证券公司理财产品的金额最多，达到 11.8 亿元，这是基于保持资金良好流动性、容易变现的特点。

永安药业主要认购了长江证券的证券类理财产品，这家产品发行方无实际控制人，第一大股东为中信集团，由国企和外资背景股东控股，背后实际控制母公司为国资委。中信证券作为业内知名券商，具备较高的行业地位及较强的资本运作能力。

图表 2.12.3：2016 年 1 月 1 日至 2017 年 8 月 31 日，湖北，永安药业认购非银理财产品情况

认购日期	理财产品名称	产品发行方名称	理财类型	认购金额（万元）	产品起息日	产品到息日	产品期限	预计最低收益率（%）	预计最高收益率（%）
2017-03-28	国泰君安君享盈活 3 号集合资产管理计划	上海国泰君安证券资产管理有限公司	证券公司理财产品	1,000.00	2017-03-29	2017-07-04	97 天	4.80	
2017-03-27	国元元赢 3 号集合资产管理计划	国元证券股份有限公司	证券公司理财产品	3,000.00	2017-03-27	2017-06-27	92 天	4.40	
2017-03-15	长江证券超越理财乐享 1 天集合资产管理计划半年期 121 号产品	长江证券股份有限公司	证券公司理财产品	6,400.00	2017-03-16	2017-09-18	186 天	4.62	
2017-03-01	国元元赢 3 号债券分级集合资产管理计划	国元证券股份有限公司	证券公司理财产品	1,000.00	2017-03-01	2017-06-04	95 天	4.50	
2017-02-22	长江证券超越理财乐享 1 天集合资产管理计划 150 天期 8 号产品	长江证券股份有限公司	证券公司理财产品	2,000.00	2017-02-23	2017-07-24	151 天	4.55	

数据来源：Wind、恒天财富研究院

4. 综合行业（1 家）

认购情况分析

在 3 家湖北本地综合行业上市公司中，已有 1 家认购过非银理财产品，具体情况如下：

1）祥龙电业

在 2016 年 1 月 1 日至 2017 年 8 月 31 日期间，公司总共认购了 1 个非银理财产品，累计投入 1000 万元，公司认购了证券公司理财产品，这是基于该类产品资金良好流动性、容易变现的特点。

祥龙电业主要认购了中信证券的证券类理财产品，这家产品发行方无实际控制人，第一大股东为中信集团，由国企和外资背景股东控股，背后实际控制母公司为国资委。中信证券作为业内知名券商，具备较高的行业地位及较强的资本运作能力。

图表 2.12.4：2016 年 1 月 1 日至 2017 年 8 月 31 日，湖北，祥龙电业认购非银理财产品情况

认购日期	理财产品名称	产品发行方名称	理财类型	认购金额（万元）	产品起息日	产品到息日	产品期限	预计最低收益率（%）	预计最高收益率（%）
2017-08-16	中信证券信泽财富 146 号集合资产管理计划	中信证券股份有限公司	证券公司理财产品	1,000.00				5.60	

数据来源：Wind，恒天财富研究院

（十三）天津市（4 家）

天津共有 48 家本地上市公司，其中 4 家在已经披露的公告中曾经或已经认购过非银理财产品，占比约为 8.33%。就 4 家认购过非银理财产品的天津上市公司的行业分布来看，农林牧渔、交通运输、采掘、机械设备行业各拥有 1 家上市公司，各占天津本地总上市公司数的 2.08%。

1. 农林牧渔行业（1 家）

认购情况分析

在 1 家天津本地农林牧渔行业上市公司中，已有 1 家认购过非银理财产品，

具体情况如下：

1）瑞普生物

在 2016 年 1 月 1 日至 2017 年 8 月 31 日期间，公司总共认购了 3 个非银理财产品，累计投入 1.892 亿元，公司主要认购了基金专户理财产品。

在瑞普生物认购的非银理财产品中，认购基金专户类型理财产品的金额最多，达到 1.892 亿元，这是基于该类产品收益率较高，且可以提供定制化服务的特点

瑞普生物主要认购了恒天中岩投资管理有限公司的基金专户理财产品，产品发行方的第一大股东为恒天财富投资管理有限公司，由国企背景股东控股，背后实际控制母公司为经纬纺织机械有限公司。恒天中岩投资管理有限公司是国内领先的大型资产管理机构，拥有完备的投资、研究、风控和运营部门，团队成员来自银行、券商、保险、四大会计师事务所和律师事务所，拥有丰富的从业经历，为基金的投资、运作提供支持。

图表 2.13.1：2016 年 1 月 1 日至 2017 年 8 月 31 日，天津，瑞普生物认购非银理财产品情况

认购日期	理财产品名称	产品发行方名称	理财类型	认购金额（万元）	产品起息日	产品到息日	产品期限	预计最低收益率（%）	预计最高收益率（%）
2017-01-23	恒天财富稳盛 10 号投资基金	恒天中岩投资管理有限公司	基金专户	9,000.00			3 个月		6.50
2017-01-23	恒天中岩稳盛 14 号私募投资基金	恒天中岩投资管理有限公司	基金专户	4,000.00			3 个月		6.50
2016-10-10	恒天财富稳泰 26 号私募投资基金	恒天中岩投资管理有限公司	基金专户	5,920.00	2016-10-10	2017-04-10	182 天	7.00	

数据来源：Wind，恒天财富研究院

2. 交通运输行业（1 家）

认购情况分析

在 4 家天津本地交通运输行业上市公司中，已有 1 家认购过非银理财产品，具体情况如下：

1）天海投资

在 2016 年 1 月 1 日至 2017 年 8 月 31 日期间，公司总共认购了 5 个非银理财产品，累计投入 93.07 亿元，公司主要认购了证券公司理财产品。

在天海投资认购的非银理财产品中，认购的证券公司类型理财产品的金额最多，达到 80.36 亿元，这是基于资金良好流动性、容易变现的特点。

天海投资主要认购了财通证券资产管理有限公司的证券公司理财产品，产品发行方的第一大股东为财通证券股份有限公司，由国企背景股东控股，背后实际控制母公司为浙江省金融控股有限公司。财通证券资产管理有限公司作为业内知名资产管理公司，具备较高的行业地位及较强的资本运作能力。

图表 2.13.2：2016 年 1 月 1 日至 2017 年 8 月 31 日，天津，天海投资认购非银理财产品情况

认购日期	理财产品名称	产品发行方名称	理财类型	认购金额（万元）	产品起息日	产品到息日	产品期限	预计最低收益率（%）	预计最高收益率（%）
2016-10-17	财通证券资管财智 366 号定向资产管理计划（第 2 期）	财通证券资产管理有限公司	证券公司理财产品	200,900.00		2016-11-19		4.75	
2016-09-09	财通证券资管财智 366 号定向资产管理计划（第 2 期）	财通证券资产管理有限公司	证券公司理财产品	200,900.00		2016-10-17		4.75	
2016-08-08	财通证券资管财智 366 号定向资产管理计划（第 2 期）	财通证券资产管理有限公司	证券公司理财产品	200,900.00		2016-09-09		4.75	
2016-02-05	华润元大资产丰元 3 号保本专项资产管理计划	深圳华润元大资产管理有限公司	投资公司理财产品	127,100.00		2016-04-23		3.50	
2016-02-05	财通证券资管财智 366 号定向资产管理计划（第 2 期）	财通证券资产管理有限公司	证券公司理财产品	200,900.00	2016-02-11	2016-08-09	180 天	4.75	

数据来源：Wind，恒天财富研究院

3. 采掘行业（1 家）

认购情况分析

在 3 家天津本地采掘行业上市公司中，已有 1 家认购过非银理财产品，具体情况如下：

1）博迈科

在 2016 年 1 月 1 日至 2017 年 8 月 31 日期间，公司总共认购了 2 个非银理财产品，累计投入 1.8 亿元，公司主要认购了证券公司理财产品。

在博迈科认购的非银理财产品中，认购证券公司类型理财产品的金额最多，达到 1.8 亿元，这是基于资金良好流动性、容易变现的特点。

博迈科主要认购了中信证券股份有限公司的证券公司理财产品，产品发行方第一大股东为香港中央结算（代理人）有限公司，背后实际控制母公司为香港交易及结算所有限公司。中信证券股份有限公司是国内规模最大的证券公司，公司紧紧围绕服务实体经济这一个中心，进一步完善融资安排者、财富管理者、交易服务与流动性提供者、市场重要投资者和风险管理者五大角色，不断重塑并巩固核心竞争力，公司各项传统业务均保持市场前列。

图表 2.13.3：2016 年 1 月 1 日至 2017 年 8 月 31 日，天津，博迈科认购非银理财产品情况

认购日期	理财产品名称	产品发行方名称	理财类型	认购金额（万元）	产品起息日	产品到息日	产品期限	预计最低收益率（%）	预计最高收益率（%）
2017-03-23	保本增益系列 21 期收益凭证［SQ9767］	中信证券股份有限公司	证券公司理财产品	5,000.00	2017-03-23	2017-05-22	60 天	4.25	
2017-03-23	保本增益系列 22 期收益凭证［SQ9768］	中信证券股份有限公司	证券公司理财产品	13,000.00	2017-03-23	2017-06-26	95 天	4.35	

数据来源：Wind，恒天财富研究院

4. 机械设备（1 家）

认购情况分析

在 3 家天津本地机械设备行业上市公司中，已有 1 家认购过非银理财产品，具体情况如下：

1）银龙股份

在2016年1月1日至2017年8月31日期间，公司总共认购了6个非银理财产品，累计投入2亿元，公司主要认购了证券公司理财产品。

在银龙股份认购的非银理财产品中，认购证券公司类型理财产品的金额最多，达到2亿元，这是基于资金良好流动性、容易变现的特点。

银龙股份主要认购了中信建投证券股份有限公司的证券公司理财产品，产品发行方第一大股东为北京国有资本经营管理中心，由全民所有制背景股东控股，背后实际控制母公司为北京市国资委。中信建投证券股份有限公司作为业内知名券商，拥有全业务平台，为企业客户、金融机构、政府机关及个人提供境内外一体化的全方位产品和服务。

图表 2.13.4：2016年1月1日至2017年8月31日，天津，银龙股份认购非银理财产品情况

认购日期	理财产品名称	产品发行方名称	理财类型	认购金额（万元）	产品起息日	产品到息日	产品期限	预计最低收益率（%）	预计最高收益率（%）
2017-04-11	申万宏源证券金樽183期（34天）收益凭证产品	申万宏源证券股份有限公司	证券公司理财产品	3,000.00	2017-04-12	2017-05-15	34天		
2017-03-09	中信建投收益凭证“固收鑫·稳享”【051号】-挂钩国债期货	中信建投证券股份有限公司	证券公司理财产品	3,000.00	2017-03-10	2017-04-10	31天	3.75	
2017-02-08	中信建投收益凭证“固收鑫”【040号】-挂钩国债期货	中信建投证券股份有限公司	证券公司理财产品	3,000.00			27天	3.55	3.60
2017-01-06	中信建投收益凭证“固收鑫”【031号】-挂钩国债期货	中信建投证券股份有限公司	证券公司理财产品	3,000.00	2017-01-06	2017-02-07	32天	3.55	3.60
2016-10-27	中信建投收益凭证“固收鑫”【022号】-挂钩国债期货	中信建投证券股份有限公司	证券公司理财产品	3,000.00	2016-10-28	2017-01-04	68天	2.95	

续表

认购日期	理财产品名称	产品发行方名称	理财类型	认购金额（万元）	产品起息日	产品到息日	产品期限	预计最低收益率（%）	预计最高收益率（%）
2016-08-25	华泰证券聚益16215号收益凭证	华泰证券股份有限公司	证券公司理财产品	5,000.00			60天	2.00	

数据来源：Wind，恒天财富研究院

（十四）陕西省（4家）

陕西共有46家本地上市公司，其中4家在已经披露的公告中曾经或已经认购过非银理财产品，占比约为8.7%。就4家认购过非银理财产品的陕西上市公司的行业分布来看，休闲服务、机械设备、采掘和化工行业各拥有1家上市公司，各占陕西本地总上市公司数的2.17%。

1. 休闲服务行业（1家）

认购情况分析

在4家陕西本地休闲服务行业上市公司中，已有1家认购过非银理财产品，具体情况如下：

1）西安旅游

在2016年1月1日至2017年8月31日期间，公司总共认购了4个非银理财产品，累计投入4.5亿元，公司主要认购了基金专户理财产品。

在西安旅游认购的非银理财产品中，认购基金专户类型理财产品的金额最多，达到2亿元，这是基于该类产品收益率较高，且可以提供定制化服务的特点。

西安旅游主要认购了北京德泉财富投资基金有限公司的基金专户产品，产品发行方的第一大股东为尹建青，由自然人背景股东控股。北京德泉财富投资基金有限公司作为业内知名财富投资基金公司，具备较高的行业地位及较强的资本运作能力。

图表 2.14.1：2016 年 1 月 1 日至 2017 年 8 月 31 日，陕西，西安旅游认购非银理财产品情况

认购日期	理财产品名称	产品发行方名称	理财类型	认购金额（万元）	产品起息日	产品到息日	产品期限	预计最低收益率（%）	预计最高收益率（%）
2017-03-16	大唐财富唐诚现金管理 1 号投资基金	大唐财富投资管理有限公司	投资公司理财产品	10,000.00	2017-03-16			3.50	6.00
2016-12-23	北京德泉财富投资基金有限公司丽彩万达广场私募基金	北京德泉财富投资基金有限公司	基金专户	20,000.00	2016-12-26	2018-11-26	23 个月	8.20	
2016-03-18	长安信托·宝盈 1 号开放式单一资金信托	长安国际信托股份有限公司	信托	7,000.00	2016-03-18			9.50	
2016-01-15	长安信托·宝盈 1 号开放式单一资金信托	长安国际信托股份有限公司	信托	8,000.00	2016-01-15	2018-01-15	24 个月	9.50	

数据来源：Wind，恒天财富研究院

2. 机械设备行业（1 家）

认购情况分析

在 6 家陕西本地机械设备行业上市公司中，已有 1 家认购过非银理财产品，具体情况如下：

1）秦川机床

在 2016 年 1 月 1 日至 2017 年 8 月 31 日期间，公司总共认购了 1 个非银理财产品，累计投入 6 亿元，该产品类型为信托理财产品，这是基于其短期收益率高、刚性兑付的特点。

秦川机床主要认购了深圳秦川国际融资租赁有限公司的信托产品，产品发行方的第一大股东为秦川机床工具集团股份公司，由国企背景股东控股，背后实际控制母公司为陕西省人民政府国有资产监督管理委员会。深圳秦川国际融资租赁有限公司作为业内知名融资租赁公司，具备较高的行业地位及较强的资本运作能力。

图表 2.14.2：2016 年 1 月 1 日至 2017 年 8 月 31 日，陕西，秦川机床认购非银理财产品情况

认购日期	理财产品名称	产品发行方名称	理财类型	认购金额（万元）	产品起息日	产品到息日	产品期限	预计最低收益率（%）	预计最高收益率（%）
2016-08-01	长安信托-秦川租赁收益权单一资金信托计划	深圳秦川国际融资租赁有限公司	信托	60,000.00	2016-08-01			12.00	

数据来源：Wind，恒天财富研究院

3. 采掘行业（1 家）

认购情况分析

在 3 家陕西本地采掘行业上市公司中，已有 1 家认购过非银理财产品，具体情况如下：

1）通源石油

在 2016 年 1 月 1 日至 2017 年 8 月 31 日期间，公司总共认购了 2 个非银理财产品，累计投入 0.4 亿元，公司主要认购了证券公司理财产品。

在通源石油认购的非银理财产品中，认购证券类型理财产品的金额最多，达到 0.4 亿元，这是基于资金良好流动性、容易变现的特点。

通源石油主要认购了海通证券股份有限公司的证券公司理财产品，产品发行方第一大股东为香港中央结算（代理人）有限公司，背后实际控制母公司为香港交易及结算所有限公司。海通证券股份有限公司作为业内知名券商，公司经纪业务基础雄厚，客户资产规模超 2.2 万亿元，经纪业务总交易量市场份额稳居市场前列。

图表 2.14.3：2016 年 1 月 1 日至 2017 年 8 月 31 日，陕西，通源石油认购非银理财产品情况

认购日期	理财产品名称	产品发行方名称	理财类型	认购金额（万元）	产品起息日	产品到息日	产品期限	预计最低收益率（%）	预计最高收益率（%）
2016-12-23	海通证券“一海通财·理财宝”系列收益凭证尊享版 14 天期第 57 号	海通证券股份有限公司	证券公司理财产品	2,000.00	2016-12-23	2017-01-06	14 天	4.88	

续表

认购日期	理财产品名称	产品发行方名称	理财类型	认购金额（万元）	产品起息日	产品到息日	产品期限	预计最低收益率（%）	预计最高收益率（%）
2016-04-14	海创理财宝系列收益凭证2016006号	海通创新证券投资有限公司	证券公司理财产品	2,000.00	2016-04-14	2016-10-13	182天	4.10	

数据来源：Wind，恒天财富研究院

4. 化工行业（1家）

认购情况分析

在2家陕西本地化工行业上市公司中，已有1家认购过非银理财产品，具体情况如下：

1）蓝晓科技

在2016年1月1日至2017年8月31日期间，公司总共认购了2个非银理财产品，累计投入1.2亿元，公司主要认购了证券公司理财产品。

在蓝晓科技认购的非银理财产品中，认购证券类型理财产品的金额最多，达到1.2亿元，这是基于资金良好流动性、容易变现的特点。

蓝晓科技主要认购了华融证券股份有限公司的证券公司理财产品，产品发行方的第一大股东为中国华融资产管理股份有限公司，由国企背景股东控股。华融证券股份有限公司作为业内知名券商，具备较高的行业地位及较强的资本运作能力。

图表2.14.4：2016年1月1日至2017年8月31日，陕西，蓝晓科技认购非银理财产品情况

认购日期	理财产品名称	产品发行方名称	理财类型	认购金额（万元）	产品起息日	产品到息日	产品期限	预计最低收益率（%）	预计最高收益率（%）
2016-11-16	华融证券收益凭证－安享富柜017期（SP5585）	华融证券股份有限公司	证券公司理财产品	5,000.00	2016-11-16	2017-05-16	181天	3.35	
2016-06-24	华融证券收益凭证－安享富柜004期（SG3876）	华融证券股份有限公司	证券公司理财产品	7,000.00	2016-06-24	2016-07-25	31天	3.30	

数据来源：Wind，恒天财富研究院

（十五）江西省（4家）

江西共有38家本地上市公司，其中4家在已经披露的公告中曾经或已经认购过非银理财产品，占比约为10.53%。就4家认购过非银理财产品的江西上市公司的行业分布来看，家用电器、机械设备、钢铁和商业贸易各拥有1家上市公司，各占江西本地总上市公司数的2.63%。

1. 家用电器行业（1家）

认购情况分析

在1家江西本地家用电器行业上市公司中，已有1家认购过非银理财产品，具体情况如下：

1）华意压缩

在2016年1月1日至2017年8月31日期间，公司总共认购了2个非银理财产品，累计投入1亿元，公司主要认购了证券理财产品。

在华意压缩认购的非银理财产品中，认购证券类型理财产品的金额最多，达到1亿元，这是基于资金良好流动性、容易变现的特点。

华意压缩主要认购了国泰君安证券股份有限公司的证券理财产品，第一大股东为上海国有资产经营有限公司，由国企背景股东控股。国泰君安证券股份有限公司是国内历史最悠久、综合实力最强的证券公司之一。自成立以来，公司在资本实力、盈利水平和主营业务等方面持续保持在行业前列，并在长期发展过程中形成了较强的综合竞争力和品牌影响力。

图表2.15.1：2016年1月1日至2017年8月31日，江西，华意压缩认购非银理财产品情况

认购日期	理财产品名称	产品发行方名称	理财类型	认购金额（万元）	产品起息日	产品到息日	产品期限	预计最低收益率（%）	预计最高收益率（%）
2017-08-29	国泰君安证券君柜宝一号2017年第149期收益凭证	国泰君安证券股份有限公司	证券公司理财产品	5,000.00	2017-08-30	2017-12-26	119天		4.70
2017-06-28	国泰君安证券君柜宝一号2017年第83期收益凭证	国泰君安证券股份有限公司	证券公司理财产品	5,000.00	2017-06-28	2017-08-28	61天	4.95	

数据来源：Wind，恒天财富研究院

2. 机械设备行业（1家）

认购情况分析

在2家江西本地机械设备行业上市公司中，已有1家认购过非银理财产品，具体情况如下：

1）三川智慧

在2016年1月1日至2017年8月31日期间，公司总共认购了8个非银理财产品，累计投入5.1亿元，公司主要认购了证券理财产品。

在三川智慧认购的非银理财产品中，认购证券类型理财产品的金额最多，达到5.1亿元，这是基于资金良好流动性、容易变现的特点。

三川智慧主要认购了国泰君安证券股份有限公司的证券理财产品，第一大股东为上海国有资产经营有限公司，由国企背景股东控股。国泰君安证券股份有限公司是国内历史最悠久、综合实力最强的证券公司之一。自成立以来，公司在资本实力、盈利水平和主营业务等方面持续保持在行业前列，并在长期发展过程中形成了较强的综合竞争力和品牌影响力。

图表2.15.2：2016年1月1日至2017年8月31日，江西，三川智慧认购非银理财产品情况

认购日期	理财产品名称	产品发行方名称	理财类型	认购金额（万元）	产品起息日	产品到息日	产品期限	预计最低收益率（%）	预计最高收益率（%）
2017-03-15	长江证券收益凭证期权宝6008号	长江证券股份有限公司	证券公司理财产品	16,000.00	2017-03-15	2017-06-13	90天	4.30	
2017-01-24	中信证券股份有限公司2017年度第15期收益凭证产品	中信证券股份有限公司	证券公司理财产品	3,000.00	2017-01-24	2017-04-24	90天	3.80	3.85
2017-08-23	国泰君安证券君柜宝一号2017年第145期收益凭证	国泰君安证券股份有限公司	证券公司理财产品	5,000.00	2017-08-24	2017-11-27	95天	4.65	
2017-08-22	联储证券储信1号16期收益凭证	联储证券股份有限公司	证券公司理财产品	3,000.00	2017-08-24	2017-09-21	28天	4.80	

续表

认购日期	理财产品名称	产品发行方名称	理财类型	认购金额（万元）	产品起息日	产品到息日	产品期限	预计最低收益率（%）	预计最高收益率（%）
2017-08-22	联储证券储金 1 号 2 期收益凭证	联储证券股份有限公司	证券公司理财产品	5,000.00	2017-08-24	2017-12-24	122 天	5.20	
2017-08-17	君柜宝一号 2017 年第 135 期收益凭证	国泰君安证券股份有限公司	证券公司理财产品	3,000.00	2017-08-18	2017-11-20	94 天	4.65	
2017-06-19	君柜宝一号 2017 年第 73 期收益凭证	国泰君安证券股份有限公司	证券公司理财产品	8,000.00	2017-06-20	2017-08-21	62 天	5.10	
2017-06-14	君柜宝一号 2017 年第 67 期收益凭证	国泰君安证券股份有限公司	证券公司理财产品	8,000.00	2017-06-15	2017-08-14	60 天	5.10	

数据来源：Wind，恒天财富研究院

3. 钢铁行业（1 家）

认购情况分析

在 2 家江西本地钢铁行业上市公司中，已有 1 家认购过非银理财产品，具体情况如下：

1）新钢股份

在 2016 年 1 月 1 日至 2017 年 8 月 31 日期间，公司总共认购了 1 个非银理财产品，累计投入 1 亿元，该产品类型为投资公司理财产品。这是基于该类产品收益率较高且流动性好的特点。

新钢股份主要认购了国盛证券资产管理有限公司的投资公司理财产品，产品发行方的第一大股东为国盛证券有限责任公司，由国企背景股东控股，背后实际控制母公司为广东国盛金控集团股份有限公司。国盛证券资产管理有限公司作为业内知名资产管理公司，具备较高的行业地位及较强的资本运作能力。

图表 2.15.3：2016 年 1 月 1 日至 2017 年 8 月 31 日，江西，新钢股份认购非银理财产品情况

认购日期	理财产品名称	产品发行方名称	理财类型	认购金额（万元）	产品起息日	产品到息日	产品期限	预计最低收益率（%）	预计最高收益率（%）
2017-04-12	国盛资管－金狮766号定向资产管理计划	国盛证券资产管理有限公司	投资公司理财产品	10,000.00	2017-04-12	2018-04-12	365 天	6.60	

数据来源：Wind，恒天财富研究院

4. 商业贸易行业（1 家）

认购情况分析

在 2 家江西本地商业贸易行业上市公司中，已有 1 家认购过非银理财产品，具体情况如下：

1）国泰集团

在 2016 年 1 月 1 日至 2017 年 8 月 31 日期间，公司总共认购了 8 个非银理财产品，累计投入 4 亿元，公司主要认购了证券公司理财产品。

在国泰集团认购的非银理财产品中，认购证券公司类型理财产品的金额最多，达到 4 亿元，这是基于资金良好流动性、容易变现的特点。

国泰集团主要认购了中信建投证券股份有限公司的证券公司理财产品，产品发行方第一大股东为北京国有资本经营管理中心，由全民所有制背景股东控股，背后实际控制母公司为北京市国资委。中信建投证券股份有限公司作为业内知名券商，拥有全业务平台，为企业客户、金融机构、政府机关及个人提供境内外一体化的全方位产品和服务。

图表 2.15.4：2016 年 1 月 1 日至 2017 年 8 月 31 日，江西，国泰集团认购非银理财产品情况

认购日期	理财产品名称	产品发行方名称	理财类型	认购金额（万元）	产品起息日	产品到息日	产品期限	预计最低收益率（%）	预计最高收益率（%）
2017-03-07	固收鑫·稳享【050 号】	中信建投证券股份有限公司	证券公司理财产品	900.00	2017-03-07	2017-05-09	63 天	3.80	
2017-03-02	固收鑫·稳享【049 号】	中信建投证券股份有限公司	证券公司理财产品	5,000.00	2017-03-02	2017-05-09	68 天	3.80	

续表

认购日期	理财产品名称	产品发行方名称	理财类型	认购金额（万元）	产品起息日	产品到息日	产品期限	预计最低收益率（%）	预计最高收益率（%）
2017-08-15	固收鑫·稳享	中信建投证券股份有限公司	证券公司理财产品	6,048.30	2017-08-15	2017-09-11	26 天	3.80	
2017-07-27	固收鑫·稳享	中信建投证券股份有限公司	证券公司理财产品	6,036.80	2017-07-27	2017-08-14	17 天	4.10	
2017-07-12	固收鑫·稳享【243 号】	中信建投证券股份有限公司	证券公司理财产品	6,028.60	2017-07-12	2017-07-26	13 天	3.80	
2017-07-05	固收鑫·稳享【232 号】	中信建投证券股份有限公司	证券公司理财产品	4,000.00	2017-07-05	2017-08-02	28 天	4.20	
2017-06-29	固收鑫·稳享【220 号】	中信建投证券股份有限公司	证券公司理财产品	6,022.00	2017-06-29	2017-07-06	7 天	5.00	
2017-05-11	固收鑫·稳享【122 号】	中信建投证券股份有限公司	证券公司理财产品	6,000.00	2017-05-11	2017-06-12	32 天	3.80	

数据来源：Wind，恒天财富研究院

（十六）青海省（3 家）

青海省共有 12 家本地上市公司，其中 3 家在已经披露的公告中曾经或已经认购过非银理财产品，占比约为 25%。就 3 家认购过非银理财产品的青海上市公司的行业分布来看，食品饮料行业、有色金属行业、建筑装饰行业各拥有 1 家上市公司，约占青海本地总上市公司数的 8.33%。

1. 食品饮料行业（1 家）

认购情况分析

在 2 家青海本地食品饮料行业上市公司中，已有 1 家认购过非银理财产品，具体情况如下：

1）青青稞酒

在 2016 年 1 月 1 日至 2017 年 8 月 31 日期间，公司总共认购了 13 个非银理财产品，累计投入 12 亿元，公司主要认购了证券公司理财产品。

在青青稞酒认购的非银理财产品中，认购证券公司理财产品的金额最多，达到 12 亿元，这是基于保持资金良好流动性、容易变现的特点。

青青稞酒主要认购了民生证券的证券公司理财产品，产品发行方实际控制人为民生银行，第一大股东为民生银行，由国企背景股东控股，背后实际控制人为安邦人寿保险股份有限公司。民生证券作为国内知名券商，具备较高的行业地位及较强的资本运作能力。

图表 2.16.1：2016 年 1 月 1 日至 2017 年 8 月 31 日，青海，青青稞酒认购非银理财产品情况

认购日期	理财产品名称	产品发行方名称	理财类型	认购金额（万元）	产品起息日	产品到息日	产品期限	预计最低收益率（%）	预计最高收益率（%）
2017-04-20	民生瑞祥 9 号本金保障型固定收益凭证	民生证券股份有限公司	证券公司理财产品	10,000.00	2017-04-21	2017-11-14	207 天	4.90	
2017-03-28	中信证券股份有限公司 2017 年度第 108 期收益凭证	中信证券股份有限公司	证券公司理财产品	10,000.00	2017-03-28	2017-06-28	92 天	4.45	4.50
2017-03-07	国泰君安证券睿博系列尧睿五十七号收益凭证	国泰君安证券股份有限公司	证券公司理财产品	10,000.00	2017-03-07	2018-01-09	307 天	4.50	4.70
2017-07-04	民享 81 天 170705 固定收益凭证	民生证券股份有限公司	证券公司理财产品	5,000.00	2017-07-06	2017-09-24	81 天	5.20	
2017-05-09	民生证券民享 6 期固定收益凭证	民生证券股份有限公司	证券公司理财产品	5,000.00	2017-05-09	2017-11-14	190 天	5.00	

数据来源：Wind，恒天财富研究院

2. 有色金属行业（1 家）

认购情况分析

在 1 家青海本地有色金属行业上市公司中，已有 1 家认购过非银理财产品，

具体情况如下：

1）西部矿业

在 2016 年 1 月 1 日至 2017 年 8 月 31 日期间，公司总共认购了 20 个非银理财产品，累计投入 19.7 亿元，公司主要认购了信托产品。

在西部矿业认购的非银理财产品中，认购信托产品的金额最多，达到 11.9 亿元，这是基于其短期收益率高、刚性兑付的特点。

西部矿业主要认购了交银信托的信托产品，产品发行方实际控制人为交通银行，第一大股东为交通银行，由国企背景股东控股，背后实际控制母公司为财政部。交银信托作为业内知名信托公司，具备较高的行业地位及较强的资本运作能力。

图表 2.16.2：2016 年 1 月 1 日至 2017 年 8 月 31 日，青海，西部矿业认购非银理财产品情况

认购日期	理财产品名称	产品发行方名称	理财类型	认购金额（万元）	产品起息日	产品到息日	产品期限	预计最低收益率（%）	预计最高收益率（%）
2016-12-27	交银国信 – 稳健 1941 号信托	交银信托	信托	50,000.00	2016-12-27	2019-12-26	1094 天		
2016-09-12	植瑞现金管理 1 号投资基金	植瑞投资	基金专户	2,000.00	2016-09-12	2016-09-30	18 天		
2016-08-31	植瑞现金管理 1 号投资基金	植瑞投资	基金专户	10,000.00	2016-08-31	2016-09-30	30 天		
2016-08-18	植瑞现金管理 1 号投资基金	植瑞投资	基金专户	10,000.00	2016-08-18	2016-09-30	43 天		
2016-06-15	恒天稳金现金管理投资基金计划	恒天财富	基金专户	5,000.00	2016-06-15	2016-08-15	61 天		

数据来源：Wind，恒天财富研究院

3. 建筑装饰行业（1 家）

认购情况分析

在 1 家青海本地建筑装饰行业上市公司中，已有 1 家认购过非银理财产品，具体情况如下：

1）正平股份

在 2016 年 1 月 1 日至 2017 年 8 月 31 日期间，公司总共认购了 2 个非银理

财产品，累计投入 1.6 亿元，公司主要认购了证券公司理财产品。

在正平股份认购的非银理财产品中，认购证券公司理财产品的金额最多，达到 1.60 亿元，这是基于保持资金良好流动性、容易变现的特点。

正平股份主要认购了中国国际金融股份有限公司的证券公司理财产品，产品发行方第一大股东为中央汇金投资有限责任公司，由国企背景股东控股。中国国际金融股份有限公司作为业内知名证券公司，具备较高的行业地位及较强的资本运作能力。

图表 2.16.3：2016 年 1 月 1 日至 2017 年 8 月 31 日，青海，正平股份认购非银理财产品情况

认购日期	理财产品名称	产品发行方名称	理财类型	认购金额（万元）	产品起息日	产品到息日	产品期限	预计最低收益率（%）	预计最高收益率（%）
2017-04-12	中金公司财富资金系列 43 期收益凭证	中金公司	证券公司理财产品	8,000.00	2017-04-12	2017-05-15	33 天	4.00	
2017-05-17	中金公司财富资金系列 48 期收益凭证	中金公司	证券公司理财产品	8,000.00	2017-05-17	2017-06-20	34 天	4.00	

数据来源：Wind，恒天财富研究院

（十七）内蒙古自治区（3 家）

内蒙古自治区共有 25 家本地上市公司，其中 3 家在已经披露的公告中曾经或已经认购过非银理财产品，占比约为 12%。就 3 家认购过非银理财产品的内蒙古自治区上市公司的行业分布来看，农林牧渔行业、化工行业、国防军工行业各拥有 1 家上市公司，约占内蒙古自治区本地总上市公司数的 4%。

1. 农林牧渔行业（1 家）

认购情况分析

在 3 家内蒙古本地农林牧渔行业上市公司中，已有 1 家认购过非银理财产品，具体情况如下：

1）生物股份

在 2016 年 1 月 1 日至 2017 年 8 月 31 日期间，该公司仅认购了 1 个非银理财产品，共投入 3 亿元，该产品类型为证券公司理财产品。这是基于保持资金良好流动性、容易变现的特点。

生物股份主要认购了东方证券股份有限公司的证券公司理财产品，产品发行方暂无实际控制人，第一大股东为申能集团，由国企背景股东控股，背后实际控制人为上海市国资委。东方证券作为业内知名证券公司，具备较高的行业地位及较强的资本运作能力。

图表 2.17.1：2016 年 1 月 1 日至 2017 年 8 月 31 日，内蒙古，生物股份认购非银理财产品情况

认购日期	理财产品名称	产品发行方名称	理财类型	认购金额（万元）	产品起息日	产品到息日	产品期限	预计最低收益率（%）	预计最高收益率（%）
2017-06-12	金鹏 140 号 – 东方证券保本收益凭证	东方证券股份有限公司	证券公司理财产品	30,000.00	2017-06-13	2018-04-16	308 天	4.90	

数据来源：Wind，恒天财富研究院

2. 化工行业（1 家）

认购情况分析

在 5 家内蒙古自治区本地化工行业上市公司中，已有 1 家认购过非银理财产品，具体情况如下：

1）ST 明科

在 2016 年 1 月 1 日至 2017 年 8 月 31 日期间，公司总共认购了 7 个非银理财产品，累计投入 19.08 亿元，公司主要认购了信托产品。

在 ST 明科认购的非银理财产品中，认购信托产品的金额最多，达到 19.08 亿元，这是基于其短期收益率高、刚性兑付的特点。

ST 明科主要认购了新时代信托股份有限公司的信托产品，产品发行方实际控制人为新时代远景投资有限公司，第一大股东为新时代远景投资有限公司，由国企背景股东控股，背后实际控制人为国资委。新时代信托作为业内知名信托公司，具备较高的行业地位及较强的资本运作能力。

图表 2.17.2：2016 年 1 月 1 日至 2017 年 8 月 31 日，内蒙古，ST 明科认购非银理财产品情况

认购日期	理财产品名称	产品发行方名称	理财类型	认购金额（万元）	产品起息日	产品到息日	产品期限	预计最低收益率（%）	预计最高收益率（%）
2017-03-16	新时代信托·【恒新 60 号】集合资金信托计划	新时代信托股份有限公司	信托	26,000.00			90 天	5.70	
2017-06-29	新时代信托·【恒新 60 号】集合资金信托计划	新时代信托股份有限公司	信托	46,000.00			90 天	6.00	
2017-06-15	新时代信托·【恒新 60 号】集合资金信托计划	新时代信托股份有限公司	信托	26,000.00			90 天	6.00	

数据来源：Wind，恒天财富研究院

3. 国防军工行业（1 家）

认购情况分析

在 1 家内蒙古自治区本地国防军工行业上市公司中，已有 1 家认购过非银理财产品，具体情况如下：

1）内蒙一机

在 2016 年 1 月 1 日至 2017 年 8 月 31 日期间，公司总共认购了 4 个非银理财产品，累计投入 6.31 亿元，公司主要认购了证券公司理财产品。

在内蒙一机认购的非银理财产品中，认购证券公司理财产品的金额最多，达到 6.31 亿元，这是基于保持资金良好流动性、容易变现的特点。

内蒙一机主要认购了中银国际证券的证券公司理财产品，产品发行方实际控制人为国资委，第一大股东为中银国际控股有限公司，由国企背景股东控股，背后实际控制母公司为国资委。中银国际证券作为业内知名券商，具备较高的行业地位及较强的资本运作能力。

图表 2.17.3：2016 年 1 月 1 日至 2017 年 8 月 31 日，内蒙古，内蒙一机认购非银理财产品情况

认购日期	理财产品名称	产品发行方名称	理财类型	认购金额（万元）	产品起息日	产品到息日	产品期限	预计最低收益率（%）	预计最高收益率（%）
2017-05-19	中银证券锦鲤－收益宝 17 号	中银国际证券有限责任公司	证券公司理财产品	15,000.00	2017-05-19	2017-12-20	215 天	4.30	
2017-05-19	中银证券锦鲤－收益宝 18 号	中银国际证券有限责任公司	证券公司理财产品	23,100.00	2017-05-19	2017-12-20	215 天	4.30	
2017-05-18	招商证券收益凭证－"磐石" 335 期本金保障型收益凭证	招商证券股份有限公司	证券公司理财产品	15,000.00	2017-05-18	2017-12-18	214 天	4.20	
2017-05-18	中信证券股份有限公司保本增益系列 70 期收益凭证	中信证券股份有限公司	证券公司理财产品	10,000.00	2017-05-18	2017-11-13	179 天	4.50	

数据来源：Wind，恒天财富研究院

（十八）辽宁省（3 家）

辽宁省共有 74 家本地上市公司，其中 3 家在已经披露的公告中曾经或已经认购过非银理财产品，占比约为 4.05%。就 3 家认购过非银理财产品的辽宁省上市公司的行业分布来看，机械设备行业、公用事业行业、采掘行业各拥有 1 家上市公司，约占辽宁省本地总上市公司数的 1.35%。

1. 机械设备行业（1 家）

认购情况分析

在 13 家辽宁省本地机械设备行业上市公司中，已有 1 家认购过非银理财产品，具体情况如下：

1）大金重工

在 2016 年 1 月 1 日至 2017 年 8 月 31 日期间，公司总共认购了 32 个非银理财产品，累计投入 7.45 亿元，公司主要认购了证券公司理财产品。

在大金重工认购的非银理财产品中，认购证券公司理财产品的金额最多，达到 6.55 亿元，这是基于保持资金良好流动性、容易变现的特点。

大金重工主要认购了中信证券的证券公司理财产品，这家产品发行方无实际控制人，第一大股东为中信集团，由国企和外资背景股东控股，背后实际控制母公司为国资委。中信证券作为业内知名券商，具备较高的行业地位及较强的资本运作能力。

图表 2.18.1：2016 年 1 月 1 日至 2017 年 8 月 31 日，辽宁，大金重工认购非银理财产品情况

认购日期	理财产品名称	产品发行方名称	理财类型	认购金额（万元）	产品起息日	产品到息日	产品期限	预计最低收益率（%）	预计最高收益率（%）
2017-04-19	质押式报价回购交易	中信证券股份有限公司	证券公司理财产品	8,500.00	2017-04-19	2017-07-12	84 天	4.56	
2017-02-20	中信证券信泽财富 114 号集合资产管理计划	中信证券股份有限公司	证券公司理财产品	1,000.00			4 个月	4.50	
2017-01-16	暖流债券 3 号基金	暖流资产管理股份有限公司	基金专户	5,000.00				4.00	
2017-01-11	方正金泉友灵活配置集合资产管理计划	中国民族证券有限责任公司	证券公司理财产品	1,000.00	2017-01-11	2017-02-08	28 天	4.20	
2016-11-21	华融稳健成长 2 号股票精选集合资产管理计划	华融证券股份有限公司	证券公司理财产品	3,000.00	2016-11-21	2017-05-22	182 天	4.60	

数据来源：Wind，恒天财富研究院

2. 公用事业（1 家）

认购情况分析

在 7 家辽宁省本地公用事业行业上市公司中，已有 1 家认购过非银理财产品，具体情况如下：

1）易世达

在 2016 年 1 月 1 日至 2017 年 8 月 31 日期间，公司总共认购了 3 个非银理财产品，累计投入 2.8 亿元，公司主要认购了证券公司理财产品。

在易世达认购的非银理财产品中，认购证券公司理财产品的金额最多，达到2.8亿元，这是基于保持资金良好流动性、容易变现的特点。

易世达主要认购了中国银河证券公司的证券公司理财产品，这家产品发行方的实际控制人是国务院国有资产监督管理委员会，第一大股东为中国银河金融控股有限责任公司，由国企背景股东控股，背后实际控制母公司为国资委。中国银河证券作为业内知名券商，具备较高的行业地位及较强的资本运作能力。

图表 2.18.2：2016 年 1 月 1 日至 2017 年 8 月 31 日，辽宁，易世达认购非银理财产品情况

认购日期	理财产品名称	产品发行方名称	理财类型	认购金额（万元）	产品起息日	产品到息日	产品期限	预计最低收益率（%）	预计最高收益率（%）
2017-04-18	平安证券收益凭证"稳盈"87号	平安证券股份有限公司	证券公司理财产品	5,000.00	2017-04-18	2017-07-13	86 天	4.40	
2017-07-18	"银河金山"收益凭证 1353 号	中国银河证券股份有限公司	证券公司理财产品	20,000.00	2017-07-18	2017-10-16	90 天	4.55	

数据来源：Wind，恒天财富研究院

3. 采掘行业（1 家）

认购情况分析

在 1 家辽宁省本地采掘行业上市公司中，已有 1 家认购过非银理财产品，具体情况如下：

1）红阳能源

在 2016 年 1 月 1 日至 2017 年 8 月 31 日期间，公司总共认购了 2 个非银理财产品，累计投入 6.99 亿元，公司主要认购了投资公司理财产品。

在红阳能源认购的非银理财产品中，认购投资公司理财产品的金额最多，达到 6.99 亿元，这是基于该类产品收益率较高且流动性好的特点。

红阳能源主要认购了中信信诚资产管理有限公司的理财产品，产品发行方的实际控制人是中信集团，第一大股东为信诚基金管理有限公司，由国企背景股东控股，背后实际控制母公司为中信集团。中信信诚资产管理作为业内知名资产管

理公司，具备较高的行业地位及较强的资本运作能力。

图表 2.18.3：2016 年 1 月 1 日至 2017 年 8 月 31 日，辽宁，红阳能源认购非银理财产品情况

认购日期	理财产品名称	产品发行方名称	理财类型	认购金额（万元）	产品起息日	产品到息日	产品期限	预计最低收益率（%）	预计最高收益率（%）
2016-12-21	中信信诚海南海岸生态度假村 1 号专项资产管理计划	西藏山南锦天投资合伙企业（有限合伙）	投资公司理财产品	35,000.00					
2016-03-03	中信信诚海南海岸生态度假村 2 号专项资产管理计划	中信信诚资产管理有限公司	投资公司理财产品	34,900.00		2016-12-20			

数据来源：Wind，恒天财富研究院

（十九）山西省（3 家）

山西省共有 38 家本地上市公司，其中 3 家在已经披露的公告中曾经或已经认购过非银理财产品，占比约为 7.89%。就 3 家认购过非银理财产品的山西省上市公司的行业分布来看，机械设备行业、化工行业、医药生物行业各拥有 1 家上市公司，约占山西省本地总上市公司数的 2.63%。

1. 机械设备行业（1 家）

认购情况分析

在 3 家山西本地农林牧渔行业上市公司中，已有 1 家认购过非银理财产品，具体情况如下：

1）晋西车轴

在 2016 年 1 月 1 日至 2017 年 8 月 31 日期间，公司总共认购了 33 个非银理财产品，累计投入 15.49 亿元，公司主要认购了证券公司理财产品。

在晋西车轴认购的非银理财产品中，认购证券公司理财产品的金额最多，达到 14.99 亿元，这是基于保持资金良好流动性、容易变现的特点。

晋西车轴主要认购了国泰君安证券公司的证券公司理财产品，产品发行方

的实际控制人是上海国际集团有限公司，第一大股东为上海国有资产经营有限公司，由国企背景股东控股，背后实际控制母公司为国资委。国泰君安证券作为业内知名券商，具备较高的行业地位及较强的资本运作能力。

图表 2.19.1：2016 年 1 月 1 日至 2017 年 8 月 31 日，山西，晋西车轴认购非银理财产品情况

认购日期	理财产品名称	产品发行方名称	理财类型	认购金额（万元）	产品起息日	产品到息日	产品期限	预计最低收益率（%）	预计最高收益率（%）
2017-04-18	华福证券收益凭证“华福”15 号	华福证券有限责任公司	证券公司理财产品	5,000.00	2017-04-19	2017-10-19	183 天	4.80	
2017-04-18	国泰君安证券睿博系列尧睿七十九号收益凭证	国泰君安证券股份有限公司	证券公司理财产品	5,000.00	2017-04-19	2017-06-26	68 天	4.40	
2017-04-14	“月月利”收益凭证 200659 号	山西证券股份有限公司	证券公司理财产品	1,900.00	2017-04-14	2017-05-02	18 天	3.30	3.70
2017-03-01	长江证券收益凭证长江宝 364 号	长江证券股份有限公司	证券公司理财产品	5,000.00	2017-03-03	2017-08-28	178 天	4.70	

数据来源：Wind，恒天财富研究院

2. 化工行业（1 家）

认购情况分析

在 6 家山西本地化工行业上市公司中，已有 1 家认购过非银理财产品，具体情况如下：

1）永东股份

在 2016 年 1 月 1 日至 2017 年 8 月 31 日期间，公司总共认购了 33 个非银理财产品，累计投入 5.98 亿元，公司主要认购了证券公司理财产品。

在永东股份认购的非银理财产品中，认购证券公司理财产品的金额最多，达到 5.98 亿元，这是基于保持资金良好流动性、容易变现的特点。

永东股份主要认购了山西证券股份有限公司的证券公司理财产品，产品发行方的实际控制人是山西省财政厅，第一大股东为山西金融投资控股集团有限公司，由国企背景股东控股，背后实际控制母公司为山西省财政厅。山西证券作为

业内知名券商，具备较高的行业地位及较强的资本运作能力。

图表 2.19.2：2016 年 1 月 1 日至 2017 年 8 月 31 日，山西，永东股份认购非银理财产品情况

认购日期	理财产品名称	产品发行方名称	理财类型	认购金额（万元）	产品起息日	产品到息日	产品期限	预计最低收益率（%）	预计最高收益率（%）
2017-02-09	“月月利”收益凭证 200598 号	山西证券股份有限公司	证券公司理财产品	1,000.00	2017-02-09	2017-03-16	35 天	4.00	
2016-12-28	“月月利”收益凭证 200570 号	山西证券股份有限公司	证券公司理财产品	1,500.00	2016-12-28	2017-02-08	42 天	4.00	
2016-11-22	“月月利”收益凭证 200530 号	山西证券股份有限公司	证券公司理财产品	1,500.00	2016-11-22	2016-12-27	35 天	3.30	
2016-10-17	“月月利”收益凭证 200499 号	山西证券股份有限公司	证券公司理财产品	1,500.00	2016-10-17	2016-11-21	35 天	3.40	
2016-09-01	“月月利”收益凭证 200472 号	山西证券股份有限公司	证券公司理财产品	1,500.00	2016-09-01	2016-10-13	42 天	3.40	

数据来源：Wind，恒天财富研究院

3. 医药生物行业（1 家）

认购情况分析

在 4 家山西省本地医药生物行业上市公司中，已有 1 家认购过非银理财产品，具体情况如下：

1）振东制药

在 2016 年 1 月 1 日至 2017 年 8 月 31 日期间，公司总共认购了 2 个非银理财产品，累计投入 1800 万元，公司主要认购了证券公司理财产品。

在振东制药认购的非银理财产品中，认购证券公司理财产品的金额最多，达到 1800 万元，这是基于保持资金良好流动性、容易变现的特点。

振东制药主要认购了山西证券股份有限公司的证券公司理财产品，产品发行方的实际控制人是山西省财政厅，第一大股东为山西金融投资控股集团有限公司，由国企背景股东控股，背后实际控制母公司为山西省财政厅。山西证券作为业内知名券商，具备较高的行业地位及较强的资本运作能力。

图表 2.19.3：2016 年 1 月 1 日至 2017 年 8 月 31 日，山西，振东制药认购非银理财产品情况

认购日期	理财产品名称	产品发行方名称	理财类型	认购金额（万元）	产品起息日	产品到息日	产品期限	预计最低收益率（%）	预计最高收益率（%）
2017-02-17	理财宝 35 天期 538 号	海通证券股份有限公司	证券公司理财产品	800.00	2017-02-17	2017-03-26	37 天	4.00	
2016-10-31	"月月利"收益凭证 200522 号	山西证券股份有限公司	证券公司理财产品	1,000.00	2016-10-31	2016-12-05	35 天	3.25	

数据来源：Wind，恒天财富研究院

（二十）宁夏回族自治区（2 家）

宁夏回族自治区共有 13 家本地上市公司，已有 2 家在已经披露的公告中曾经或已经认购过非银理财产品，占比约为 15.38%。

1. 纺织服装行业（1 家）

认购情况分析

在 2 家宁夏回族自治区本地纺织服装行业上市公司中，已有 1 家认购过非银理财产品，具体情况如下：

1）商赢环球

在 2016 年 1 月 1 日至 2017 年 8 月 31 日期间，公司总共认购了 16 个非银理财产品，累计投入 10.3 亿元，公司主要认购了证券公司理财产品。

在商赢环球认购的非银理财产品中，认购证券公司理财产品的金额最多，达到 10.3 亿元，这是基于资金良好流动性、容易变现的特点。

商赢环球主要认购了平安证券的证券公司理财产品，这家产品发行方无实际控制人，第一大股东为平安信托，由民企背景股东控股。平安证券作为业内知名券商，具备较高的行业地位及较强的资本运作能力。

图表 2.20.1：2016 年 1 月 1 日至 2017 年 8 月 31 日，宁夏，商赢环球认购非银理财产品情况

认购日期	理财产品名称	产品发行方名称	理财类型	认购金额（万元）	产品起息日	产品到息日	产品期限	预计最低收益率（%）	预计最高收益率（%）
2017-08-25	光鑫系列收益凭证 3 月期第 106 号产品	光大证券股份有限公司	证券公司理财产品	5,000.00	2017-08-25	2017-11-27	94 天	4.30	
2017-08-16	平安证券收益凭证"稳盈"112 号	平安证券股份有限公司	证券公司理财产品	15,000.00	2017-08-16	2017-11-15	91 天	4.40	
2017-07-25	平安证券收益凭证"稳盈"110 号	平安证券股份有限公司	证券公司理财产品	10,000.00	2017-07-25	2017-10-24	91 天	4.60	
2017-07-13	光鑫系列收益凭证 3 月期第 94 号产品	光大证券股份有限公司	证券公司理财产品	3,000.00	2017-07-13	2017-10-17	96 天	4.40	
2017-06-15	保本增益系列 93 期收益凭证	中信证券股份有限公司	证券公司理财产品	4,000.00	2017-06-15	2017-08-21	67 天	4.45	

数据来源：Wind，恒天财富研究院

2. 建筑材料行业（1 家）

认购情况分析

在 2 家宁夏回族自治区本地建筑材料行业上市公司中，已有 1 家认购过非银理财产品，具体情况如下：

1）青龙管业

在 2016 年 1 月 1 日至 2017 年 8 月 31 日期间，公司总共认购了 14 个非银理财产品，累计投入 6.6 亿元，公司主要认购了证券公司理财产品、基金专户。

在青龙管业认购的非银理财产品中，认购证券公司理财产品的金额最多，达到 6 亿元，这是基于资金良好流动性、容易变现的特点。

青龙管业主要认购了海通证券的证券类理财产品，这家产品发行方无实际控制人，第一大股东为中国证券金融股份有限公司，由国企背景股东控股，背后实际控制母公司为国资委。海通证券作为业内知名券商，具备较高的行业地位及较强的资本运作能力。

图表 2.20.2：2016 年 1 月 1 日至 2017 年 8 月 31 日，宁夏，青龙管业认购非银理财产品情况

认购日期	理财产品名称	产品发行方名称	理财类型	认购金额（万元）	产品起息日	产品到息日	产品期限	预计最低收益率（%）	预计最高收益率（%）
2017-08-18	华泰证券恒益17028号收益凭证	海通证券股份有限公司	证券公司理财产品	4,000.00	2017-08-18	2017-11-20	94 天	4.55	
2017-08-03	海通证券“一海通财·理财宝”系列收益凭证尊享版 182 天期第 54 号	海通证券股份有限公司	证券公司理财产品	4,000.00	2017-08-03	2018-01-31	182 天	4.90	
2017-06-16	海通证券“一海通财·理财宝”系列收益凭证尊享版 91 天期第 87 号	海通证券股份有限公司	证券公司理财产品	3,000.00	2017-06-16	2017-09-14	91 天	4.60	
2017-06-02	广发证券收益凭证 –“收益宝”1 号	广发证券股份有限公司	证券公司理财产品	11,000.00	2017-06-02	2017-08-31	91 天	4.60	
2017-05-05	长江证券收益凭证期权宝 6010 号	长江证券股份有限公司	证券公司理财产品	5,000.00	2017-05-05	2017-08-07	94 天	4.70	

数据来源：Wind，恒天财富研究院

（二十一）西藏自治区（2 家）

西藏自治区共有 15 家本地上市公司，已有 2 家医药生物行业公司在已经披露的公告中曾经或已经认购过非银理财产品，占比约为 13.33%。

1. 医药生物行业（2 家）

认购情况分析

在 6 家西藏自治区本地医药生物行业上市公司中，已有 2 家认购过非银理财产品，具体情况如下：

1）灵康药业

在2016年1月1日至2017年8月31日期间，公司总共认购了10个非银理财产品，累计投入8.2亿元，公司主要认购了证券公司理财产品、投资公司理财产品。

在灵康药业认购的非银理财产品中，认购证券公司理财产品的金额最多，达到4.5亿元，这是基于资金良好流动性、容易变现的特点。

灵康药业主要认购了华宝证券的证券公司理财产品，这家产品发行方无实际控制人，第一大股东为华宝投资有限公司，为宝钢集团旗下的证券公司，由国企背景股东控股。华宝信托作为业内知名信托公司，具备较高的行业地位及较强的资本运作能力。

图表2.21.1：2016年1月1日至2017年8月31日，西藏，灵康药业认购非银理财产品情况

认购日期	理财产品名称	产品发行方名称	理财类型	认购金额（万元）	产品起息日	产品到息日	产品期限	预计最低收益率（%）	预计最高收益率（%）
2017-04-28	华宝证券聚宝14号收益凭证	华宝证券有限责任公司	证券公司理财产品	3,000.00	2017-04-28	2018-04-25	363天	4.50	
2017-03-23	华宝证券聚宝13号收益凭证	华宝证券有限责任公司	证券公司理财产品	15,000.00	2017-03-23	2017-10-25	217天	4.20	
2016-12-15	天安金交所泰越28号理财计划	天安（贵州省）互联网金融资产交易中心股份有限公司	投资公司理财产品	3,000.00	2016-12-15	2017-06-13	180天	5.00	
2016-12-14	天安金交所泰越27号理财计划	天安（贵州省）互联网金融资产交易中心股份有限公司	投资公司理财产品	14,000.00	2016-12-14	2017-06-12	180天	5.00	
2016-09-09	天安金交所泰越六号理财计划	天安（贵州省）互联网金融资产交易中心股份有限公司	投资公司理财产品	20,000.00	2016-09-09	2017-03-09	181天	5.00	

数据来源：Wind，恒天财富研究院

2）卫信康

在 2016 年 1 月 1 日至 2017 年 8 月 31 日期间，公司总共认购了 2 个非银理财产品，累计投入 1.1 亿元，公司主要认购了证券公司理财产品。

在卫信康认购的非银理财产品中，认购证券公司理财产品的金额最多，达到 1.1 亿元，这是基于资金良好流动性、容易变现的特点。

卫信康主要认购了中信证券公司的证券理财产品，这家产品发行方无实际控制人，第一大股东为中信集团，由国企和外资背景股东控股，背后实际控制母公司为国资委。中信证券作为业内知名券商，具备较高的行业地位及较强的资本运作能力。

图表 2.21.2：2016 年 1 月 1 日至 2017 年 8 月 31 日，西藏，卫信康认购非银理财产品情况

认购日期	理财产品名称	产品发行方名称	理财类型	认购金额（万元）	产品起息日	产品到息日	产品期限	预计最低收益率（%）	预计最高收益率（%）
2017-08-31	中信证券股份有限公司 2017 年度第 275 期收益凭证（本金保障型收益凭证）	中信证券股份有限公司	证券公司理财产品	5,000.00	2017-08-31	2018-02-28	181 天	4.60	4.65
2017-08-31	中信证券股份有限公司 2017 年度第 276 期收益凭证（本金保障型收益凭证）	中信证券股份有限公司	证券公司理财产品	6,000.00	2017-08-31	2017-11-29	90 天	4.60	4.65

数据来源：Wind，恒天财富研究院

（二十二）吉林省（2 家）

吉林共有 42 家本地上市公司，仅有 2 家在已经披露的公告中曾经或已经认购过非银理财产品，占比约为 4.76%。

1. 化工行业（1 家）

认购情况分析

在 2 家吉林本地化工行业上市公司中，已有 1 家认购过非银理财产品，具体

情况如下：

1）金浦钛业

在2016年1月1日至2017年8月31日期间，公司总共认购了3个非银理财产品，累计投入6亿元，公司主要认购了信托。

在金浦钛业认购的非银理财产品中，认购信托的金额最多，达到6亿元，这是基于其短期收益率高、刚性兑付的特点。

金浦钛业主要认购了陕西省国际信托公司的信托类理财产品，这家产品发行方的实际控制人是陕西省人民政府国有资产监督管理委员会，第一大股东为陕西煤业化工集团有限责任公司，由国企背景股东控股，背后实际控制母公司为国资委。陕西省国际信托公司作为业内知名信托公司，具备较高的行业地位及较强的资本运作能力。

图表2.22.1：2016年1月1日至2017年8月31日，吉林，金浦钛业认购非银理财产品情况

认购日期	理财产品名称	产品发行方名称	理财类型	认购金额（万元）	产品起息日	产品到息日	产品期限	预计最低收益率（%）	预计最高收益率（%）
2016-10-17	陕国投·持盈6号证券投资集合资金信托计划	陕西省国际信托股份有限公司	信托	20,000.00					
2016-07-28	云南国际信托有限公司源盛恒瑞5号集合资金信托计划	云南国际信托有限公司	信托	20,000.00					
2016-07-22	陕国投·财富尊享15号定向投资集合资金信托计划	陕西省国际信托股份有限公司	信托	20,000.00					

数据来源：Wind，恒天财富研究院

2. 公用事业（1家）

认购情况分析

在4家吉林本地公用事业行业上市公司中，已有1家认购过非银理财产品，具体情况如下：

1）吉电股份

在 2016 年 1 月 1 日至 2017 年 8 月 31 日期间，公司总共认购了 2 个非银理财产品，累计投入近 1.13 亿元，公司主要认购了证券公司理财产品。

在吉电股份认购的非银理财产品中，认购证券公司理财产品的金额最多，达到近 1.13 亿元，这是基于资金良好流动性、容易变现的特点。

吉电股份主要认购了中泰证券公司的证券公司理财产品，这家产品发行方实际控制人为山东省人民政府国有资产监督管理委员会，第一大股东为莱芜钢铁集团有限公司，由国企背景股东控股，背后实际控制母公司为国资委。中泰国际证券作为业内知名券商，具备较高的行业地位及较强的资本运作能力。

图表 2.22.2：2016 年 1 月 1 日至 2017 年 8 月 31 日，吉林，吉电股份认购非银理财产品情况

认购日期	理财产品名称	产品发行方名称	理财类型	认购金额（万元）	产品起息日	产品到息日	产品期限	预计最低收益率（%）	预计最高收益率（%）
2017-06-15	"易盈宝" 3 月期 44 号	中泰证券股份有限公司	证券公司理财产品	7,856.00	2017-06-16	2017-09-12	88 天	4.70	
2017-06-14	"易盈宝" 3 月期 43 号	中泰证券股份有限公司	证券公司理财产品	3,443.00	2017-06-15	2017-09-12	89 天	4.70	

数据来源：Wind，恒天财富研究院

（二十三）甘肃省（2 家）

甘肃共有 31 家本地上市公司，仅有 2 家在已经披露的公告中曾经或已经认购过非银理财产品，占比约为 6.45%。

1. 有色金属行业（1 家）

认购情况分析

在 4 家甘肃本地有色金属行业上市公司中，已有 1 家认购过非银理财产品，具体情况如下：

1）白银有色

在 2016 年 1 月 1 日至 2017 年 8 月 31 日期间，该公司仅认购了 1 个非银理财产品，共投入 15 亿元，该产品类型为信托。这是基于其短期收益率高、刚性

兑付的特点。

白银有色主要认购了华融证券公司的信托产品，这家产品发行方无实际控制人，第一大股东为华融资产管理股份有限公司，是由财政部控股的国有大型非银行金融机构。华融证券作为业内知名券商，具备较高的行业地位及较强的资本运作能力。

图表 2.23.1：2016 年 1 月 1 日至 2017 年 8 月 31 日，甘肃，白银有色认购非银理财产品情况

认购日期	理财产品名称	产品发行方名称	理财类型	认购金额（万元）	产品起息日	产品到息日	产品期限	预计最低收益率（%）	预计最高收益率（%）
2017-08-02	华证价值 341 号定向资产管理计划，华证价值 356 号定向资产管理计划，华证价值 357 号定向资产管理计划	华融证券股份有限公司	信托	150,000.00			1 年	7.00	

数据来源：Wind，恒天财富研究院

2. 食品饮料行业（1 家）

认购情况分析

在 4 家甘肃本地食品饮料行业上市公司中，已有 1 家认购过非银理财产品，具体情况如下：

1）莫高股份

在 2016 年 1 月 1 日至 2017 年 8 月 31 日期间，公司总共认购了 11 个非银理财产品，累计投入近 7.3 亿元，公司主要认购了证券公司理财产品。

在莫高股份认购的非银理财产品中，认购证券公司理财产品的金额最多，达到近 7.3 亿元，这是基于资金良好流动性、容易变现的特点。

莫高股份主要认购了广发证券公司的证券公司理财产品，这家产品发行方无实际控制人，第一大股东为吉林敖东药业，由民企背景股东控股，背后实际控制母公司为敦化市金诚实业有限责任公司。广发证券作为业内知名券商，具备较高的行业地位及较强的资本运作能力。

图表 2.23.2：2016 年 1 月 1 日至 2017 年 8 月 31 日，甘肃，莫高股份认购非银理财产品情况

认购日期	理财产品名称	产品发行方名称	理财类型	认购金额（万元）	产品起息日	产品到息日	产品期限	预计最低收益率（%）	预计最高收益率（%）
2017-08-28	广发多添富 4 号 X 类 113 天期产品	广发证券股份有限公司	证券公司理财产品	7,000.00	2017-08-31	2017-12-21	113 天	5.50	
2017-07-14	广发多添富 4 号 X 类 156 天期产品	广发证券股份有限公司兰州甘南路证券营业部	证券公司理财产品	8,000.00	2017-07-18	2017-12-21	156 天	5.45	
2017-03-24	广发多添富 4 号 X 类 182 天期产品	广发证券资产管理（广东）有限公司	证券公司理财产品	5,000.00	2017-03-24	2017-09-21	182 天	5.10	
2017-02-14	广发多添富 4 号 X 类 184 天期产品	广发证券股份有限公司西宁西大街证券营业部	证券公司理财产品	7,000.00	2017-02-15	2017-08-17	184 天	4.90	
2017-01-20	广发多添富 4 号 X 类 184 天期产品	广发证券股份有限公司兰州甘南路证券营业部	证券公司理财产品	8,000.00	2017-01-25	2017-07-27	184 天	5.00	

数据来源：Wind、恒天财富研究院

（二十四）河北省（2 家）

河北共有 55 家本地上市公司，仅有 2 家在已经披露的公告中曾经或已经认购过非银理财产品，占比约为 3.64%。

1. 轻工制造行业（1 家）

认购情况分析

在 2 家河北本地轻工制造行业上市公司中，已有 1 家认购过非银理财产品，具体情况如下：

1）乐凯胶片

在2016年1月1日至2017年8月31日期间，公司总共认购了8个非银理财产品，累计投入6.6亿元，公司主要认购了证券公司理财产品。

在乐凯胶片认购的非银理财产品中，认购证券公司理财产品的金额最多，达到6.6亿元，这是基于资金良好流动性、容易变现的特点。

乐凯胶片主要认购了国泰君安证券公司的证券公司理财产品，这家产品发行方的实际控制人是上海国际集团有限公司，第一大股东为上海国有资产经营有限公司，由国企背景股东控股，背后实际控制母公司为国资委。国泰君安证券作为业内知名券商，具备较高的行业地位及较强的资本运作能力。

图表2.24.1：2016年1月1日至2017年8月31日，河北，乐凯胶片认购非银理财产品情况

认购日期	理财产品名称	产品发行方名称	理财类型	认购金额（万元）	产品起息日	产品到息日	产品期限	预计最低收益率（%）	预计最高收益率（%）
2017-04-19	国泰君安证券睿博系列尧睿八十号收益凭证	国泰君安证券股份有限公司	证券公司理财产品	13,000.00	2017-04-20	2017-10-18	181天	4.60	4.80
2017-04-19	海通证券“一海通财·理财宝”系列收益凭证尊享版182天期第42号	海通证券股份有限公司	证券公司理财产品	10,000.00	2017-04-20	2017-10-18	182天	4.60	
2017-03-20	海通证券“一海通财·理财宝”系列收益凭证尊享版91天期第75号	海通证券股份有限公司	证券公司理财产品	4,000.00	2017-03-20	2017-06-18	91天	4.40	
2017-03-17	国泰君安证券睿博系列尧睿六十六号收益凭证	国泰君安证券股份有限公司	证券公司理财产品	6,000.00	2017-03-20	2017-09-18	182天	4.40	4.60
2016-12-16	海通证券“一海通财·理财宝”系列收益凭证企业定制版2016040号	海通证券股份有限公司	证券公司理财产品	10,000.00	2016-12-16	2017-03-16	91天	4.10	

数据来源：Wind，恒天财富研究院

2. 化工行业（1 家）

认购情况分析

在 8 家河北本地化工行业上市公司中，仅有 1 家认购过非银理财产品，具体情况如下：

1）乐凯新材

在 2016 年 1 月 1 日至 2017 年 8 月 31 日期间，公司总共认购了 8 个非银理财产品，累计投入近 2.8 亿元，公司主要认购了证券公司理财产品。

在乐凯新材认购的非银理财产品中，认购证券公司理财产品的金额最多，达到近 2.8 亿元，这是基于资金良好流动性、容易变现的特点。

乐凯新材主要认购了国泰君安证券公司的证券公司理财产品，这家产品发行方的实际控制人是上海国际集团有限公司，第一大股东为上海国有资产经营有限公司，由国企背景股东控股，背后实际控制母公司为国资委。国泰君安证券作为业内知名券商，具备较高的行业地位及较强的资本运作能力。

图表 2.24.2：2016 年 1 月 1 日至 2017 年 8 月 31 日，河北，乐凯新材认购非银理财产品情况

认购日期	理财产品名称	产品发行方名称	理财类型	认购金额（万元）	产品起息日	产品到息日	产品期限	预计最低收益率（%）	预计最高收益率（%）
2017-08-31	海通证券“一海通财·理财宝”系列收益凭证	海通证券股份有限公司	证券公司理财产品	2,000.00	2017-08-31	2018-02-28	181 天	4.80	
2017-03-23	国泰君安证券睿博系列尧睿六十二号收益凭证	国泰君安证券股份有限公司	证券公司理财产品	6,000.00	2017-03-23	2018-03-21	363 天	4.40	4.60
2017-03-01	海通证券“一海通财·理财宝”系列收益凭证	海通证券股份有限公司	证券公司理财产品	2,000.00	2017-03-01	2017-08-29	181 天	3.40	
2016-11-28	海通证券“一海通财·理财宝”系列收益凭证	海通证券股份有限公司	证券公司理财产品	2,000.00	2016-11-28	2017-02-26	90 天	3.10	
2016-09-21	国泰君安证券睿博系列尧睿三十五号收益凭证	国泰君安证券股份有限公司	证券公司理财产品	6,000.00	2016-09-21	2017-03-21	181 天	3.00	3.20

数据来源：Wind，恒天财富研究院

（二十五）广西壮族自治区（2家）

广西壮族自治区共有36家本地上市公司，其中2家在已经披露的公告中曾经或已经认购过非银理财产品，占比约为5.56%。就2家认购过非银理财产品的广西上市公司的行业分布来看，主要分布在汽车和计算机行业，各有1家认购过。

1. 汽车行业（1家）

认购情况分析

在2家广西本地汽车行业上市公司中，已有1家认购过非银理财产品，具体情况如下：

1）福达股份

在2016年1月1日至2017年8月31日期间，公司总共认购了30个非银理财产品，累计投入3.52亿元，公司主要认购了证券公司理财产品。

在福达股份认购的非银理财产品中，认购证券公司理财产品的金额最多，达到3.52亿元，这是基于保持资金良好流动性、容易变现的特点。

福达股份主要认购了中国银河证券公司的证券公司理财产品，这家产品发行方的实际控制人是国务院国有资产监督管理委员会，第一大股东为中国银河金融控股有限责任公司，由国企背景股东控股，背后实际控制母公司为国资委。中国银河证券作为业内知名券商，具备较高的行业地位及较强的资本运作能力。

图表 2.25.1：2016年1月1日至2017年8月31日，广西，福达股份认购非银理财产品情况

认购日期	理财产品名称	产品发行方名称	理财类型	认购金额（万元）	产品起息日	产品到息日	产品期限	预计最低收益率（%）	预计最高收益率（%）
2017-02-09	“天天利”14天期	中国银河证券股份有限公司	证券公司理财产品	1,000.00	2017-02-09	2017-02-23	14天	2.75	
2017-01-23	“天天利”28天期	中国银河证券股份有限公司	证券公司理财产品	350.00	2017-01-23	2017-02-20	28天	3.55	

续表

认购日期	理财产品名称	产品发行方名称	理财类型	认购金额（万元）	产品起息日	产品到息日	产品期限	预计最低收益率（%）	预计最高收益率（%）
2017-01-23	"天天利" 14 天期	中国银河证券股份有限公司	证券公司理财产品	900.00	2017-01-23	2017-02-06	14 天	3.50	
2017-01-09	"金自来" 91 天 004 期	中国银河证券股份有限公司	证券公司理财产品	400.00	2017-01-09	2017-02-28	50 天	3.69	
2016-12-29	"金自来" 91 天 004 期	中国银河证券股份有限公司	证券公司理财产品	670.00	2016-12-29	2017-02-28	61 天	4.35	

数据来源：Wind，恒天财富研究院

2. 计算机行业（1 家）

认购情况分析

在 1 家广西本地计算机行业上市公司中，已有 1 家认购过非银理财产品，具体情况如下：

1）天夏智慧

在 2016 年 1 月 1 日至 2017 年 8 月 31 日期间，公司总共认购了 3 个非银理财产品，累计投入 5 亿元，公司主要认购了信托类理财产品。

在天夏智慧认购的非银理财产品中，认购信托类理财产品的金额最多，达到 5 亿元，这是基于其短期收益率高、刚性兑付的特点。

天夏智慧主要认购了陕西省国际信托公司的信托类理财产品，这家产品发行方的实际控制人是陕西省人民政府国有资产监督管理委员会，第一大股东为陕西煤业化工集团有限责任公司，由国企背景股东控股，背后实际控制母公司为国资委。陕西省国际信托公司作为业内知名信托公司，具备较高的行业地位及较强的资本运作能力。

图表 2.25.2：2016 年 1 月 1 日至 2017 年 8 月 31 日，广西，天夏智慧认购非银理财产品情况

认购日期	理财产品名称	产品发行方名称	理财类型	认购金额（万元）	产品起息日	产品到息日	产品期限	预计最低收益率（%）	预计最高收益率（%）
2017-01-22	陕国投·增盈 1 号集合资金信托计划	陕西省国际信托股份有限公司	信托	19,900.00	2017-01-23	2018-01-23	12 个月	5.00	
2016-12-23	尊同 16 号单一资金信托	陆家嘴国际信托有限公司	信托	15,000.00	2016-12-23	2017-12-23	12 个月	5.00	
2016-12-21	尊同 16 号单一资金信托	陆家嘴国际信托有限公司	信托	15,000.00	2016-12-21	2017-12-21	12 个月	5.00	

数据来源：Wind，恒天财富研究院

（二十六）重庆市（1 家）

重庆共有 48 家本地上市公司，其中 1 家在已经披露的公告中曾经或已经认购过非银理财产品，占比约为 2.08%。就 1 家认购过非银理财产品的重庆上市公司的行业分布来看，汽车行业所拥有的认购非银理财产品的上市公司最多，约占重庆本地总上市公司数的 2.08%。

1. 汽车行业（1 家）

认购情况分析

在 9 家重庆本地汽车行业上市公司中，已有 1 家认购过非银理财产品，具体情况如下：

1）隆鑫通用

在 2016 年 1 月 1 日至 2017 年 8 月 31 日期间，该公司仅认购了 1 个非银理财产品，共投入 1 亿元，该产品类型为证券公司理财产品，这是基于投资风格保守、变现能力强等原因。

隆鑫通用主要认购了中国国际金融股份有限公司的证券类型产品，产品发行方第一大股东为中央汇金投资有限责任公司。中国国际金融股份有限公司是由国内外著名金融机构和公司基于战略合作关系共同投资组建的中国第一家中外合资投资银行。

图表 2.26.1：2016 年 1 月 1 日至 2017 年 8 月 31 日，重庆，隆鑫通用认购非银理财产品情况

认购日期	理财产品名称	产品发行方名称	理财类型	认购金额（万元）	产品起息日	产品到息日	产品期限	预计最低收益率（%）	预计最高收益率（%）
2016-10-20	中金公司财富资金系列 9 期收益凭证	中国国际金融股份有限公司	证券公司理财产品	10,000.00	2016-10-20	2017-01-19	91 天	3.20	

数据来源：Wind，恒天财富研究院

（二十七）海南省（1 家）

海南共有 30 家本地上市公司，仅食品饮料行业中有 1 家公司在已经披露的公告中曾经或已经认购过非银理财产品，占比约为 3.33%。

1. 食品饮料行业（1 家）

认购情况分析

海南本地上市公司中，仅有 1 家为食品饮料行业，并且该公司认购过非银理财产品，具体情况如下：

1）海南椰岛

在 2016 年 1 月 1 日至 2017 年 8 月 31 日期间，该公司仅认购了 1 个非银理财产品，共投入 1 亿元，该产品类型为投资公司理财产品，这是基于该类产品收益率较高且流动性好的特点。

海南椰岛主要认购了贵州兴黔财富资本管理有限公司的投资公司理财产品，这家产品发行方的股东为金汇财富资本管理有限公司，由民企背景股东控股。

图表 2.27.1：2016 年 1 月 1 日至 2017 年 8 月 31 日，海南，海南椰岛认购非银理财产品情况

认购日期	理财产品名称	产品发行方名称	理财类型	认购金额（万元）	产品起息日	产品到息日	产品期限	预计最低收益率（%）	预计最高收益率（%）
2016-08-30	铜仁市碧江城市建设开发投资有限公司 2016 年银杏私募债券	贵州兴黔财富资本管理有限公司	投资公司理财产品	10,000.00				10.00	

数据来源：Wind，恒天财富研究院

（二十八）贵州省（1 家）

贵州省共有 26 家本地上市公司，其中只有 1 家在已经披露的公告中曾经或已经认购过非银理财产品，占比约为 3.84%。就 1 家认购过非银理财产品的贵州上市公司的行业分布来看，分布在机械设备行业。

1. 机械设备行业（1 家）

认购情况分析

在 1 家贵州本地机械设备行业上市公司中，已有 1 家认购过非银理财产品，具体情况如下：

1）贵绳股份

在 2016 年 1 月 1 日至 2017 年 8 月 31 日期间，公司总共认购了 22 个非银理财产品，累计投入 9.3 亿元，公司主要认购了证券公司的证券类理财产品。

在贵绳股份认购的非银理财产品中，认购证券公司理财产品的金额最多，达到 9.3 亿元，这是基于保持资金良好流动性、容易变现的特点。

贵绳股份主要认购了海通证券的证券类理财产品，这家产品发行方无实际控制人，第一大股东为中国证券金融股份有限公司，由国企背景股东控股，背后实际控制母公司为国资委。海通证券作为业内知名券商，具备较高的行业地位及较强的资本运作能力。

图表 2.28.1：2016 年 1 月 1 日至 2017 年 8 月 31 日，贵州，贵绳股份认购非银理财产品情况

认购日期	理财产品名称	产品发行方名称	理财类型	认购金额（万元）	产品起息日	产品到息日	产品期限	预计最低收益率（%）	预计最高收益率（%）
2017-04-28	海通证券“一海通财・理财宝”系列收益凭证尊享版 182 天期第 44 号	海通证券股份有限公司	证券公司理财产品	5,000.00	2017-04-28	2017-10-26	181 天	4.50	
2017-04-11	海通证券“一海通财・理财宝”系列收益凭证尊享版 91 天期第 82 号	海通证券股份有限公司	证券公司理财产品	3,000.00	2017-04-11	2017-07-10	91 天	3.90	

续表

认购日期	理财产品名称	产品发行方名称	理财类型	认购金额（万元）	产品起息日	产品到息日	产品期限	预计最低收益率（%）	预计最高收益率（%）
2017-03-08	海通证券“一海通财·理财宝”系列收益凭证尊享版91天期第70号	海通证券股份有限公司	证券公司理财产品	4,000.00	2017-03-08	2017-06-06	90天	4.30	
2017-02-09	海通证券“一海通财·理财宝”系列收益凭证尊享版91天期第67号	海通证券股份有限公司	证券公司理财产品	5,000.00	2017-02-09	2017-05-10	90天	3.90	
2017-01-26	海通证券“一海通财·理财宝”系列收益凭证尊享版91天期第65号	海通证券股份有限公司	证券公司理财产品	5,000.00	2017-01-26	2017-04-26	90天	3.90	

数据来源：Wind，恒天财富研究院

（二十九）黑龙江省（1家）

黑龙江省共有35家本地上市公司，其中只有1家在已经披露的公告中曾经或已经认购过非银理财产品，占比约为2.86%。就1家认购过非银理财产品的黑龙江上市公司的行业分布来看，分布在商业贸易行业。

1. 商业贸易行业（1家）

认购情况分析

在1家黑龙江本地商业贸易行业上市公司中，已有1家认购过非银理财产品，具体情况如下：

1）秋林集团

在2016年1月1日至2017年8月31日期间，公司总共认购了1个非银理财产品，累计投入12亿元，公司认购了信托类理财产品，这是基于其短期收益

率高、刚性兑付的特点。

秋林集团主要认购了新华信托公司的信托理财产品，这家产品发行方无实际控制人，第一大股东为上海珊瑚礁信息系统有限公司，由自然人背景股东控股，背后实际控制母公司为上海珊瑚礁信息系统有限公司。新华信托公司作为业内知名信托公司，具备较高的行业地位及较强的资本运作能力。

图表 2.29.1：2016 年 1 月 1 日至 2017 年 8 月 31 日，黑龙江，秋林集团认购非银理财产品情况

认购日期	理财产品名称	产品发行方名称	理财类型	认购金额（万元）	产品起息日	产品到息日	产品期限	预计最低收益率（%）	预计最高收益率（%）
2016-12-23	新华信托华晟系列·秋林集团单一资金信托	新华信托股份有限公司	信托	120,000.00	2016-12-23	2017-12-22	364 天	6.30	

数据来源：Wind，恒天财富研究院

三、上市公司认购恒天财富理财产品概况

（一）综述

恒天财富成立于2011年3月，总部位于北京CBD，注册资本金1亿元，主要股东包括央企中国恒天集团旗下上市子公司经纬纺机、国际老牌私募股权投资机构KKR、境内知名金融控股集团中植集团。截至2017年8月，恒天财富已为近70000个高净值家庭累计配置资产超过6000亿元。2017年3月12日，恒天财富成立6周年。6年时间里，恒天财富从中融信托的私人银行部脱胎成长为国内领先的大型金融服务集团，已拥有130家分支机构和近3600名专业人员，现已在财富管理、资产管理、理财教育等多个领域提供专业服务。

自2012年以来，共计24家上市公司在恒天财富认购各类理财产品90次，累计认购金额45.69亿。被认购产品类型包括现金管理类、债权投资类、股权投资类及创新型产品。在服务好高净值客户的同时，公司近年来开始加大对上市及非上市企业金融服务版图的扩张力度，致力于成为业内卓越领先、创新共赢、客户至上、服务专业的企业金融服务平台，为企业及企业家提供更加完善的投资组合策略和优质的金融理财产品，为企业的经营发展、财富的保值、增值助力。

（二）认购恒天财富产品的机构大类分布

认购恒天产品的上市公司机构大类分布主要是实体企业，公司数量为22家，位居首位，占全部24家的92%；其余的是泛金融投资企业，有2家公司，占比为8%。因泛金融投资企业有足够的渠道购买理财产品或是其本身就发行理财产品，因此购买恒天产品的泛金融投资企业占比较低。

图表 3.1：认购恒天产品上市公司机构大类分布

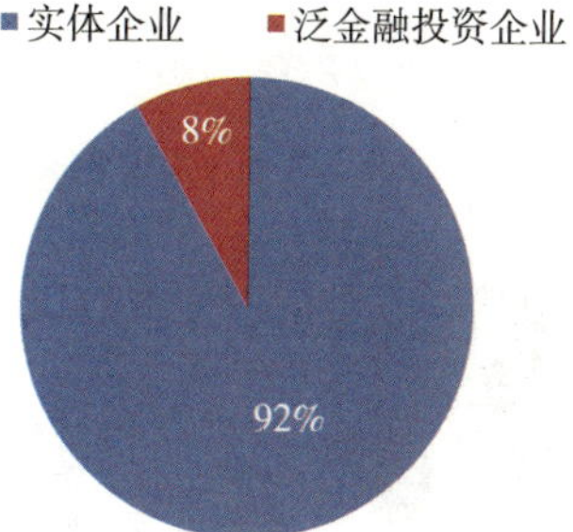

数据来源：Wind，恒天财富研究院

（三）认购恒天财富产品的上市企业类型分布

认购恒天财富理财产品的上市公司企业类型分布主要是民营企业，公司数量是 18 家，列居首位，占全部 24 家的 75%，因其风险偏好较高，需要更高的收益率作为补偿。中外合资企业排在第二，有 3 家公司，占比为 13%。排在末位的是信托公司、投资与资产管理公司和国有企业，各分别有 1 家公司，占比均为 4%。

图表 3.2：认购恒天产品上市公司企业类型分布

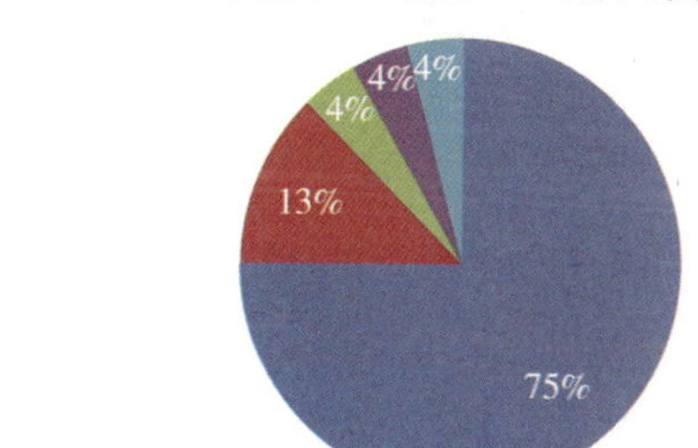

数据来源：Wind，恒天财富研究院

（四）认购恒天财富产品的上市公司省份分布

认购恒天产品的上市公司主要分布在浙江省、江苏省和上海市。其中，浙江省以 6 家的公司数量排名第一，占全部 24 家的 25%。江苏省和上海市排名紧随其后，分别有 4 家和 3 家公司，占比分别为 17% 和 13%。

图表 3.3：认购恒天产品上市公司省份分布占比

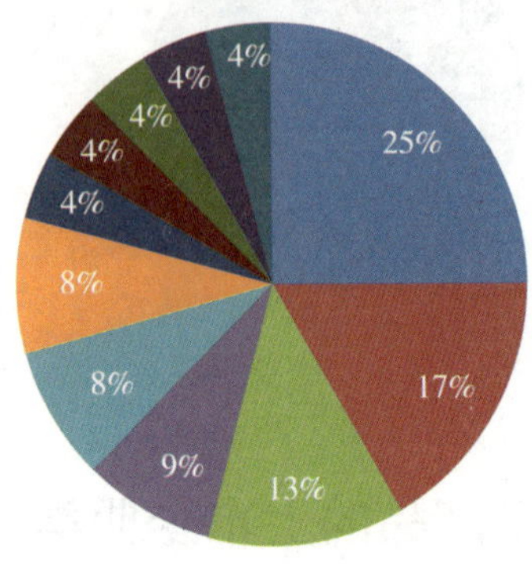

数据来源：Wind，恒天财富研究院

（五）认购恒天财富产品的上市公司行业分布

从认购过恒天的理财产品的 90 次的交易明细来看，这些公司的行业主要分布在 13 个申万一级行业当中。其中，非银金融的企业是认购恒天产品次数最多的行业，累计达到了 23 次，占比 25.56%。机械设备行业排名第二，共有 19 次的认购记录，占比 21.11%。医药生物位列第三，以 11 次占比 12.22%。

图表 3.4：认购过恒天财富理财产品的公司中，非银金融行业次数最多

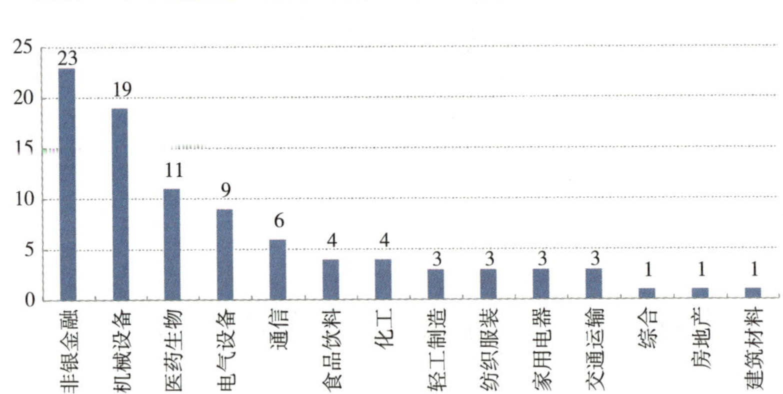

数据来源：Wind，恒天财富研究院

（六）被认购恒天理财产品的产品分类

从 2012 年以来被认购恒天理财的产品类型来看，共计被认购 90 次，其中债权投资类产品被认购 50 次，占全部认购次数的 56%；现金管理类被认购 37 次，占全部被认购次数的 41%。

图表 3.5：被认购恒天的理财产品当中，以债权投资类及现金管理类为主

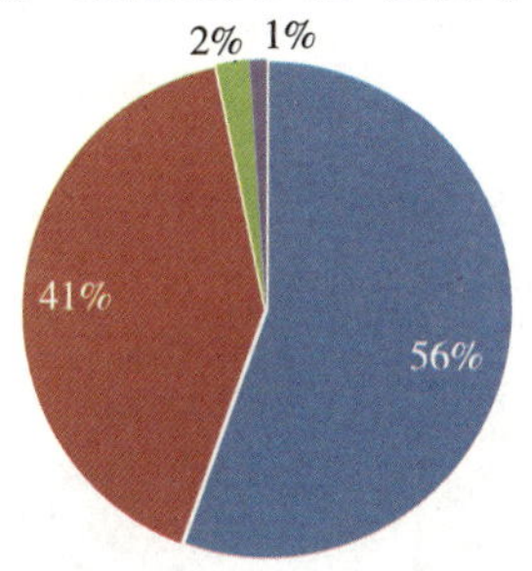

数据来源：Wind，恒天财富研究院

（七）被认购恒天理财产品的金额区间分布

对于恒天理财产品的认购金额，区间在 1001 万元以上 3000 万元以下的认购金额占到了最大的比例，在 90 家次认购恒天财富的产品里，33 次的认购集中在这个区间，占比达到 36.67%。其次分别是区间在 3001 万 -5000 万元和 0-1000 万元的金额数，分别占比 22.22% 和 18.89%。

图表 3.6：在认购恒天的理财产品当中，认购金额在 1001-3000 万元的产品占比最多

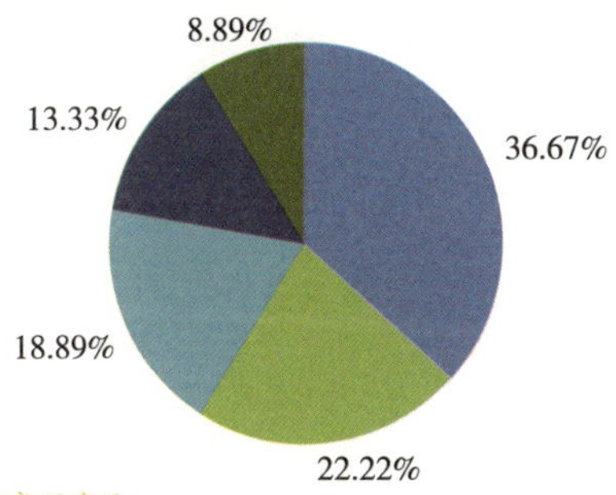

数据来源：Wind，恒天财富研究院

（八）被认购恒天理财产品的期限分布

关于这些公司认购恒天财富产品的期限分布，在2010年–2013年的区间内，认购次数较少，3年时间恒天的产品一共被认购13次，占比总数的16.25%。2014年开始，认购次数开始有了明显的上升，在2014–2016年的三年间，恒天的产品一共被认购54次，占比67.50%。2017年也保持了这种上升的势头，截止今年8月31日，已有14次数的产品被认购。

图表 3.7：恒天理财产品被认购的期限分布，2014–2016 年被认购次数最多

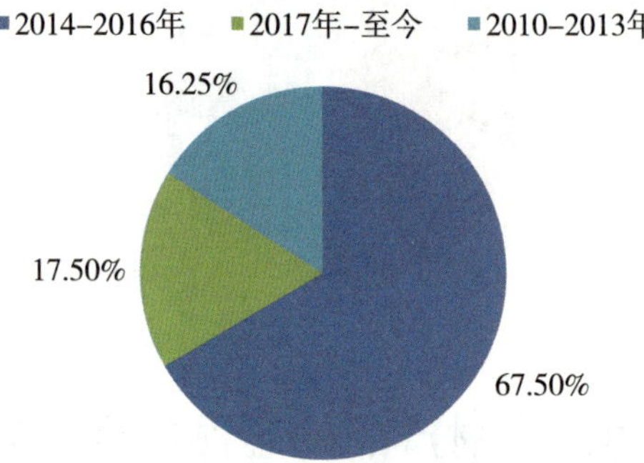

数据来源：Wind，恒天财富研究院